पुरुष तन में फँसा मेरा नारी मन

कॉलेज प्रिंसीपल के पद तक पहुँचने वाले पहले ट्रांसजेंडर की बेबाक आत्मकथा

मानोबी बंद्योपाध्याय

झिमली मुखर्जी पांडे

राजपाल

अनुवाद

रचना भोला 'यामिनी'

ISBN : 9789386534521

प्रथम संस्करण : 2018

PURUSH TAN MEIN PHANSA MERA NARI MAN (Autobiography)
by Manobi Bandyopadhyay (Hindi edition of *A Gift of Goddess Lakshmi*
published in English by Penguin Books India)

राजपाल एण्ड सन्ज़

1590, मदरसा रोड, कश्मीरी गेट, दिल्ली-110006

फोन : 011-23869812, 23865483, 23867791

e-mail : sales@rajpalpublishing.com

www.rajpalpublishing.com

www.facebook.com/rajpalandsons

उन सबके नाम, जिन्होंने मुझे अपमानित किया और अवमानव कह कर जीवन के हाशिये पर धकेल दिया। उन्हीं के कारण मुझे लड़ने की ताकत मिली और मैं जीवन में आगे बढ़ पायी। आशा करती हूँ कि यह पुस्तक मुझ जैसों के लिए प्रेरणात्मक सिद्ध होगी और वे भी जीवन में सफल हो पायेंगे।

मानोबी बंद्योपाध्याय

मेरे शक्ति स्तम्भ, मेरे परिवार को समर्पित

झिमली मुखर्जी पांडे

लेखक की ओर से

कितनी बार ऐसा हुआ है कि आपकी गाड़ी लाल बत्ती पर रुकी है और आपने कार की खिड़की के बाहर से, भीख माँगते हिजड़े को देख कर अपना मुँह मोड़ लिया है? क्या आपको बहुत घृणा महसूस हुई? क्या यह स्थिति उस अनुभूति से बदतर नहीं लगी जो आप गोद में बच्चा लिए किसी भिखारिन को भीख माँगते देख कर महसूस करते हैं? क्यों? मैं आपको बताती हूँ कि ऐसा क्यों है। आप हिजड़े से घृणा करते हैं क्योंकि आप उसके लिंग के साथ कोई पहचान नहीं जोड़ पाते। आप उसे एक विचित्र, घृणित जीव, सम्भवत: एक अपराधी और निश्चित तौर पर एक अवमानव समझते हैं।

मैं भी उनमें से एक हूँ। मुझे सारा जीवन लोगों के मुख से हिजड़ा, बृहन्नला, नपुंसक, खोजा, लौंडा...जैसे शब्द सुनने पड़े हैं और मैंने जीवन के इतने वर्ष यह जानते हुए बिताये हैं कि मैं एक जातिच्युत व परित्यक्त हूँ। क्या इससे मुझे पीड़ा का अनुभव हुआ? हुआ और इसने मुझे बुरी तरह से आहत किया है। परन्तु चलन से बाहर हो चुके मुहावरे का प्रयोग करें तो कह सकते हैं कि समय बड़े-बड़े घाव भर देता है। मेरे मामले में इस कहावत ने थोड़ा-सा अलग तरह से अपना प्रभाव दिखाया है। कष्ट तो अब भी है पर समय के साथ-साथ दर्द घट गया है। यह मेरे जीवन के एकान्त क्षणों में मुझे आ घेरता है, जब मैं अपने अस्तित्व सम्बन्धी यथार्थ से जूझ रही होती हूँ। मैं कौन हूँ और मैं एक पुरुष की देह में कैद स्त्री के रूप में क्यों जन्मी? मेरी नियति क्या है?

मेरे इस रंग-बिरंगे बाहरी आवरण के नीचे, शर्मसार व चोटिल वैयक्तिकता छिपी है जो आज़ाद होने के लिए तरस रही है—अपनी शर्तों पर जीवन जीने

की आज़ादी और जो मैं हूँ, उसी रूप में रहने की आज़ादी! मैं अपने लिए यही आज़ादी और स्वीकृति चाहती हूँ। मेरा बाहरी कठोर रूप तथा उदासीनता ऐसा कवच है जिसे मैंने अपनी संवेदनशीलता को जीवित रखने के लिए पहनना सीखा है। आज, अपने सौभाग्य के बल पर, मैंने ऐसी अद्‌भुत सफलता अर्जित कर ली है जो प्रायः मेरे जैसे लोगों के लिए नहीं होती। लेकिन यदि मेरा सफ़र कुछ और हुआ होता? मैं अपने आप से बारम्बार कहती हूँ कि अब मेरे लिए समय आ गया है कि मैं इस ख्याति के बीच प्रसन्न रहूँ परन्तु भीतर-ही-भीतर कोई चेतावनी देता है। मेरी अन्तरात्मा मुझसे कहती है कि मुझे अपने आस-पास जो शोहरत और उत्सव दिखाई देता है, वह सब 'माया' है और मुझे एक संन्यासी के वीतराग की तरह ही इस प्रशंसा को ग्रहण करना चाहिए।

मीडिया का कहना है कि कोई ट्रांसजेंडर पहली बार कॉलेज के प्रिंसीपल पद पर नियुक्त हुई, जो अपने-आप में एक उल्लेखनीय कदम है। तब से मेरे फ़ोन लगातार घनघनाते हैं, मेरी डेस्क पर अलग-अलग स्थानों पर होने वाले बधाई कार्यक्रमों के न्यौतों के अम्बार लगे रहते हैं। मुझे यह मान कर बहुत खुशी होती है कि जो लोग मेरा अभिनन्दन करते हैं, उन्होंने मुझे उसी रूप में स्वीकार किया है, जो मैं हूँ, परन्तु मैं उन खी-खी करते सुरों, तिरस्कार और दबी हँसी को कैसे अनसुना कर सकती हूँ, जो छिपाने की कोशिश करने पर भी नहीं छिपती? उनके लिए मैं एक 'तमाशा' भर हूँ और बिना पैसों का कोई तमाशा देखने को मिल रहा हो तो कौन नहीं देखना चाहेगा?

मानसिक आघात और क्रोध, ये दो ऐसे भाव हैं जिन्हें मैंने दबाना और नज़रअन्दाज़ करना सीखा है। ये मेरे मानसिक कवच का हिस्सा हैं, जिनसे मैं अपने आप को महफ़ूज़ रख पाती हूँ। मैंने अन्ततः इस तथ्य को स्वीकार कर लिया है कि मेरी उपलब्धियों का मेरे आस-पास के लोगों पर कोई प्रभाव नहीं पड़ता। उन्हें अब भी लगता है कि मैं आज भी नपुंसक हूँ और यही मेरी असली पहचान है। मुझे भावुक होने का अधिकार भी है, यह विचार अधिकतर लोगों को अनचीन्हा लगता है। मैं उन्हें दोष नहीं देती। मैं स्वयं को दोषी मानती हूँ कि मैंने ऐसी पीड़ा को नज़रअन्दाज़ क्यों नहीं किया। मुझे तो बहुत पहले उनकी परवाह करनी छोड़ देनी चाहिए थी।

ऐसा नहीं कि जीवन के इक्यावन वर्षों के दौरान, मुझे कभी अपने हिस्से

का प्यार नहीं मिला। कई बार मेरा दिल भी टूटा, पर हर बार मुझे एक नया सबक सीखने का अवसर मिलता। मैंने बहुत अच्छी तरह और गहराई से प्यार किया और आशा करती हूँ कि मेरे साथी जहाँ भी हैं, वे चुपचाप मेरे उस रूप को याद करते होंगे। यह और बात है कि सम्बन्ध कभी मेरे लिए कारगर नहीं हो सके। जिन्होंने मुझे प्रेम किया, वे सदा मुझे छोड़ कर चले गये और हर बार जैसे मेरा कुछ हिस्सा भी, उनके संग कहीं खो गया।

आज अपनी कहानी लिखने बैठी हूँ तो जैसे यादों का रेला उमड़ आया है। मैंने इस विश्वास के साथ यह सब लिखा है कि इस तरह समाज, हम जैसे लोगों को बेहतर तरीके से समझ सकेगा। हम बाहरी तौर पर दिखने में भले ही थोड़े अलग लगें, पर आपकी तरह ही इन्सान हैं और आप सबकी तरह ही—शारीरिक और भावात्मक ज़रूरतें रखते हैं।

1

मुझे अच्छी तरह याद नहीं कि मुझे यह एहसास कब हुआ कि मैं सबसे अलग हूँ। मुझे यह बात भी पूरी तरह स्पष्ट नहीं है कि पहले मुझे इस बारे में पता लगा या मेरे आस-पास के लोगों ने इस तथ्य को जाना। आज, हर सुबह उठते ही, मेरे दिमाग में सबसे पहले एक ही बात आती है कि मैं इस संसार के अधिकतर लोगों से अलग हूँ। हालाँकि, मेरे बचपन की पहली कुछ यादें, एक लड़के की हैं, जो अपने हमउम्र लड़कों से अलग नहीं था।

मेरा जन्म, 23 सितम्बर 1964 को हुगली के चंद्रनगर में मेरे नाना के आलीशान घर में हुआ। उस दिन मेरे पिता चित्तरंजन बंद्योपाध्याय के गर्व और प्रसन्नता की सीमा न रही। अन्ततः, दो पुत्रियों के पिता बनने के बाद, उनके घर एक पुत्र का जन्म हुआ था! वे इतने उत्साहित थे कि उन्होंने मेरे जन्म के बाद मेरी माँ रेखा को, उनके पिता के घर नहीं रहने दिया; अभी मैं मुश्किल से इक्कीस दिन की ही थी, वे हमें हमारे नैहाटी वाले घर में वापस ले आये। नैहाटी, कोलकाता के उत्तर चौबीस परगना ज़िले में, बाहरी सीमा पर स्थित एक पुराना शहर है।

हकीकत यह थी कि अगर शिशु को चंद्रनगर के चक्रवर्ती घर में ही कुछ समय तक रहने दिया जाता तो उसे बेहतर देखरेख मिल सकती थी क्योंकि वे लोग कहीं शिक्षित और सभ्य थे परन्तु अपनी प्रसन्नता और उत्साह के बीच पिता ने इस बात को समझने से इनकार कर दिया। उन्हें तो अपने परिवार को जल्दी से जल्दी अपने पुत्र का मुख दिखाना था, जो प्रायः दो पुत्रियों के पिता का उपहास किया करते थे। पुत्र का पिता न बन पाने के लिए जो लोग अब तक मेरे पिता का उपहास करते आये थे, मेरे जन्म से उनके मुँह बन्द हो गये। अब मेरे पिता के पास एक पुत्र था, एक ट्रॉफी, जिसे वे अपने परिवार

को शान से दिखाते। पिता को लगा कि मेरा जन्म उनके लिए भगवान शिव के वरदान से कम नहीं था। उन्होंने मुझे 'सोमनाथ' नाम दिया।

मेरी माँ कुछ समय तक मायके से जाना नहीं चाहती थीं। वह जानती थीं कि उन्हें अपने पिता के घर का सुख व आराम छोड़ कर, अपने ससुराल में जाना होगा, जो सांस्कृतिक रूप से इतना सभ्य नहीं था। नैहाटी में घर के कामकाज में मदद के लिए कोई सहायिका नहीं थी और उन्हें ही अपनी दो बेटियों और नवजात बेटे के साथ घर का सारा काम देखना पड़ता। उन्होंने हल्के स्वर में विरोध प्रकट किया पर मेरे पिता ने एक न सुनी। उनका स्वभाव थोड़ा तानाशाही था और वे किसी की बात सुनना पसन्द नहीं करते थे। तब माँ ने अपने पिता से कहा कि वे इस बात में दखल देकर देखें।

मेरे नाना, भोलानाथ चक्रवर्ती, एक शिक्षित व्यक्ति और उन दिनों में समाज की एक जानी-मानी हस्ती थे। उन्होंने शोभाबाज़ार रजबाड़ी के प्रबन्धक या नायब के तौर पर अपनी सम्पन्नता अर्जित की थी और मुहल्ले में सभी उन्हें अपने से ऊँचा और विशिष्ट मानते थे। मेरी नानी भी कुछ कम नहीं थीं, हालाँकि उनकी औपचारिक स्कूली शिक्षा नहीं हुई थी पर उन्होंने पढ़ना और लिखना सीखा था। आने वाले समय में उन्होंने स्वयं ही बच्चों को वर्णमाला और सादे वाक्य लिखना सिखाया। मेरे पास अब भी उनके हाथों की बनी तस्वीरें हैं जिनमें वे रेशमी धागे से दो-दो पंक्तियों के नीति वाक्यों की कढ़ाई किया करती थी। अक्सर वे नैतिक शिक्षा, उस ज़माने की स्त्रियों के लिए थीं। उनसे कहा जाता था कि यदि उन बातों का पालन करेंगी तो उन्हें अच्छी 'पत्नी' या अच्छी 'माँ' माना जायेगा।

अब मेरी कहानी पर वापस आते हैं; मेरे नाना और नानी ने पिता से कहा कि मुझे और माँ को उनके पास ही छोड़ दें। जब मैं तीन महीने की हो जाऊँ तो वे मुझे अपने साथ वापस ले जायें। यही रीत भी चली आ रही थी। इसके पीछे एक विज्ञान भी था। नवजात शिशु का रोग प्रतिरक्षा तंत्र, उसके तीन महीने का होने के बाद ही आरम्भ होता है। हालाँकि, पिता जी पर किसी तर्क का कोई असर नहीं हुआ। जब मेरे पिता ने सुनने से इनकार कर दिया तो उन लोगों के बीच आपसी झड़प भी हो गयी। मुझे बाद में अपनी माँ से पता चला कि उसी बहसा-बहसी के बीच उन लोगों ने मेरे पिता को उनकी

औकात दिखा दी थी। अगर बात को संक्षेप में समझाना चाहें तो कह सकते हैं कि मेरे पिता अपनी बात पर डटे रहे, उन्होंने झुकने से मना कर दिया और गुस्से में, अपनी पत्नी व तीनों बच्चों को चंद्रनगर से लेकर अपने घर आ गये।

इस तरह, वही हुआ जो टल नहीं सकता था। जिस बेटे को, नैहाटी ला कर सबको दिखाने की इतनी गहरी चाहत थी, उसे जल्द ही निमोनिया हो गया। डॉक्टरों ने साफ़ मना कर दिया, बच्चे के बचने की उम्मीद नहीं थी। मेरी बेचारी माँ, अकेले ही दो छोटी बेटियों, बीमार नवजात बेटे और घर के सारे काम के बीच जूझ रही थीं। उनकी सेहत भी बुरी तरह से बिगड़ गयी थी। वे इतनी कमज़ोर हो गयी थीं कि ऐसी खबर सुनकर कोई प्रतिक्रिया तक नहीं दे सकीं। परन्तु भाग्य ने मेरे जीवन में मृत्यु नहीं, जीवन लिखा था, इसलिए मैं बच गयी। मेरे डॉक्टर साधन मित्र, एक बाल रोग विशेषज्ञ थे; वे प्रसिद्ध गायक श्यामल मित्र के पिता थे। वे मुझे मौत के मुँह से बचाने में कामयाब रहे। हमारे परिवार में उन्हें धन्वंतरि माना जाने लगा।

नैहाटी में मेरे दादा का घर बहुत बड़ा था और उसमें बहुत सारे लोग, एक बड़े संयुक्त परिवार की तरह रहते थे। मेरे दादा, महेंद्रनाथ बंद्योपाध्याय, रेलवे को जूट की आपूर्ति करते थे। ऐसा नहीं कि उनकी कमाई बहुत कम थी, दरअसल परिवार इतना बड़ा था कि उनकी आय से पूर्ति नहीं होती थी। उनकी आठ सन्तानें थीं, जिनमें से चार लड़कियाँ थीं। उन्हें एक-एक करके ब्याह दिया गया। लड़कों को बहुत समय तक कहीं कोई नौकरी नहीं मिली। आखिरकार, उन्हें अपने लड़कों को जूट सप्लाई के काम में ही डालना पड़ा। मेरे पिता चित्तरंजन, पाँचवीं सन्तान और, भाइयों में सबसे छोटे थे। वे जीवट वाले व्यक्ति थे और उन्होंने बहुत लम्बे समय तक अपनी निर्धनता को नहीं स्वीकारा। एक बार वे घर छोड़कर दिल्ली भाग गये थे ताकि अपने लिए कोई नौकरी तलाश सकें। मुझे यह याद नहीं कि वे नैहाटी वापस क्यों आये। शायद उन लोगों ने अखबार में ऐसा कोई विज्ञापन दिया था कि उनकी माता जी बीमार हैं और अन्तिम साँसें गिन रही हैं, वे अपने पुत्र को अन्तिम बार देखना चाहती हैं। उन दिनों ऐसे विज्ञापन प्रकाशित होना आम बात थी। जब चित्तरंजन अपनी माँ से मिलने आये तो उनके पिता ने उन्हें विवाह बंधन में बाँधने में देर नहीं की।

मेरे पिता बहुत सुन्दर थे, अपने परिवार में सबसे बेहतर दिखते थे। इसलिए उनके लिए उपयुक्त वधू की तलाश करने में समय नहीं लगा। जैसा कि मैंने पहले भी कहा, मेरी माँ का परिवार, पिता के वंश की तुलना में कहीं श्रेष्ठ था, पर शायद पिता की सुन्दरता के आगे सब फ़ीका रहा और विवाह तय हो गया। हालाँकि, मेरे जन्म के बाद उनके भाग्य में नाटकीय रूप से परिवर्तन आया। उन्हें जेसप एंड कंपनी लि. में काम मिल गया, जो उन दिनों एक जानी-मानी इंजीनियरिंग कंपनी मानी जाती थी। बेशक घर में जश्न का माहौल था और माँ ने लम्बे अरसे के बाद चैन की साँस ली। लोग पिता से हँसी-ठट्ठा कर रहे थे कि अक्सर बेटियाँ पिता के लिए सौभाग्य लाती हैं पर इस बार यह बेटा घर के लिए किस्मतवाला साबित हुआ। वे कहते, 'चित्त! यह तो एक पुत्र लक्ष्मी है!'

यह एक विशुद्ध संयोग हो सकता है कि मुझे, एक लड़के के रूप में जन्म लेने के बावजूद, लक्ष्मी माना गया, पर क्या यह वास्तव में सार्थक नहीं था? क्या यह आने वाली घटनाओं का पूर्वाभास था? एक भविष्यवाणी थी कि वह लड़का केवल बाहरी तौर पर एक नर था? सम्भवत: ऐसा ही था। कम-से-कम, मैं तो इसे इसी रूप में सोचना पसन्द करती हूँ।

मेरे पिता के सबसे बड़े भाई हमारे साथ रहते थे और घर में दादा जी की मृत्यु के बाद उनका ही दबदबा चलता था। वे सदा इस बात के लिए सिर धुनते कि उनके पास कोई पुत्र सन्तान नहीं थी। उनकी पत्नी यानी मेरी बड़ी जेठी, उन्हें मेरे अस्तित्व से सबसे ज़्यादा ईर्ष्या थी। बाद में, मुझे माँ ने बताया था कि कैसे जेठी ने यह बात मानने से इनकार कर दिया था कि चित्त के घर बेटा जन्मा है और वे अक्सर कमरे में चोरी-छिपे आकर, मेरा लंगोट हटा कर, मेरे गुप्तांग देखने की चेष्टा करतीं। माँ को अपनी जेठानी की इन हरकतों से बहुत भय होता था, ये सब बातें उनके परिष्कृत स्वभाव से मेल नहीं खाती थीं। मेरी माँ का बचपन टैगोर के लेखन और संगीत के बीच बीता था। नैहाटी वाले घर में कोई साहित्य या संगीत प्रेमी नहीं था। वे लोग दो वक्त की रोटी का प्रबन्ध करने, आपस में झिक-झिक करने या निरर्थक झगड़ों में समय बिताने में इतने व्यस्त रहते कि उनके पास और किसी काम के लिए समय नहीं था।

मेरी माँ अवसर पाते ही, हम लोगों को लेकर अपने मायके चंद्रनगर चली जातीं। नैहाटी जाते ही उनके स्वभाव का अन्तर साफ़ दिखने लगता। वे प्रसन्न और सन्तुष्ट दिखतीं और उनकी वही प्रसन्नता हमें भी छू जाती। हम भी चंद्रनगर में ही रहना पसन्द करते। मेरी माँ एक बार मायके जाने के बाद, उस जगह से जल्दी वापस आना पसन्द नहीं करती थीं। मेरे पिता और उनके परिवार को यह बात सहन नहीं होती थी और माँ के रिश्तेदार भी अक्सर उन्हें मायके में देखकर ताने मारते और माँ के सामने ही नानी से कहा जाता, ''ब्याही हुई बेटी को लम्बे समय तक अपने घर रखना शुभ नहीं होता। इसे इसके ससुराल वापस भेजो। क्या तुम्हारे दामाद को लज्जा नहीं आती? ऐसा कौन सा पति है जो अपनी पत्नी को इतने समय तक मायके में रहने की अनुमति देता है?''

मेरे पिता को भी लोगों से इसी तरह के कटाक्ष सुनने को मिलते। ''तुम्हारी पत्नी तो तुम्हारे साथ रहती नहीं है। तुम वहीं जाकर घरजवाई क्यों नहीं बन जाते?'' अपने ससुराल में रहने वाला दामाद, भारतीय समाज में हेय माना जाता है। वे अक्सर ऐसी बातों से पिता का अपमान किया करते।

पिता को बहुत जल्दी गुस्सा आ जाता था, जब पानी सिर से ऊपर हो जाता तो वे हिंसक हो उठते। उन्हें अपनी पत्नी और बच्चों से प्रेम था पर गुस्सा आने पर उन्हें कोई काबू नहीं कर सकता था। मेरी माँ अपने नैहाटी स्थित ससुराल की जिस तरह शिकायतें करती थी, वह उन्हें बिलकुल नागवार था।

मुझे परिवार में एक बार किसी ने बताया था; यह मेरे जन्म से बहुत पहले की बात है। एक दिन पिता ने गुस्से के आवेश में आकर, मेरी नवजात बहन को बिस्तर से नीचे फेंक दिया था। ईश्वर की कृपा से बच्ची को चोट नहीं आयी, पर माँ जब भी इस प्रसंग को याद करतीं तो मारे भय के उनकी देह में झुरझुरी दौड़ जाती। मेरी दोनों बहनें; सोनाली और रूपाली, पिता से इतना डरती थीं कि एक बार पटाखे चलाते समय, उनमें से एक का हाथ इतनी बुरी तरह जल गया कि वह दर्द के मारे बेहोश हो गयी पर उसने पिता को नहीं बताया। उसे डर था कि पता चलने पर पिता पिटाई भी कर सकते हैं।

मैं उनकी तरह, अपने पिता से इतनी भयभीत कभी नहीं रही। दरअसल, उन्होंने कभी मेरे साथ कड़ाई नहीं बरती। लोग कहते हैं कि मुझे अपने पिता

की सुन्दरता विरासत में मिली है और वे मुझमें अपने आप को देखते थे, शायद इसलिए भी मुझे उनका दुलार मिलता रहा। या फिर शायद इसलिए कि मैं उनकी पुत्र सन्तान थी? आप जानते हैं कि भारतीय परिवारों में पुत्र सन्तान से कितना मोह रखते हैं। जब मैं हौले-हौले, उनकी ही नज़रों के सामने किसी दूसरे रूप में बदलने लगी तो यह परिवर्तन सारे संसार को दिखा, पर मेरे पिता यथासम्भव इस प्रसंग को अनदेखा करते रहे।

~

तो मेरे भीतर यह बदलाव कब आया? यह तथाकथित रूपांतरण कब सम्भव हुआ? शायद यह सब मेरी बहनों की छींट वाली फ्रॉकों से मेरे लगाव के साथ शुरू हुआ। मैं मौका पाते ही अपने निक्कर-शर्ट उतार कर, उनकी फ्रॉक पहन लेती। मेरी बहनें मुझसे कई वर्ष बड़ी थीं इसलिए उनकी फ्रॉक मेरे शरीर पर गाउन जैसी लगतीं पर मैं फिर भी उन्हें पहनती और घंटों शीशे के आगे खड़ी होकर खुद को निहारती। पहले मैं यह सब अपने कमरे के एकान्त में करती थी पर फिर धीरे-धीरे, मैं उन्हें पहनकर सारे घर में घूमने लगी। तब मैं छह या सात साल की रही होऊँगी। मेरी चाचियों और दूसरे भाइयों को पहले यह मेरा बचपना लगा और उन्होंने इसे हँस कर टाला पर जब मैंने माँ के सिंगारदान से काजल और लिपस्टिक लगाना भी शुरू कर दिया तो माँ और बहनों को एहसास हुआ कि मैं बिगड़ रही थी; मेरे साथ कोई-न-कोई गड़बड़ तो ज़रूर थी। वे मुझे समझाने की कोशिश करतीं पर मैं उन्हें जीभ चिढ़ा कर, तर्क देती कि मैं भले ही लड़का बनकर पैदा हुई हूँ पर उन लोगों से कहीं बेहतर मेकअप करना जानती हूँ!

इसके बाद मुझे नैहाटी के महेंद्र हाई स्कूल में भेजा गया। इसी स्कूल में गायक श्यामल मित्र भी पढ़ चुके थे। इसे आप मेरे जीवन के बड़े संयोगों में से एक मान सकते हैं, स्कूल में पहले दिन जो भी हुआ, उसका मेरे मन पर निश्चित रूप से गहरा असर हुआ। पहली बार स्कूल भेजा गया तब मेरी उम्र छह बरस की रही होगी। शायद सर्दियों के दिन थे और मेरे सिर को सर्दी से बचाने के लिए माँ ने स्कार्फ़ पहना दिया था। उन दिनों, आप स्कूल के शैक्षिक सत्र के बीच में भी प्रवेश ले सकते थे। जब मैं कक्षा में गयी, तो मुझसे बड़े

और ताकतवर लड़के मेरी ओर भागे आये। वे मेरा स्कार्फ़ खींचते हुए, मुझे लड़की-लड़की बोल कर चिढ़ाने लगे। मैं पतली और नाज़ुक थी और सिर पर घुँघराले बाल थे। लड़के कहने लगे कि हालाँकि मैंने पैंट पहनी है पर मैं असल में एक लड़की हूँ, क्योंकि मैंने अपना सिर ढका हुआ था। 'घूमटा पोड़छे ओ निश्चोई मे' (यह लड़की होगा तभी तो इसने अपना सिर ढका हुआ है।) उन्होंने मेरा हाथ थामा और मुझे लड़कियों के बीच बिठा दिया। वहाँ लड़के और लड़कियों को अलग-अलग लाइनों में बिठाया जाता था। लड़कियाँ भी खिलखिलाने लगीं और सबको खूब मज़ा आया। मुझे भी यह सुनकर अच्छा लगा। मैंने उनकी बात का बिलकुल बुरा नहीं माना!

हालाँकि यह सब जल्दी ही खत्म हो गया। जल्दी ही लड़कों को पता चल गया कि उनकी कक्षा में कोई लड़की नहीं, बल्कि दुबला-पतला और नाज़ुक सा लड़का आया है। वे मुझे चुटकी काटते, बाल खींचते, मेरे कान उमेठते और ज़रा सी बात पर, चेहरे पर घूँसा जमा देते। मैं उन बच्चों में से थी जो शिकायत करने की बजाय चुपचाप रोने लगते हैं। मुझ पर किसी को तरस नहीं आता था। इस तरह मेरे मन पर गहरा घाव हो गया। मुझे आज भी याद है, किस तरह वे लड़के मेरे सिर इल्ज़ाम लगा कर मज़ा लिया करते थे। एक बार, उन्होंने दूसरे लड़के का टोप फाड़ कर मेरे सिर इल्ज़ाम लगा दिया। उस बच्चे की माँ ने स्कूल आकर, सबके सामने मेरा अपमान किया और फटकारा। मैं उनसे इतना भी नहीं कह सकी कि यह मैंने नहीं किया था। मेरे दिल को गहरी ठेस लगी। मुझे एहसास होने लगा कि संसार में अधिकतर लोग मुझे स्वीकार नहीं करते। मैं अपनी माँ के पास जाकर रोना चाहती थी पर कई बार खुद को ही ऐसा करने से रोक भी देती।

मैं उनसे ये सब बातें छिपाया करती, जैसे मैंने उनसे यह बात भी छिपा रखी थी कि मुझे अपने जननांग से नफ़रत होने लगी थी। मैं अपने पुरुष जननांग स्वीकार नहीं कर पा रही थी। मैं अपनी बहनों के से जननांग चाहती थी।

पाँचवीं कक्षा तक आते-आते, मैं सुन्दर नौजवानों की ओर आकर्षित होने लगी थी। रात को, जब मेरे पिता, मेरी माँ के साथ शारीरिक सम्बन्ध बनाते, तो मैं सोने का बहाना करती पर मेरे कान, उनकी ओर से आने वाली आहटों पर ही लगे रहते। मुझे अपनी माँ जैसी भावनाएँ महसूस होतीं। लगभग उसी

समय, मैंने जीवन में पहली बार सेक्स का अनुभव पाया।

मेरा एक इक्कीस साल का लम्बा-चौड़ा कज़िन था और अपनी हवस मिटाने के लिए, काफ़ी समय से मुझ पर नज़रें जमाए हुए था। मुझे तब तक इस बात का एहसास नहीं हुआ, जब तक वह एक दिन मुझे अकेला पाकर उस बड़े से घर के वीरान भूतल के, खाली कमरे में नहीं ले गया। उसने वहीं मेरे साथ शारीरिक सम्बन्ध बनाये। जब तक उसने मेरे साथ गुदा मैथुन नहीं किया, तब तक मुझे कुछ पता नहीं था कि क्या होने वाला था। शायद मुझे उसका सहलाना और दुलारना अच्छा लगा होगा, क्योंकि वह मेरे शरीर से खेल रहा था। फिर उसने अचानक मेरी गुदा में प्रवेश किया और धक्के मारने लगा। मैं मारे दर्द के चिल्ला पड़ी; उसने मेरी चीख दबाने के लिए मेरे मुँह पर अपना हाथ रख दिया। जब मुझसे सहन नहीं हुआ तो मैं रोने लगी।

यह सब यहीं समाप्त नहीं हुआ। वह उस आदमखोर बाघ की तरह था जिसने इन्सानी लहू चख लिया था, वह हमेशा इसी मौके की ताक में रहता कि मुझे अकेले में कैसे घेरा जा सकता है। धीरे-धीरे हम दोनों के लिए यह सब नियमित होता चला गया। यह कहना गलत होगा कि मैं उसका आनन्द उठा रही थी पर एक तीव्र शारीरिक आकर्षण था और इसने मेरे भीतर की स्त्री को जगाना आरम्भ कर दिया था जो पहले ही अपने पंखों को खोलकर उड़ान भरने को तैयार थी।

इस दौरान, मैंने देखा कि मेरे नैन-नक्श की वजह से मैं कक्षा के लड़कों को सहज ही आकर्षक दिखने लगी थी, वे मुझे छूने और सहलाने का अवसर तलाशते। यह सब छठी कक्षा से आरम्भ हुआ और सातवीं में आते-आते मैं सब लड़कों की आँखों का तारा बन गयी थी। वे मेरी ओर ध्यान देते तो मुझे बहुत अच्छा लगता। वे मेरे साथ बैठने के लिए एक-दूसरे से स्पर्धा करते। वे अपनी ओर से हर सम्भव कोशिश करते कि मेरा ध्यान उनकी ओर जाये। मेरे लिए दुनिया बदल रही थी। एक समय था जब ताकतवर छोकरे मुझे सता कर आनन्द लेते थे और अब समय आ गया था कि वे मेरा बचाव करते, मुझे सुरक्षा प्रदान करते। मुझे उस छोटी आयु में यह सब समझ नहीं आया था कि यह एक अस्थायी चरण है और मैं भी उसी मौज में आकंठ डूब गयी। मुझे लगा था कि उन्होंने मेरे नारीत्व को स्वीकार कर लिया है।

आठवीं कक्षा तक आते-आते, मैं पूरे आत्मविश्वास के साथ, घर में बहनों के कपड़े पहनने लगी। यह देख कर सभी सदमे में आ जाते कि एक लड़का कैसे कपड़े पहन रहा था लेकिन मुझे किसी की परवाह नहीं थी। शायद कक्षा के लड़कों की ओर से मिला दुलार ही मुझे और बिन्दास और निडर बना रहा था। मैं किसी की एक नहीं सुनती थी। एक बार माँ ने मुझे अकेले में बिठा कर समझाना चाहा कि लड़का होकर, लड़कियों की तरह रहना और कपड़े पहनना; मेरा यह बर्ताव पूरे खानदान के लिए बदनामी का कारण बन रहा है। ''परन्तु माँ ! मैं एक स्त्री हूँ...क्या आपको विश्वास नहीं आता? क्या मुझे आप लोगों से बेहतर तरीके से कपड़े पहनने नहीं आते? माँ, आप मुझे एक लड़की बनने दो...।'' मैं उन्हें जवाब देती और वे मुझे विस्फारित नेत्रों से ताकती रह जातीं। उन्होंने कभी अपनी पीड़ा प्रकट नहीं होने दी पर अब मैं उनके दर्द की कल्पना कर सकती हूँ। सारा संसार उन्हें ही दोष देने लगा था कि वे मुझे वश में नहीं रख सकीं। बेचारी माँ, लोग नहीं जानते थे कि वे किस तरह सदा स्वयं से जूझतीं और स्वयं को दोषी मानतीं कि उन्होंने एक हिजड़े को जन्म दिया! जी, सारी दुनिया मुझे इसी नाम से बुलाने लगी थी।

मेरे पिता को भी नहीं छोड़ा गया। सारे मुहल्ले ने मेरी हरकतों को देख कर, हमारे परिवार से कन्नी काटना शुरू कर दिया था। सुबह-शाम, कहीं-न-कहीं से पिता जी को यह ताना सुनने को मिल ही जाता, ''तुम अपनी आँखों के आगे अपने बेटे को हिजड़ा बनते हुए कैसे देख सकते हो?'' मैं उनकी आँखों में छिपी बेचारगी को देख सकती थी। हम सब गहरे अवसाद में थे और इसकी वजह मैं थी। पिता जी ने अपनी सारी भड़ास माँ और बहनों पर निकाली कि वे मुझ पर सख्ती क्यों नहीं रखतीं।

दुर्भाग्य के काले बादलों के बीच आशा की सुनहरी किरण थी कि मैं पढ़ाई में बहुत अच्छी थी। मैं कक्षा में सदा अच्छे अंकों से पास होती और सबके मुँह पर ताले लग जाते। दरअसल, जब मेरे माता-पिता को सबकी ओर से लताड़ मिलती कि वे अपने बच्चे को गलत रास्ते पर जाने से नहीं रोक पा रहे तो वे बड़े गर्व से मेरे अंक दिखा कर कहते कि उनका बेटा इतना जीनियस है, तभी तो सबसे थोड़ा अलग दिखता है। वे जानते थे कि यह कोई बहाना नहीं था पर उनके पास सारी बात छिपाने के लिए कोई और ढाल भी तो नहीं

थी। किसी तरह, मैंने अपने भीतर जागने वाली उस लैंगिकता को अपनी बुद्धि पर हावी नहीं होने दिया; मैं कड़ा परिश्रम करती ताकि कक्षा में प्रथम स्थान मिलता रहे। मुझे एहसास हो गया था कि केवल इसी तरह से, मैं असमानता की इस जंग को जीत सकती थी।

~

धीरे-धीरे, विवाह समारोह, मेरे लिए एक नये अर्थ में सामने आने लगे। हम एक संयुक्त परिवार में रहते थे इसलिए कोई-न-कोई विवाह होता ही रहता था। मैं अक्सर देखती कि विवाह के लिए वधू का शृंगार कैसे किया जाता था। मुझे एहसास हुआ कि जब लड़कियाँ वधू बनतीं तो उस रूप में उनके बोलने-चालने का तरीका और व्यवहार ही बदल जाता। मैं भी उस लाल बनारसी साड़ी, घूँघट और उस विशेष अवसर पर पहने जाने वाले आभूषणों के लिए तरसने लगी थी। मेरे लिए वह नारीत्व और सुन्दरता की पराकाष्ठा थी और मैं उस रूप में सजने के लिए मन-ही-मन तड़पती। मैं जानती थी कि मैं उन सबसे कहीं ज़्यादा सुन्दर दिखूँगी। मुझे किसी को ब्यूटी पार्लर से बुलवा कर, अपना मेकअप करवाने की आवश्यकता नहीं थी। मैं अपने सामने दिखने वाली किसी भी वधू की तुलना में कहीं अधिक लज्जाशील और मनमोहक दिख सकती थी। मैं अपने सारे काम छोड़ कर विवाह समारोह में भाग लेती। शायद पूरे घर में ऐसा करने वाला, इकलौता लड़का मैं ही था। जब दूल्हा अपने दोस्तों के साथ आता और हमारे विवाह के रिवाज़ के अनुसार लड़कियों के साथ उनकी नोक-झोंक होती तो मुझे लड़कियों से जलन होती। वे मेरी ओर देख कर, मुझे क्यों नहीं सताते थे? क्या मैं उन लड़कियों से कहीं ज़्यादा प्यारी नहीं दिखती थी? मैं अपनी ओर से उनका ध्यान अपनी ओर खींचने की पूरी कोशिश करती। कुछ लोग देखते भी और मैं उन्हें विचित्र लगती। अधिकतर लोग मुझे उपेक्षित करना ही पसन्द करते। विवाह के समय वधू से कहा जाता कि वह अपने चेहरे के सामने से पान का पत्ता हटा कर, पहली बार अपने वर का मुख देखे। मुझे वे रोमानी क्षण बहुत भाते। मैं अक्सर कल्पना करती कि मैं दुल्हन हूँ और मेरा वर पहली बार नेह भरी दृष्टि से मुझे निहार रहा है। और फिर, जब माला बदलने का

समय आता, तो मैं मन-ही-मन जैसे उस दृश्य में कहीं खो जाती और कई दिन तक उसका खुमार मुझ पर छाया रहता।

~

मुझे बंगाली फ़िल्में देखने का बड़ा चाव था। हमारे घर के आस-पास कई सिनेमा हॉल थे और हम अक्सर माँ व बहनों के साथ, फ़िल्में देखने जाते। उत्तम कुमार व सुचित्रा सेन की फ़िल्मों से मुझे विशेष लगाव था। मैं आपको बता नहीं सकती कि मैं उत्तम कुमार की एक-एक फ़िल्म कितनी-कितनी बार देखा करती। वे आज भी मेरे प्रिय हीरो हैं। मैं कल्पना करती कि मैं सुचित्रा सेन हूँ और वे मेरे प्रेमी हैं। यह बड़ा नशीला सा एहसास था! चूँकि मैं सुचित्रा सेन का अभिनय बहुत बारीकी से देखती थी इसलिए मैंने उनके अंदाज़ भी सीख लिए थे और उनके चेहरे व आँखों के मेकअप के अलावा—उनकी तरह ही लिपस्टिक लगाना और जूड़ा बनाना भी सीख लिया था। मैंने अपने बाल लम्बे करने शुरू कर दिये थे ताकि उनकी तरह जूड़ा बनाया जा सके। जब मैं सुचित्रा सेन की अदाओं के साथ उनके संवाद बोल कर दिखाती तो कक्षा के लड़के निहाल हो जाते। सुचित्रा सेन अपना सिर एक खास अदा से झटक कर, झुकातीं और हीरो चारों खाने चित्त हो जाता। मैं भी उनकी इसी अदा को ठीक दोहरा सकती थी और जब कक्षा के दूसरे लड़के चिरौरी करते तो मैं अक्सर उन्हें ऐसा करके दिखाती।

इसी समय, अपने जीवन की एक और महत्त्वपूर्ण घटना के बारे में भी बात करना चाहूँगी। एक और घर ऐसा था, जिसमें मेरा आना-जाना रहता था—मेरे मामा का घर, जहाँ हर तरह का पूजा-अनुष्ठान चलता रहता। दुर्गा पूजा से लेकर जगद्धात्री पूजा तक, उस सम्पन्न परिवार में पूजा-अर्चना का कोई अवसर नहीं छोड़ा जाता था। ठीक इसी प्रकार, वे कुमारी पूजा का आयोजन भी करते थे—इस पूजा में नौ वर्ष से कम आयु की कन्याओं को देवी मान कर पूजा जाता, उन्हें वस्त्र व आभूषण आदि उपहार में देते। लड़कियाँ सुन्दर साड़ियों में सँवर कर घर में आतीं। उन्हें ठाकुरदालान में बिठा कर, मूर्ति के साथ उनका पूजन होता। मैं भी कुमारी पूजन के लिए तरसती थी। "अगर मुझे भी उसी तरह सजा-सँवार कर साड़ी पहना दी जाती तो क्या मैं उनसे सुन्दर न लगती?" मैं अपने नाना-नानी

से बहस करती। वे लोग मेरी बातों पर ध्यान नहीं देते थे। उन्हें लगता था कि मैं नादान था और मुझ पर माँ और बहनों का कुछ ज़्यादा ही प्रभाव था। उन्हें लगता था कि मुझे हमउम्र लड़कों के साथ घुलना-मिलना चाहिए।

मैं एक लड़की की तरह सँवरने और स्वीकार किए जाने के लिए तरस रही थी। यह सब केवल एक बार हुआ, जब मैं बड़ी हो गयी थी। मुझे किसी के दखल के बिना एक युवती के रोल के लिए चुना गया और मैंने उसका पूरा आनन्द लिया। मैं तो जन्मजात नर्तकी थी और अपने-आप ही बहुत सुन्दर नृत्य कर सकती थी। मेरी बहनें पड़ोस के स्कूल में नृत्य सीखने जातीं तो मैं भी साथ चली जाती। टैगोर के गीत चलाए जाते और बच्चे उनकी धुनों पर नृत्य करते। हालाँकि यह नाचना और गाना, लड़कियों के लिए था। अधिकतर लड़कियाँ ही नृत्य व संगीत की शिक्षा पाती थीं। उन दिनों कोई मध्यमवर्गीय परिवार अपने लड़के को नृत्य की शिक्षा लेने नहीं भेजता था। हर शाम, हारमोनियम खुलते और लड़कियाँ 'सरगम' का अभ्यास करतीं। ख़ैर, मैंने तो लड़कियों को नाचते हुए देखकर ही बहुत कुछ सीख लिया था। उनके टीचर ने मुझे वही स्टेप्स करते देखा तो एक सांस्कृतिक कार्यक्रम के लिए मुझे चुन लिया गया। मुझे एक किसान की पत्नी का रोल करते हुए, टैगोर के प्रसिद्ध गीत, 'पौष तोदेर डाक दियेछे आये रे चौले आये आये आये' (पौष की पुकार सुनो, अपने घरों से बाहर आओ और उसका स्वागत करो।) पर डांस करना था। जब हमने पोशाक पहन कर पूर्वाभ्यास किया तो उन्होंने मुझे साड़ी पहना कर प्रेक्टिस करवाई। वह मेरे जीवन के सबसे खुशनुमा दिनों में से एक था। चेहरे के हाव-भाव से लेकर, शारीरिक भंगिमाओं तक, मैंने सब कुछ इतनी अच्छी तरह किया कि टीचर ने मुझे सबके आगे मिसाल बनाकर पेश करते हुए कहा, "जब सोमनाथ लड़का होकर, लड़कियों वाले स्टेप्स इतनी अच्छी तरह कर सकता है तो तुम सब यह क्यों नहीं कर सकतीं?" मैंने लजीली सी मुस्कान के साथ प्रशंसा ग्रहण की। मैं उन्हें बताने को तरस रही थी कि मैं लड़की होने की कोशिश नहीं कर रही थी, मैं तो सचमुच एक लड़की ही थी! यहाँ तक कि पिता जी भी मेरा नृत्य देखने आये और स्वीकारा कि मैं बिलकुल किसान की पत्नी जैसा दिख रहा था!

नृत्य का मेरे जीवन से एक गहरा नाता रहा है। आने वाले वर्षों में, कॉलेज की पढ़ाई होने के बाद, मैं मंजुश्री चकी सरकार के डांस ग्रुप से जुड़ी; वे उन दिनों की जानी-मानी डांस टीचर थीं। तभी मुझे एहसास हुआ कि नृत्य कला ट्रांसजेंडर के पास जन्मजात होती है। उनके दल में मेरे जैसे बहुत से लोग शामिल थे और वे बहुत ही कमाल के नर्तक थे! वे सभी शारीरिक रूप से पुरुष थे, पर उनकी आत्मा नारी सुलभ थी। उनमें से अनेक आज प्रसिद्ध नर्तक हैं, जबकि कुछ लोग तनुश्री और ममता शंकर के दलों में शामिल हो गये हैं। मैं इस जगह उनके नाम नहीं देना चाहूँगी, क्योंकि मैं उनकी पहचान को प्रकट नहीं करना चाहती। वे लोग मेरी तरह नहीं थे, उन्होंने अपनी पुरुष देह की कैद में ही रहना पसन्द किया और संसार के लिए वे आज भी पुरुष नर्तक ही हैं, भले ही उनमें स्त्रैण कोमल भाव मौजूद है। जब हम एक ही दल में मिल कर नृत्य करते, तो हमारे बीच कुछ भी छिपा नहीं था। हम मिलकर बातचीत करते और सदा साथ रहते। हम 'एम टू एफ' ग्रुप से थे। हमें 'कोटी' कहा जाता था, अक्सर ट्रांसजेंडर लोगों के लिए आम बोलचाल की भाषा में इसी शब्द का प्रयोग होता था। इसके अलावा हमें कुछ और नामों से भी पुकारा जाता था, जैसे 'मीठा चावल' और 'मामा'। हम इन बातों का बुरा नहीं मानते थे। दरअसल, हमारे बीच, हम स्वयं अपनापन जताने के लिए इन शब्दों का प्रयोग करते और इस तरह हमारे ग्रुप की एकजुटता का भी पता चलता था। जो भी हो, मनुष्य स्वभाव से ही मिलनसार है और अपने जैसे लोगों की तलाश में रहता है।

मंजुश्री दी के दल में शामिल होने के बाद, मैं एक सुघड़ नर्तकी के रूप में सामने आयी। उनके दल में एक वरिष्ठ प्रशिक्षक थे। मैं उनकी पहचान प्रकट नहीं करना चाहती इसलिए हम उन्हें आदित्य* नाम दे देते हैं। उन्होंने मुझे अपने संरक्षण में लिया और नृत्य की शिक्षा देने लगे। यहाँ तक कि दूसरे लोगों ने भी माना कि नृत्य तो मेरे खून में बसा था। यह एक रचनात्मक नर्तक दल था और हम सब अनेक शरीर किन्तु एक आत्मा के समान नृत्य करते। हम सबके बीच समानता का अटूट भाव था। पुरुष और स्त्री नर्तक हमें अपने से अलग नहीं मानते थे। इसलिए इस बात से कोई अन्तर नहीं पड़ता था कि हम मीठा चावल या मामा थे? जब हम नाचते, तो एक इकाई के रूप में मिल

कर नाचते। सभी मिल कर, अपने नृत्य के माध्यम से किसी रचनात्मक विषय को दर्शकों के सामने लाते। मुझे स्वीकृति का यह भाव बहुत अच्छा लगता था, यह एक ऐसा भाव था जो शायद नृत्य की दुनिया के बाहर मिलना दुर्लभ था।

~

हालाँकि नियमित अभ्यास के तौर पर, नृत्य को मैंने बहुत आगे जाकर अपनाया। उससे पहले, मैं अपने पहले प्रेम प्रसंग में पड़ चुकी थी। वह मेरा सहपाठी था और उसका कज़िन मेरा पक्का दोस्त था। दरअसल वे दोनों ही मुझ पर एक साथ फ़िदा थे और मुझे दोनों को चिढ़ाने में बड़ा मज़ा आता था। जब वे दोनों आपस में, मेरे लिए प्रतिस्पर्धा करते तो मुझे यह बहुत भाता था। जब मेरा प्रेमी दसवीं कक्षा के बाद स्कूल छोड़ कर चला गया तो मुझे अनुभव हुआ कि मैं उसकी बजाय अपने पक्के दोस्त से प्यार करती थी। हालाँकि दोनों ही सम्बन्ध कारगर नहीं हो सके, मैं अब भी अपने पहले प्रेमी के सम्पर्क में हूँ। वह आज भी अच्छा दोस्त है पर अगर मैंने यहीं सब बता दिया तो बात का आनन्द जाता रहेगा। मुझे आपको उनकी पूरी कहानी बतानी चाहिए।

**इन प्रसंगों में शामिल लोगों की गोपनीयता बनाये रखने के लिए, उनके नाम बदल दिये गये हैं।*

2

प्रेम मेरे जीवन की सबसे बड़ी छलना रही, पर फिर भी मैं कभी प्रेम या प्रेम करने से नहीं हारी। जब भी मैं अपने एक के बाद एक, सामने आने वाले उन विविध प्रेम-प्रसंगों का स्मरण करती हूँ तो एक गहरी हृदयविदारक आह के सिवा कुछ सुनाई नहीं देता। हर अनुभव ने मेरे दिल को ठेस पहुँचाई, मेरे वजूद को चूर-चूर किया, पर यह अपने साथ एक नयी अनुभूति लेकर आता, जो मुझे पहले से कहीं परिपक्व और आत्मविश्वासी बना जाती। आज मुझे एहसास है कि प्रेम, जीवन की तरह ही, कुछ समय बाद समाप्त होता है और आपको इसे छोड़ना आना चाहिए। पर नवीं कक्षा के चौदह वर्षीय सोमनाथ की अल्पायु ऐसी गहरी बातें कहाँ समझती थी!

नवीं कक्षा में थी, जब मुझे जीवन में पहली बार प्रेम का अनुभव हुआ। हमारी कक्षा में दो कज़िन्स (रिश्ते के भाइयों) ने उसी वर्ष प्रवेश किया और उसके बाद जीवन कभी पहले जैसा नहीं रहा। मैं पहले ही एक सुन्दर कली की तरह खिल रही थी, सारे लोग मेरी लैंगिकता को लेकर चर्चा कर रहे थे और मेरी कक्षा के लड़के मेरे साथ उस लड़की की तरह पेश आते जो जवानी की दहलीज़ पर कदम रख रही हो। मुझे इस भाव से गहरा सन्तोष मिलता। वे लड़के मेरी चापलूसी करते, मेरे आस-पास मँडराते, मेरा ध्यान अपनी ओर खींचने के लिए आपस में प्रतियोगिता करते, वे सदा मेरी रक्षा करने को तत्पर दिखते। इसी चरण में, उन दोनों भाइयों के आते ही जैसे कक्षा का तयशुदा रवैया बदल गया। वे दोनों ही नये थे पर उन्होंने जल्दी ही, अपने अनूठे उपायों से, मेरा ध्यान अपनी ओर खींचने के प्रयत्न आरम्भ कर दिये।

हम एक ही सैक्शन में थे और स्कूल ने ही अच्छे लड़कों को एक

सैक्शन में रखा हुआ था। बाकी लड़कों को उन दोनों कज़िन्स से बहुत जलन होती थी जो कुछ ही समय में मेरे प्रिय हो गये थे। उनके बीच सदा एक तरह की प्रतियोगिता लगी रहती कि कौन मेरा हाथ थाम कर अपना टिफ़िन और अपने राज़ मेरे साथ बाँट सकता है। उन दोनों भाइयों के आने से पहले, मेरे पास बहुत सारे विकल्प मौजूद थे और मैं अक्सर अपने लिए चुनाव करती रहती, जैसा इस उम्र की लड़कियाँ करती हैं। मुझे कक्षा में मधुमक्खियों की रानी बनने के एहसास में बहुत आनन्द आता था।

वे दोनों भाई सुन्दर थे पर एक-दूसरे से पूरी तरह से अलग थे। उनका बाहरी रूप और स्वभाव बिलकुल मेल नहीं खाता था। मैं उनके असली नामों का प्रयोग नहीं करूँगी क्योंकि मैं नहीं चाहती कि उन्हें किसी वजह से शर्मिंदगी महसूस हो, इन बातों को बहुत साल हुए और वे लोग समाज में सामान्य लोगों की तरह जीते हैं। यदि उनके नाम लिए, तो समाज उन्हें एक 'लड़के' से प्रेम करने का दोष दे सकता है? अब वे सामान्य पारिवारिक जीवन जी रहे हैं।

मैं अपनी कहानी पर वापस आती हूँ; उन दोनों में से एक लड़का ज़रा साँवली रंगत का था इसलिए मैं उसे 'श्याम' कहूँगी और उसके गोरे भाई को हम 'श्वेत' नाम दे देते हैं।

श्याम और श्वेत मेरे सैक्शन में आये और मुझे अपना दिल दे बैठे। जब वे दूसरे सैक्शन में थे, तो अक्सर हमारी कक्षा में आते, मुझे ताकते और देखते कि कक्षा के लड़के मेरे साथ कैसे पेश आते हैं। जल्दी ही वे इतने निडर हो गये कि अपनी ओर से पहल कर दी। श्वेत सीधा उठ कर, मेरे पीछे वाली सीट पर जम गया और वह इस बारे में कोई तर्क सुनने को राज़ी नहीं था। मैंने आपको बताया था ना कि कुछ दूसरे लड़कों के बीच भी उस सीट पर बैठने के लिए होड़ लगी होती थी। पर श्वेत को उनसे भी निबटना आता था। श्वेत पूरी ढिठाई से उस सीट पर तब तक अपना दावा जमाए बैठा रहता, जब तक कि सारी कक्षा ने यह बात मान नहीं ली कि वह उसकी ही सीट थी। उसने अपने प्रेम का इज़हार करने में बहुत समय नहीं लिया, कभी वह मुझे अपनी सखी तो कभी अपनी पत्नी कह कर बुलाता। वह रोज़ कक्षा में आते ही, सबके सामने मेरे गाल चूम कर, मुझे बाँहों में भर कर कहता, "बाकी सब अकेले में!" हालाँकि पहले मुझे उसका ऐसा करना भाता था पर धीरे-

धीरे मैं इस बर्ताव से खीझने लगी। बेशक श्वेत मुझसे प्रेम करता था पर मुझे ऐसा दिखावा करना पसन्द नहीं था। मैंने उसे ऐसा करने से रोकना चाहा पर वह एक नहीं सुनता था। वह ऐसा ही था, हमेशा सबके बीच अपनी भावनाओं का इज़हार करता, उसके रोम-रोम से उत्साह व उमंग की लहर फूटा करती। उसके अपनेपन की गरमाहट और मुस्कान, दोनों ही छुतहा थे। कहना न होगा, वह पूरी कक्षा में लोकप्रिय और हरदिल अज़ीज़ था।

श्याम अपने कज़िन से ठीक विपरीत स्वभाव का था। वह कक्षा में, मुझसे बहुत दूर, दूसरा कोना चुन कर बैठता, पर फिर भी वहीं से मेरे साथ एक चुंबकीय सा सम्पर्क बनाये रखता। मैं अपनी पीठ पर उसकी हसरत भरी निगाहों की तपिश महसूस कर सकती थी। मैं उसकी उन निगाहों से निगाहें मिलाने को तड़पती थी, जिन्हें देखने के बाद, मैं लजा कर दूसरी ओर देखने लगती। वह कक्षा के दूसरे कोने से मेरे होंठों को देखता और मैं जानती थी कि वह उन्हें चूमने को बेकरार था। यह सोचकर ही मैं उत्तेजित हो जाती और दिल में आता कि भाग कर उसकी बाँहों में समा जाऊँ। श्याम की हर बात में जैसे एक जादू था। वह ऐसा प्रेमी था, जो जानता था कि सबके बीच दिखावा किए बिना भी, प्रेयसी के लिए अपने प्रेम का इज़हार कैसे किया जा सकता था। उसने ही मुझे पहली बार एक औरत होने का एहसास दिलाया। एक ऐसी औरत, जिसे वह एक पुरुष होने के नाते चाहता था। मेरे पास स्त्री गुप्तांग न होने के बावजूद, श्याम ने कभी मुझे मेरा अधूरापन महसूस नहीं होने दिया। मैं दिन-रात उसके ही ख़यालों में मग्न रहती और खुद पर ही प्यार उमड़ने लगता। पहली बार, मैं अपने जीवन में एक-एक क्षण का आनन्द उठा रही थी। ऐसा नहीं कि मेरी रातें चैन से बीतती थीं—रातों को मैं अक्सर अपने होंठों पर प्रेमी की गर्म साँसों को महसूस करती थी।

मैं सैक्स के लिए सक्रिय थी और श्याम से कहीं अधिक अनुभवी थी, जिसके लिए मुझे अपने से बड़े कज़िन का शुक्रिया अदा करना चाहिए जिसके बारे में मैंने आपको बताया था। वह सब इस आयु तक भी निरन्तर जारी था। यह अपने-आप में एक तरह का पाश्विक प्रेम था, जिसकी मैं तब तक अभ्यस्त हो गयी थी। अगर मैं कहूँ कि मैं इसे पसन्द नहीं करती थी तो यह मेरी ओर से बेईमानी होगी।

वहीं दूसरी ओर, श्याम और मेरे बीच पनपने वाला प्यार, पूरी तरह से रोमानी था, जहाँ हर छोटी सी छुअन या हाथ थामने जैसी छोटी सी बात से भी मेरा दिल तेज़ी से धड़कने लगता और मेरी सारी देह के रोंगटे खड़े हो जाते। मैं सारा दिन ख़यालों में खोई रहती और स्कूल में श्याम के निकट जाने के अवसर खोजा करती। वह एक सभ्य और सम्पन्न पृष्ठभूमि से था, इसलिए वह सहज भाव से सही समय और सही मौके पर टैगोर के गीत व कविताओं का पाठ किया करता। मैं मंत्रमुग्ध सी उसे ताकती रह जाती और उसके लिए मेरे प्रेम की गहराई दिन-ब-दिन बढ़ती जाती थी।

श्याम की माँ एक स्कूल में पढ़ाती थीं, पर सारा नैहाटी उसके परिवार को उसके काका की वजह से जानता था जो एक वरिष्ठ सरकारी अधिकारी होने के अतिरिक्त कलाओं के प्रवर्तक भी थे। उनके कारण ही श्याम का घर कला व संस्कृति प्रदर्शन का केन्द्र बन गया था और यही प्रभाव श्याम पर भी दिखता था। इसी बात ने उसे सबसे अलग बना दिया था...वह कक्षा के किसी भी लड़के की तुलना में कहीं अधिक आकर्षक था। वह बहुत ही जुनून से भरा शख़्स था और उसे मुझसे भावात्मक संबल की तलाश थी। मैं उसकी गर्वीली गर्लफ्रेंड थी, जो एक राजकुमारी की तरह इतराती थी। हर किसी को श्याम से ईर्ष्या थी कि उसने मुझे हथिया लिया और वे सब एक ओर खड़े, हाथ मलते हुए देखते रह गये।

वहीं दूसरी ओर, श्वेत इतनी आसानी से हार कहाँ मानने वाला था। वह तो किसी रट्टू तोते की तरह अपने दिन की शुरुआत ही मेरे लिए उसके प्रेम के इज़हार के साथ करता। अक्सर सबके बीच कस कर गले से लगाता और चूम लेता। उसे सबके सामने अपने प्रेम का प्रदर्शन करना बहुत भाता था और उसे कक्षा के सहपाठियों के सामने ही गाल से होते हुए, होंठों के चुंबन तक आने में कोई संकोच नहीं हुआ। मुझे यह सब बिलकुल पसन्द नहीं था और मैं उसे अपने से दूर रखने की भरसक कोशिश करती। मानती हूँ कि पहले-पहल मुझे यह व्यवहार पसन्द था पर अब चिढ़ होने लगी थी कि वह मेरी इच्छा के बिना मेरे साथ ऐसा क्यों करता था। मैं उसे समझाने की कोशिश करती कि प्रेमी कभी सार्वजनिक तौर पर प्रेम का ऐसा दिखावा नहीं करते पर उसे मेरी एक भी बात समझ नहीं आती थी। श्वेत को ऐसी किसी भी सलाह की ज़रूरत नहीं थी, क्योंकि उसे लगता था कि मैं उसकी गर्लफ्रेंड

थी और उसे अपनी मर्ज़ी से, मेरे साथ कुछ भी करने की पूरी छूट थी। वह मुझे अपनी पत्नी कहता और सारी कक्षा से कहता कि वे मुझे बउदी (भाभी) पुकारें। कोई भी उसे गंभीरता से नहीं लेता था। मैं उससे चिढ़ती और बाकी सब उसकी हरकतों का मखौल उड़ाते। पर कुछ ही समय में मुझे अपनी भूल का एहसास हो गया। इस बारे में आपको बाद में बताऊँगी।

श्वेत को इस बात की परवाह नहीं थी कि मैं भी उसे चाहती थी या नहीं। वह इस तरह पेश आता मानो ऐसा हो ही नहीं सकता था कि मेरे मन में उसके लिए प्यार न हो। मैं मूर्खों की तरह पेश आने पर, उसे सबके बीच लताड़ दिया करती, उसे इस बात से भी कोई अन्तर नहीं पड़ता था। उसे लगता था कि प्यार में यह सब जायज़ होता है। अगर कभी मैं उससे बहुत खीझ कर, कक्षा छोड़कर घर की राह लेती तो वह भी मेरे पीछे-पीछे घर तक आ जाता। इसके अलावा भी, वह अक्सर हर दूसरी शाम को हमारे घर आ धमकता और मेरी शर्मिंदगी का अन्त न रहता, क्योंकि वह माँ और बहनों के सामने ही बेहयाई से मुझे चूमने लगता। वे पहले से ही इस बात से परेशान थीं कि उनके लड़के से दूसरे लड़के, लड़की की तरह पेश आने लगे थे। इसके अतिरिक्त श्वेत मेरे घर कभी खाली हाथ नहीं आता था। उसके पास कभी केक का टुकड़ा, मिठाई या फिर कोई फल रहता। मैं उसे लेने से इनकार करती, उसके सामान को उसके हाथों में ठूँस कर, उसे वापस जाने को कहती। वह उस सामान को वापस नहीं लेता था, वह कहता कि उसने अपनी छोटी सी बचत से, वह चीज़ मेरे लिए खरीदी है और मुझे उसे खाना ही होगा।

श्वेत का जीवन बहुत ही दयनीय था। वह अपने काका के घर रहता था। इतना ज़िन्दादिल इन्सान था कि उसने कभी अपने दुख-दर्द का साया तक हम पर पड़ने नहीं दिया। आज मैं जानती हूँ कि वह उन ठहाकों के पीछे अपने आँसुओं को छिपा लेता था। मैंने पहले भी कहा कि श्वेत श्याम का कज़िन था पर श्याम के पिता ने श्वेत के लिए कभी कुछ खास नहीं किया। उन्हें उसकी रत्ती भर भी परवाह नहीं थी। श्वेत श्याम के घर जाता था ताकि उसके विज्ञान के टीचर से ट्यूशन पढ़ सके, क्योंकि उसके काका गरीब लड़के, जिसके दो वक्त के भोजन का भी ठिकाना नहीं था, के लिए अलग से ट्यूशन की व्यवस्था नहीं कर सकते थे। श्वेत अपनी जेब में मुरमुरे भर लेता और

निकाल-निकालकर खाता रहता। शाम को मेरे घर से होते हुए, श्याम के घर पढ़ने जाता। मैंने उससे एक दिन पूछा था कि वह 'मूड़ी' खाकर अपना पेट क्यों भर रहा है, वह श्याम के घर जाकर भरपेट खाना खा सकता है पर उसने सीधा जवाब देने की बजाय मेरी बात को हवा में उड़ा दिया था। मैं जानती थी कि श्याम उसे पसन्द नहीं करता था और शायद उसे अपने निर्धन कज़िन के साथ भोजन बाँटना भी नागवार गुज़रता था। श्याम के इस बर्ताव को गौर से देखती तो मैं आने वाले कल की उदास आहटों को पहले से भाँप सकती थी पर उसके इश्क का ऐसा खुमार छाया था कि उसके बारे में कुछ गलत सोचने की कल्पना भी नहीं की जा सकती थी। आज याद करती हूँ तो मन दुखता है, वह बेचारा गरीब लड़का जाने कैसे-कैसे करके मेरे लिए खाने-पीने की वस्तुएँ लाता था, जबकि उसके पास अपने भोजन का पूरा प्रबन्ध तक नहीं था। वह सच में मुझे दिल से चाहता रहा होगा! काश...!

श्वेत बहुत छोटी उम्र से ही यह समझ गया था कि अगर उसे दुनिया में जीना था तो अपना पेट पालने के लिए कोई काम करना ही होगा, इसलिए वह ग्यारहवीं कक्षा से लेकर बारहवीं कक्षा तक, शाम को स्थानीय स्टूडियो की लैब में सहायक के तौर पर काम करता रहा। मेरी नज़र में वह पहला स्कूली लड़का था जो शौकिया अपना जेबखर्च कमाता था। श्वेत के पास एक कैमरा था, जो उसे उसके पिता ने बहुत छोटी उम्र में दिया था। वह उसे बहुत पसन्द था और अक्सर उसे अपने पास रखता और उससे तस्वीरें लेता। वही उसका इकलौता शौक था। वह स्कूल में कैमरा नहीं ला सकता था, इसलिए वह कभी-कभी हमारे घर कैमरा ले आता ताकि मेरी तस्वीरें ले सके क्योंकि उसका कहना था, 'मैं बहुत स्पेशल हूँ।' मुझे आज भी याद है कि मैं कैसे तैयार होकर, उसके लिए पोज़ देती थी। मुझे ऐसा करने में बहुत खुशी मिलती थी, क्योंकि इससे मेरी नारी सुलभ सुंदरता को निखरने का अवसर मिलता था। वह मेरे लिए अक्सर अपने पैसों से कुछ-न-कुछ खरीदा करता। कई बार, वह मेरे लिए पायल ले आता और फिर सबके बीच पूरा दिखावा करते हुए, मुझे तोहफ़ा देता। मुझे उसके उपहार तो बहुत पसन्द थे पर उसका यही तरीका पसन्द नहीं था कि उसे पूरी कक्षा के सामने तमाशा बना कर उपहार देने की क्या ज़रूरत थी।

एक दिन श्वेत अचानक घर आ गया और मुझे ज़ोर से बाँहों में लेकर

चूमने लगा। मैं बुरी तरह खीझ गयी और उसकी कमीज़ को पकड़ कर खींचा। आज भी याद है—उसने चमकदार हरे से रंग की कमीज़ पहनी हुई थी—जो आमतौर पर पहने जाने वाले कपड़ों से अच्छी दिख रही थी। मैंने अपनी मुट्ठी में ऊपर वाला बटन कसकर भींचा और ज़ोर से खींच दिया। बटन के साथ ही कमीज़ का कपड़ा भी फट गया। मुझे अपनी गलती का एहसास हुआ तो भयभीत भी हुई। पर श्वेत ने अपने जाने-पहचाने अंदाज़ में सारी बात को हँस कर परे कर दिया और माहौल को खुशनुमा करने के लिए बोला कि वह उस फटी हुई कमीज़ को हमेशा सहेज कर रखेगा, क्योंकि एक पत्नी ही अपने पति पर नाराज़ होकर, उसके साथ ऐसे पेश आ सकती है। उसकी यह बात मुझे हमेशा याद रहेगी। उसके जाने के बाद, मुझे उसकी बहुत याद आयी पर यह सब कुछ ही समय के लिए था, क्योंकि जल्दी ही मैं श्याम और स्कूल के अगले दिन के बारे में सोच रही थी।

श्याम का घर, मेरे घर से बहुत दूर नहीं था पर हैरानी की बात थी कि मैं कभी उसके घर नहीं गयी। वह भी कभी मेरे घर नहीं आया। यह एक अनकहा समझौता था कि हम जब तक अपने माता-पिता को इस बात के लिए राज़ी नहीं कर लेते कि हम पति और पत्नी के रूप में रहना चाहते हैं, तब तक एक-दूसरे के घर नहीं जायेंगे। मुझे श्याम की ईमानदारी पर कोई संदेह नहीं हुआ और मैं इस बात के लिए सहमत थी कि उसकी भावी पत्नी होने के नाते, मैं उसके घर में तब तक कदम नहीं रखूँगी, जब तक वह मुझे अपनी पत्नी के रूप में नहीं स्वीकार लेता।

मेरे एक दोस्त का घर श्याम के घर के साथ ही था। मैं अक्सर स्कूल के बाद उसके घर जाती ताकि श्याम से नज़दीकी का एहसास मिल सके। मैं सीधा उनकी छत पर चली जाती, दूर से श्याम को अपने घर में टहलते देखती। वह एक खाते-पीते घर से था, इसलिए उसके पास छत पर एक अलग कमरा था, जिसे वह स्टडी कहता था। उन दिनों के हिसाब से यह बड़ी विलासिता की बात थी पर मैंने बताया न कि वह एक सम्पन्न परिवार से था। हम दोनों छतों पर खड़े-खड़े आपस में घंटों बतियाते। हम एक साथ सूरज को अस्त होते देखते और श्याम हमारे रिश्ते की प्रशंसा करते हुए गीत गाया करता। एक दिन शाम को बरसात हो रही थी, हम दोनों झमाझम हो रही बारिश में भीग रहे थे और

वह काज़ी नज़रुल का गाना गाने लगा, 'शावोने राते जोदि...स्मरणे आशे मोर...' (कई दिन बाद, एक बरसात भरी शाम में, जब अगर मेरी याद सताए...) मैं रोने लगी और मेरे आँसू बारिश के पानी में घुलते चले गये। मेरी स्मृति में वह शाम सदा अंकित रहेगी। पता नहीं, उसे भी वह शाम कभी याद आती है या नहीं, पर मैं इतना अवश्य कह सकती हूँ कि उस दिन उसने जिस तरह भावुक होकर उन पंक्तियों को गाया था, वे पूरी तरह से सच्ची और निर्दोष थीं। हकीकत यह थी कि हमारा रिश्ता लम्बे समय तक नहीं टिक सका, जिसके लिए जीवन में आने वाले विविध मोड़ों को दोष दिया जा सकता है। जब कभी आपको लगता है कि सब सही होने जा रहा है, ठीक उसी समय ज़िन्दगी आपको पटकनी दे देती है।

श्याम के साथ मेरा प्रेम एक अलग ही धरातल पर आ चुका था। जी, हमारी देह का मिलन हुआ पर वह हमारा लक्ष्य नहीं था। वह तो एक-दूसरे के प्रति प्रेम की शारीरिक अनुभूति भर थी। मैं केवल शारीरिक सन्तुष्टि नहीं, अपने लिए एक ऐसा सम्बन्ध चाहती थी जो मुझे किसी भविष्य और एक परिवार तक ले जा सके। मैं भी हर उस लड़की की तरह ख़वाब सजा रही थी जो अपने लिए एक स्नेही और संरक्षक पति के साथ सुखद पारिवारिक जीवन बिताना चाहती है।

मेरे जीवन के इस चरण में, दो बातें एक साथ घटीं। हमारी मध्यावधि परीक्षाओं का नतीजा आया और मैंने उसे अच्छे अंकों से पास किया। उन नतीजों को देखकर परिवार में भी सबको बहुत प्रसन्नता हुई। घर में एक जश्न का-सा माहौल बन गया। मेरे पिता ने अपने भाइयों व उनकी पत्नियों को अपने पुत्र की उपलब्धियाँ दिखाते हुए गर्व का अनुभव किया। पिता ने उसी समय तय कर लिया कि मुझे सीनियर सैकेंडरी स्तर पर विज्ञान विषय लेकर पढ़ाई करनी चाहिए। मैं जानती थी कि आने वाले इन दो सालों में, स्कूल में विज्ञान पढ़ने में कोई आनन्द नहीं होगा पर मैं स्वभाव से ही भीरु थी और पिता से इतना डरती थी कि उनके आगे बोल नहीं सकी। मेरी दोनों बहनों ने, लड़की होने के बावजूद विज्ञान विषय लेकर ही बारहवीं पास की थी तो ऐसे में, मैं घर का लड़का होकर (उनकी नज़रों में), उनसे अलग कैसे हो सकती थी?

मैंने अपने पिता को जीवन में इतना प्रसन्न कभी नहीं देखा था। उन्होंने मेरे लिपस्टिक, काजल व स्कर्ट प्रेम आदि को भी उपेक्षित कर दिया जो उन

दिनों ज़्यादा ही परवान चढ़ रहा था। उनका अब भी यही मानना था कि मैं थोड़ा सा भटक गयी थी और मुझे थोड़ी सख़्त देखरेख की ज़रूरत थी, जिसके लिए वे समय नहीं निकाल पाते थे; इसलिए उन्होंने बड़ी आसानी से यह सारा दोष माँ के सिर डाल दिया कि वह अपने बेटे के साथ कुछ ज़्यादा ही विनम्रता से पेश आती थी, इसलिए मेरा व्यवहार विचित्र होता जा रहा था। मैं आज भी जानती हूँ कि मेरी माँ ऐसा नहीं सोचती थीं, क्योंकि मुझे पूरा यकीन है कि अपनी संवेदनशीलता और बौद्धिक गहराई के चलते, वे मन-ही-मन जानती थीं कि मेरे जीवन में कुछ तो गलत है जिसका वे प्रतिकार नहीं कर सकती थीं। सम्भवत: माँ ने यथासम्भव समस्या को लम्बे समय तक टालना चाहा। वे जानती थीं कि भगवान ने मेरे साथ जो किया था, वे उसे सुधार नहीं सकती थीं; शायद वे जानती थीं कि उन्होंने तीसरी बार भी एक लड़की को ही जन्म दिया था, जो इस बार पुरुष देह में जन्म लेकर आयी थी। आज भी, माँ के लिए मन बहुत तरसता है, वे जीवन में मेरी सबसे सच्ची मित्र थीं। मैं चाहती थी कि वे मेरी पहचान, मेरी सबसे गंभीर परेशानियों को समझें, पर उन्होंने ऐसा नहीं किया। वे मुझे असहाय अवस्था में देखकर भी शान्त रहतीं, वे मेरे साथ मेरे दुखद भविष्य को बाँटने के लिए प्रस्तुत थीं। आज भी मैं उनके साथ कितना कुछ बाँटना चाहती हूँ, पर ऐसा नहीं कर सकती, क्योंकि वे नहीं रहीं।

खैर, एक तयशुदा दिन, मैं अपने पिता के साथ, नैहाटी के नरेंद्र विद्यानिकेतन हायर सैकेंडरी स्कूल के विज्ञान संकाय में दाखिला लेने चल दी। मेरे पिता अपने होंठों पर विजयी मुस्कान के साथ लौटे जबकि मेरी ओर किसी ने देखा तक नहीं। मैं स्वयं को उसी उत्साहपूर्ण घबराहट के बीच समझाती रही कि हालात इतने बुरे भी नहीं थे, क्योंकि वह नैहाटी का सबसे बेहतरीन स्कूल था और अच्छे बच्चे कला विषय लेकर नहीं पढ़ते। घर में केवल माँ को ही कला के विषयों से लगाव था। वे अपने परिवार के संस्कारों के चलते, टैगोर के गीत गातीं और सुनतीं, उपन्यास पढ़तीं व काव्य पाठ करतीं। मुझे याद है कि मैंने उन्हें एकाध बार कहा भी था कि अगर मुझे विज्ञान की बजाय कला विषयों से पढ़ने का अवसर मिलता तो कितना आनन्द आता, पर उन्हें भी यही लगा कि इकलौता पुत्र होने की वजह से मेरे पास विज्ञान से पढ़ने के सिवा कोई उपाय नहीं था। इन सभी बातों के बीच, बस एक ही बात बढ़िया होने

जा रही थी। श्याम भी उसी नये स्कूल में प्रवेश ले रहा था।

स्कूली जीवन का यह नया चरण मेरे लिए बहुत सारी अनपेक्षित घटनाओं को अपने साथ लाया। अचानक श्याम के व्यवहार में बदलाव दिखने लगा। वह मेरे साथ रुखाई से पेश आ रहा था। पहले उसने मुझे अनदेखा करना शुरू कर दिया। उसने मुझसे मिलना या बात करना बन्द कर दिया। मुझे लगा कि वह मेरी किसी बात से नाराज़ हो गया था, इसलिए मैंने अपनी ओर से उसे मनाने या बहलाने की बहुत कोशिश की। कोई उपाय काम नहीं आया। वह स्कूल और पड़ोस के अमीर लड़कों के साथ बाहर घूमने जाने लगा। जब मैंने उससे इस अचानक आने वाले परिवर्तन की वजह जाननी चाही तो उसने दो टूक शब्दों में कहा कि मेरा स्तर उसकी पृष्ठभूमि से मेल नहीं खाता। मैं यह सुन कर सन्न रह गयी। मेरा हीरो तो ऐसा नहीं था!

मैं दीवानों की तरह मारी-मारी फिरती ताकि उसे खोज सकूँ और वह इधर-उधर, अपने नये गैंग के साथ मौज-मस्ती करता दिखता। मैं भाग कर उसके पास जाती और उससे वापस आने की विनती करती। मैं रो-रो कर हलकान होती रहती और वह मेरा मज़ाक उड़ा कर निकल जाता और उसने अपने दोस्तों को भी उकसाना शुरू कर दिया कि वे मेरी लैंगिकता का उपहास करें। एक दिन उन्होंने मिलकर मुझ पर अपशब्दों की बौछार कर दी। श्याम ने उन्हें पूरी छूट दे दी थी कि वे मेरे साथ मनचाहा बर्ताव कर सकते थे। मैं बुरी तरह से डर गयी, मेरी पीड़ा का अन्त नहीं था।

तभी मुझे श्वेत से पता चला कि वह हमेशा के लिए नैहाटी छोड़ कर कोलकाता जा रहा था। उसकी माँ कोलकाता में ही रहती थी और वह अन्ततः उसे अपने साथ रखने के लिए मान गयी थी। मुझे खुशी थी कि श्वेत अपने घर वापस जा रहा था। उस शाम, वह बहुत अकेला और उदास दिखा। वह हमेशा की तरह उत्साहित नहीं था, मुझसे थोड़ी दूरी रखते हुए बैठा रहा, उसकी आँखों में छिपी उदासी देखी जा सकती थी। मैंने उसे पहले कभी ऐसे नहीं देखा था इसलिए नहीं जानती थी कि क्या प्रतिक्रिया दूँ। पहले वह मेरे इनकार को अनदेखा करता रहा था पर पिछले दो साल से, मेरी ज़िन्दगी में श्याम की उपस्थिति को देख उसने हार मान ली थी। उसे एहसास हो गया था कि वह वैसा प्रेमी कभी नहीं बन सकेगा, जैसा प्रेमी मैं अपने लिए चाहती थी। उसे लगा कि उसने मुझे हमेशा

के लिए श्याम के हाथों खो दिया और उसने इसे अपने भाग्य की तरह मानने का निर्णय ले लिया। शायद उसके नैहाटी छोड़ कर जाने के पीछे भी यही वजह थी।

मैं मन-ही-मन रोई और उसे यह बताने को तड़पती रही कि मैंने उसके साथ गलत किया और मुझे बेहद पछतावा था पर मेरे होंठ जैसे सिल गये थे। मैं वे शब्द नहीं कह पा रही थी। मेरा मन शर्मिंदगी से भरा था; मैं जानती थी कि मैं चाहे जो भी कहूँ, श्वेत अब नहीं ठहरेगा और उसे मेरा पश्चाताप भी शायद मेरा बचकानापन लगे। जीवन ने उसे एक बार फिर अपनी माँ और अपने परिवार के बीच रहने का अवसर दिया था। उसने खुद को दिलासा देना चाहा, 'मैं आज बहुत खुश हूँ।' मैं आधे-अधूरे मन से उसकी बातें सुन रही थी; मैं चाहती थी कि वह एक बार फिर से, मुझे अपने आलिंगन में ले ले ताकि मैं उसकी बाँहों में खोकर रो सकूँ। क्या मैं उसकी पत्नी नहीं थी? पत्नियों से भी तो भूल हो जाती है, है न? वह जिस दिन गया, तब तक यही लगता रहा कि चाहे जो भी हो, मैं उसे वापस लौटा लाऊँगी। पर ऐसा कुछ नहीं हुआ। उसने केवल इतना कहा कि मैं उसे हमेशा के लिए भुला दूँ और फिर चला गया। उसने मुझे कोलकाता का पता तक नहीं दिया था। उसके आखिरी शब्द अब भी मेरे कानों में गूँज बन कर सुनाई देते हैं, 'मेरी कभी तलाश मत करना। हम दोनों कभी एक-दूसरे के लिए बने ही नहीं थे।' मेरे दुख की कोई सीमा नहीं रही। मैं उसके उस आवेगपूर्ण आलिंगन, उसके प्रेम और उसके मुख से पत्नी शब्द सुनने को तरस रही थी। पर अफ़सोस, वह जा चुका था।

जीवन से दो प्रेमियों के जाने के बाद एक अजीब सा खालीपन सा आ गया था और उसे सहना कठिन हो गया था। मैंने घर से निकलना और किसी से भी मिलना छोड़ दिया। मुझे पक्का पता है कि श्याम को मेरी हालत का अंदाज़ा था और उसने इसका भरपूर आनन्द लिया होगा। मैं घंटों रोती और यह जानने की कोशिश करती कि श्याम ने मेरे साथ ऐसा क्यों किया। उसने एक प्रेमी की भूमिका निभाते हुए मेरे बंजर जीवन में एक तड़प और रोमानी भाव को पैदा किया था। हालाँकि उसने कभी हमारे सम्बन्ध के लिए सबके सामने हामी नहीं भरी पर ऐसा नहीं था कि कक्षा के दूसरे लड़के नहीं जानते थे कि हम दोनों आपस में प्रेम करते थे। तो उसे मेरे साथ ऐसा करने की क्या ज़रूरत पड़ी थी? क्या वह मेरी लैंगिकता का उपहास करना चाहता था? मैं

मन-ही-मन अपने सुखद दिनों की यादें दोहराती और ज़िन्दगी दिन-ब-दिन अवसाद की गहरी खाई में गिरती चली गयी। ऐसा लगता था मानो सब कुछ कहीं ठहर सा गया हो। मेरे परिवार और दोस्त समझ नहीं पा रहे थे कि मुझे इस अवसाद से बाहर कैसे निकाला जाये?

~

उसी समय, मेरे कुछ मित्रों ने मुझे एक और लड़के के बारे में जानकारी दी—चलिए हम उसे 'देब'* नाम दे देते हैं—वह मेरा हमउम्र था और मुर्शिदाबाद से, मेरे पुराने वाले स्कूल में आया था, जिस जगह से मैंने दसवीं की थी। वह केवल एक छात्र नहीं था। उसे स्थानीय डाकघर में पिता के स्थान पर नौकरी भी दी गयी थी जो नौकरी के दौरान किसी दुर्घटना में चल बसे थे। तब वह बहुत छोटा नहीं था और अपने पिता की जगह नौकरी पाने के योग्य था। उन दिनों, आज की तुलना में, नौकरियों के लिए आयु सीमा की इतनी कड़ाई नहीं थी। देब का परिवार निर्धन था इसलिए स्कूल ने भी उसकी कक्षा से गैर-मौजूदगी को स्वीकार कर लिया था।

एक शाम अपने मित्रों से भेंट हुई, जब मैं श्वेत और श्याम पर क्रुद्ध होने लगी तो उन्होंने कहा कि मैं चुप हो जाऊँ क्योंकि उन्होंने देब को खोज लिया था, जो दिखने में बिलकुल श्वेत जैसा लगता था, उससे भी अहम बात यह थी कि उसके गुण भी मेरे जैसे थे। साफ़ शब्दों में कहें तो वह ट्रांसजेंडर था पर अपने इस रूप को भरसक छिपाए रखता था। यह बात तो सचमुच कारगर रही। मैं पूरी दिलचस्पी के साथ देब के बारे में बात करने लगी। अगले ही दिन, मैंने अपने सबसे बेहतरीन कपड़े पहने और पोस्ट ऑफ़िस की ओर चल दी ताकि देब को एक नज़र देख सकूँ। मित्रों का कहना था कि उस पोशाक में मैं उन्हें रीटा फारिया या नफ़ीसा अली जैसी नामी हस्तियों जैसी दिखती थी। काले मेघ छँटने लगे थे परन्तु जल्दी ही पता चल गया कि यह प्रसन्नता भी अल्पकालिक ही थी। हाँ, उस एक क्षण में जैसे सूरज एक बार फिर से चमका था।

मुझे पूरा यकीन है कि देब को भी मेरे बारे में पहले ही बताया गया होगा क्योंकि मैं ज्यों ही डिस्पैच काउंटर पर गयी जहाँ वह काम करता था तो उसने मुझे झट से पहचान लिया। हालाँकि मैं बहुत आस लेकर डाकघर गयी थी पर

मैंने जो देखा, उसके लिए कतई तैयार नहीं थी। देब तो काफ़ी हद तक श्वेत की ही फ़ोटोकॉपी लग रहा था, बस उसका कद थोड़ा कम था और इस बात से कोई अन्तर नहीं पड़ता था। यह तो कुछ ऐसा था मानो मैं फिर से अपने पुराने प्रेमी को अपने सामने देख रही थी। मैं देब से दोस्ती करने को व्याकुल हो उठी। देब ने मेरे संकेत को समझ लिया और हम एक ही पल में निकट आ गये। हमारे बीच एक रिश्ता पनपने लगा। जल्दी ही हमारे बीच खतों और नोट्स का सिलसिला चालू हो गया कि हम कहाँ मिल सकते थे वगैरह! कई बार गंगा किनारे मिलते, तो कई बार मेरे बड़े से घर के किसी खाली कमरे में भेंट होती और कई बार नैहाटी के किसी वीरान स्थान पर। हम प्रेमियों की तरह मिलने लगे थे। पर जल्दी ही मुझे एहसास हुआ कि देब और श्वेत दो अलग तरह के लोग थे, वे शारीरिक समानताओं के बावजूद जीवन के लिए अलग-अलग दृष्टिकोण रखते थे। देब के मन में मेरे लिए गहरा आकर्षण था और वह हमारी हर भेंट के दौरान, मेरे साथ शारीरिक सम्पर्क साधने की कोशिश करता। अगर मैं कहूँ कि मैं उस सेक्स का आनन्द नहीं उठाती थी तो यह एक पाखंड ही होगा पर मुझे अपने प्रेमी से केवल इसी चीज़ की चाह नहीं थी। मैं अपने लिए रोमांस, आने वाले समय में परिवार की सुरक्षा और इससे भी कहीं ज़्यादा, प्रेम चाहती थी; देब के साथ मेरे इस सम्बन्ध में इनमें से कुछ भी नहीं था। वह कुछ ऐसे लोगों में से था जो प्रायः भद्दे तरीके से अपने गुप्तांगों का खुलेआम प्रदर्शन कर, दूसरों को यह जताते हैं कि वे उन्हें गुदा मैथुन का भरपूर मज़ा दे सकते हैं। उसे इस बात का कतई एहसास नहीं हुआ कि मुझे विवश होकर उसके साथ गुदा मैथुन करना पड़ता था क्योंकि मेरे पास एक स्त्री के गुप्तांग नहीं थे। देब को यह बताने का कोई लाभ नहीं था कि मैं एक स्त्री की आत्मा थी, जिसे पुरुष की देह में कैद कर दिया गया था और मैं वक्ष और योनि पाने के लिए तरस रही थी। मैं शारीरिक रूप से एक स्त्री बनना चाहती थी। परन्तु वह इसे कभी नहीं समझ सका।

सम्भवतः वह दूसरों के प्रभाव में था। पड़ोस में चाय की एक टपरी थी, जहाँ हममें से बहुत लोग अपना समय बिताते थे, उसी अड्डे पर राजनीति, संस्कृति और जीवन की चर्चा होती। देब को हमारे दोस्तों ने ग्रुप में शामिल किया था। मुझे कहीं-न-कहीं लगने लगा था कि उन लोगों ने ही उसे कहा होगा कि मैं

एक हिजड़ा हूँ और ऐसे रिश्तों का दिल से नहीं, शरीर से ही संचालन होता है। तो देब मेरे साथ सैक्स कर रहा था। मेरे पास उस ज्वार में प्रवाहित होने के सिवा कोई उपाय नहीं था, क्योंकि मैं उस समय मुश्किल दौर से गुज़र रही थी। उस सम्बन्ध को बनाये रखने के साथ ही मैं स्वयं को श्वेत के निकट अनुभव कर सकती थी, यह प्रेम के एक भ्रम या माया से अधिक नहीं था।

~

मैं बहुत भ्रमित थी; मेरा जीवन एक अन्तहीन भूल-भुलैया बन गया था—हर बार मैं एक ही मोड़ पर आ जाती। मैं कौन थी? मेरी देह मेरी आत्मा से अलग क्यों थी? या मुझे अपनी पहचान को जानने में भूल हो रही थी? मेरा जन्म इस तरह क्यों हुआ? क्या यह पिछले जन्मों के कर्म थे, जिन्हें इस तरह चुकाया जा रहा था? मैं इस जाल से बाहर आने के लिए क्या कर सकती थी? मैं जितने लोगों को जानती थी, उनमें से अधिकतर का यही मानना था कि मैं एक होमोसेक्सुअल यानी समलैंगिक थी। उन्होंने मुझे एक 'ज़नाना लड़का' बना दिया था जो हिजड़ा बनने की तैयारी में था। उन्हें पक्के तौर पर नहीं पता था कि मेरे पास पुरुष गुप्तांग थे या नहीं और वे अक्सर मेरे बारे में अश्लील चुटकुले बनाते कि मेरे पजामे के अंदर एक मर्द का जिस्म है या औरत का... ?

मैं पूरी तरह निश्चिंत थी कि मैं कोई होमोसेक्सुअल नहीं, एक लड़की हूँ। मैं अपनी हमउम्र लड़कियों की तरह पुरुषों की ओर आकर्षित होती थी और उन्हें अपने साथी की तरह पाना चाहती थी। तो मैं हैटरोसेक्सुअल यानी विपरीतलिंगकामी कैसे न हुई? पर विपरीतलिंगकामी लोगों की दुनिया ने मेरे प्रवेश पर रोक लगा दी थी! उन्होंने केवल मेरा शोषण करते हुए, मेरे स्तर का मखौल उड़ाया। उस समय 'ट्रांसजेंडर' शब्द लोगों के लिए अनजान था। मैं यकीन से नहीं कह सकती कि वह शब्दकोश में था या नहीं, पर मेरा कोई जानकार नहीं था जिसने मुझे कभी यह बताना चाहा हो कि मैं तीसरी श्रेणी से सम्बन्ध रखती थी। जब हम छोटे थे तो मज़ाक-मज़ाक में एक-दूसरे से पूछते, "तुम एक मेल हो, फ़ीमेल हो या कैमल हो?" मुझे लगा कि मैं इस कैमल श्रेणी से थी और मेरे आगे एक पूरी बदकिस्मत ज़िन्दगी पड़ी थी। पर मैं फिर भी अपने प्रश्नों के उत्तर चाहती थी।

मैं एक अच्छे छात्र के तौर पर जानी जाती थी, इस बात से स्कूल के टीचर भी इनकार नहीं कर सकते थे। तो उन्होंने जितना हो सके, मेरे इस विचित्र रूप को अनदेखा करने की कोशिश की और मुझे निरन्तर और कड़ा परिश्रम करने व पढ़ने की राय देते रहे, मानो मेरे पास अपने उद्धार का उसके सिवा कोई दूसरा उपाय नहीं था।

मेरा भाषाओं पर अच्छा अधिकार था और अपने लिए किसी मार्गदर्शन की आवश्यकता नहीं थी पर विज्ञान का विषय मेरे बस के बाहर था। उसमें अच्छे अंक पाने के लिए मुझे मदद की ज़रूरत थी। मैंने अपने आस-पास पता किया तो लोगों ने एक स्कूल सीनियर इंद्र दा का नाम लिया, वे कोलकाता के आर.जी.कर. मेडिकल कॉलेज में चिकित्सा अनुसंधान में लगे थे, वे मेरी मदद कर सकते थे। मैं उनसे विज्ञान की कोचिंग लेने लगी और जल्दी ही हम बहुत पास आ गये। हमारा सम्बन्ध आपस में भाई-बहनों जैसा था। उन्हें मुझे पढ़ाने में आनन्द आता और मैं उनके होस्टल के कमरे में बैठ कर, खूब सारी गप्पें मारती। उन्हें पता था कि मैं एक मानसिक क्लेश से गुज़र रही थी; मेरे कपड़े पहनने के तौर-तरीके, मेरी बातचीत की शैली और रवैये से कोई भी इस बात का अंदाज़ा लगा सकता था। पर इंद्र दा ने अपने-आप तब तक कोई बात नहीं की, जब तक कि मैं स्वयं इस बारे में, उनसे बात करने के लिए सहज नहीं हुई।

एक दिन मैं उनके सामने फूट पड़ी और मदद माँगने से पहले, उन्हें सब कुछ साफ़ तौर पर बता दिया। उन्होंने मेरी पूरी बात ध्यान से सुनकर कहा कि मुझे चिकित्सीय मदद की आवश्यकता थी। मैंने उनसे कहा कि मैं वास्तव में एक औरत हूँ, जो मर्द की देह में जन्मी हूँ और मैं अपने हालात से मुक्ति पाना चाहती हूँ। इंद्र दा ने आर.जी.कर. मेडिकल कॉलेज के आउटपेशेंट क्लीनिक में मनोचिकित्सक के साथ मेरी मुलाकात का समय तय करवा दिया। मैं डरी और सहमी हुई थी, क्योंकि तब मेरी आयु बहुत अधिक नहीं थी और मैं अपने माता-पिता की जानकारी के बिना यह सब कर रही थी।

उस डॉक्टर ने मेरी कहानी धैर्य से सुनी और फिर मुझसे पूछा कि मैं क्या चाहती हूँ। मैंने उनसे कहा कि मैंने कहीं पढ़ा था, सेक्स को बदलने वाले ऑपरेशन होते हैं और मैं वही करवाना चाहती हूँ। मैंने उन्हें कहा कि मैं यह भी जानती हूँ कि इसमें बहुत पैसा लगेगा, इसलिए मैं अपनी पढ़ाई पूरी होने

और चार पैसे कमाने तक इस ऑपरेशन के लिए इंतज़ार करूँगी। वे यह सुन कर सन्न रह गये। मैं अंदाज़ा लगा सकती थी कि वैसे तो इंद्र दा ने उन्हें मेरे बारे में संक्षेप में बताया होगा पर वे ज़्यादा-से-ज़्यादा यही सोच रहे होंगे कि मैं शौकिया लड़कियों के कपड़े पहनती हूँ। वे इस तरह के क्रांतिकारी बदलाव की बात सोच भी नहीं सके होंगे। डॉक्टर ने मुझे कहा कि मेरा दिमाग खराब हो गया है, मुझे ऐसी सर्जरी करवाने के बारे में सोचना भी नहीं चाहिए, क्योंकि इससे कुल मिलाकर मुझे हानि ही होगी। उन्होंने मुझे कहा कि मैं अपने दिमाग से ऐसे नकारात्मक विचार निकाल कर, लड़का ही बनी रहूँ। उन्होंने कहा कि काउंसलिंग की मदद से, मैं अपने-आप को यकीन दिला सकूँगी कि मैं एक पुरुष की तरह जन्मी हूँ और पुरुष ही हूँ। उन्होंने इस बारे में मेरी सहायता करने की बात कही। उन्होंने एक नुस्खा लिख कर दिया और कहा कि दवा लेने से मुझे शान्त होकर अच्छी नींद आयेगी।

मैं पहले से भी ज़्यादा भ्रमित होकर लौटी, पर मैंने दवा खरीद ली और सोचा कि शायद उससे कोई मदद मिलेगी। मैं अपने साथ समझौता करने के लिए तैयार थी। नींद आयी और उन दवाओं की मदद से दिमाग को थोड़ा आराम भी मिला, पर उनका मेरी सोच से कोई लेना-देना नहीं था। मेरी सोच में कोई अन्तर नहीं आया—मैं अब भी स्वयं को एक ऐसी लड़की मानती थी, जिसके पास स्त्री गुप्तांग नहीं थे और वक्षों का उभार प्रकट नहीं हो पा रहा था। मैं लगातार अपने पुरुष जननांग से घृणा करती रही और उसके बारे में ख़याल आते ही अपने पर लानत सी महसूस होने लगती। इसलिए मैं इंद्र दा के पास वापस गयी, केवल वही मेरी बात समझ सकते थे, मैंने उनसे मदद की याचना की।

इस बार उन्होंने मैनाक मुखोपाध्याय से मिलने को कहा, जो उसी कॉलेज में मेडिसिन में मास्टर्स कर रहे थे। जब उनसे भेंट हुई तो पता चला कि यही वह मदद थी, जिसे पाने के लिए मैं जाने कब से भटक रही थी। मैनाक दा ने बताया कि मैं अपने बारे में जो सोच रखती थी, उसके साथ मैं कहीं से भी गलत नहीं थी। जी, जटिल हॉरमोनल असन्तुलन के कारण ऐसी असामान्यता आ जाती है जिसे उन्नत मेडिकल तकनीकों व इलाज की मदद से सुधारा जा सकता है। मैं अपने कंधे पर उनका दिलासा भरा हाथ और सोचपूर्ण स्वर को कभी नहीं भुला सकती जो यह कह रही थी कि अभी मुझे आने वाले वक्त में

एक लम्बी लड़ाई लड़नी होगी पर अब भी सब कुछ खोया नहीं था—भारत में ऐसी परिस्थितियों व दशाओं के लिए जागरूकता आने लगी थी और अगर मेरी किस्मत अच्छी रही, तो मैं अपने लिए मदद की तलाश कर सकती हूँ। 'अब तक जो विकसित देशों में सम्भव हो रहा था, वह धीरे-धीरे भारत में भी लोकप्रिय हो रहा है,' उन्होंने कहा। मैं भी सेक्स चेंज का ऑपरेशन करवा सकती हूँ पर इसके लिए ऑपरेशन से पहले और बाद में भी, हॉरमोनल उपचार की आवश्यकता होगी और इसके साथ ही काउंसलिंग भी जारी रखनी थी ताकि मेरी देह और मस्तिष्क, आने वाले परिवर्तनों के अनुकूल हो सकें।

खुशी के मारे, मेरे आँसू बह निकले। मानो किसी ने मेरी मृत आत्मा में प्राण फूँक दिये हों और मैं फिर से जीवित हो गयी। मैंने अपने आस-पास आशा भरी नज़रों से देखा। मैंने मैनाक दा से कहा कि मैं प्रतीक्षा करने को तैयार हूँ क्योंकि मैं जानती हूँ पहले मुझे स्वतंत्र होकर, धनार्जन करना है ताकि उस विशेष उपचार व चिकित्सा के लिए पैसा जमा किया जा सके।

~

घर और बाहर, दोनों जगह मेरी निरन्तर खिल्ली उड़ाई जा रही थी। क्योंकि मैंने एक और निर्भीक कदम उठाते हुए, अपनी बहनों के पेटीकोट स्कर्ट की तरह पहनने आरम्भ कर दिये थे और उनकी नाइटी को ड्रेस की तरह पहन लेती। मैनाक दा के आशापूर्ण शब्दों ने मुझे और साहसी बना दिया। मैं चाहती थी कि मुझे भी माहवारी और रक्तस्राव का अनुभव मिले। मैं जानती थी कि कपड़े की वे पट्टियाँ जो धोकर, किसी एकान्त कोने में सुखाई जाती थीं, उनका क्या प्रयोजन था। अपने कमरे में अकेले होने पर, मैं वैसी ही पट्टियों से नकली से पैड बना कर अपने गुप्तांगों के पास बाँध लेती मानो मुझे पीरियड्स हो रहे हों।

मैं जो थी, सक्रिय रूप से उसकी तलाश करने का यह व्यवहार मुझे अपमान के सिवा कुछ नहीं दे रहा था। मेरे आस-पास के पाखंड से मुझे ठेस लगती थी। लोग मुझे हिजड़ा कहने व मेरी यौन लैंगिकता का मज़ाक उड़ाने का कोई अवसर हाथ से न जाने देते परन्तु जब भी मुझे अकेले पाते तो एक अँधेरे कोने में घेर कर, मेरा नाजायज़ लाभ उठाने और यौन शोषण करने वाले भी वही लोग होते। मिसाल के लिए, मेरा बड़ा कज़िन, हर रात पीकर घर

आता और मेरे माता-पिता को गंदी गालियाँ बकता। मुझे निशाना बना कर उल्टी-सीधी बातें कहता। कई बार तो इतना दु:साहसी हो जाता कि पिता जी को मुँह पर कह देता कि उन्होंने सन्तान के रूप में हिजड़ा कैसे पैदा किया। पर जब वह शराब के नशे में न होता, तो मुझसे मिलने के लिए संकेत देता ताकि मेरा यौन शोषण कर सके।

तब तक, मैं धीरे-धीरे, पड़ोस के बहुत से लोगों के हाथों का सेक्स खिलौना बन गयी थी। कुछ लोग तो बाहर ले जाकर, मेरे साथ शारीरिक सम्बन्ध बनाने का साहस रखते और कुछ केवल आस-पास से निकलते हुए, मेरे हालात की खिल्ली और मज़ाक उड़ा कर ही सन्तुष्ट हो लेते। यदि वे मुझे कहीं अकेले मिलते तो सलाह देते कि मुझे यौन मार्गदर्शन की आवश्यकता है और वे मेरे इस विचित्र रूप और अटपटेपन का इलाज कर सकते हैं।

पड़ोस में ही एक लोकप्रिय डॉक्टर दंपति थे जो प्राय: कहते कि मैं जान कर अपना मर्दाना स्वरूप त्याग रही हूँ और मैं क्लीनिकल मदद से अपने-आप को वापस पा सकती हूँ। यह भी एक रोचक बात है कि महिला डॉक्टर का भाई चंदन*—जो उनके साथ ही रहता था। उसका एक ट्रांसजेंडर साथी था। उसके बारे में सभी जानते थे पर कोई भी प्रत्यक्ष तौर पर उसका उपहास नहीं उड़ा सकता था, क्योंकि मुहल्ले में डॉक्टर दंपति का बड़ा मान था। मैं देख सकती थी कि चंदन की नज़रें मुझ पर थीं, उसके अपने साथी जॉली* के साथ हुए अनुभवों का शुक्रिया। जॉली हर जगह उसके साथ दिखती और कई बार तो वह उसे अपने साथ घर भी ले आता जिसे देख कर उसकी बहन और जीजा शर्मिंदा हो जाते।

जल्दी ही जॉली और मेरे बीच दोस्ती हो गयी, क्योंकि हम दोनों ही ट्रांसजेंडर थे। चंदन ने इसी बात का फ़ायदा उठा कर, मेरा ध्यान अपनी ओर खींचना चाहा ताकि मैं उसके साथ शारीरिक सम्बन्ध बनाने को राज़ी हो जाऊँ। मुझे शुरू से ही चंदन नापसन्द था और अक्सर जॉली को भी उसके बारे में चेताया करती, पर वह इस बात को हँस कर उड़ा देती। जब मुझे प्रभावित और आकर्षित करने के सारे उपाय निष्फल रहे तो चंदन को गुस्सा आ गया और उसने मुझे सताने की ठान ली। उसने मेरी बहन से कहा कि उसका भाई हिजड़ा है। इसी वजह से उसकी शादी नहीं हो पा रही। उसने माँ से शिकायत

की और माँ यह सुन कर डर गयी क्योंकि उसे लगता था कि चंदन की दोस्ती जॉली से थी। इसलिए उसको हिजड़ों के बारे में ज़्यादा जानकारी है। मेरी माँ ने पिता को मनाने की कोशिश की कि मुझे डॉक्टर के पास ले जाया जाये ताकि सब कुछ समाप्त होने से पहले कुछ उपाय किया जा सके।

इस दौरान, मुझे जॉली के और निकट आने का अवसर मिला और मैंने उसकी कहानी के बारे में जाना। जॉली बहुत ही निर्धन परिवार से थी और उसके पिता इस दुनिया में नहीं थे। उसकी माँ ने उसे जबरन वेश्यावृत्ति की ओर धकेल दिया। जॉली के मन में चंदन और उनके रिश्ते के लिए संवदेना थी, शायद चंदन का खुलापन देख कर उसे लगा कि एक दिन वह उसे अपने साथी की तरह अपना लेगा और वे परिवार की तरह मिल कर रहेंगे। मुझे यह सुन कर अच्छा नहीं लगा, क्योंकि मैं जानती थी कि ऐसा कभी नहीं होने वाला था। जल्दी ही सारे हालात बदलने लगे। चंदन उसकी उपेक्षा करने लगा। जब मैंने जॉली को चंदन के पैरों पर गिर कर, उससे अपने प्यार की भीख माँगते देखा तो कलेजा मुँह को आ गया पर चंदन अपने हिस्से का मज़ा लूट चुका था और उसने जॉली से किनारा कर लिया। जॉली की ओर से की गई हर कोशिश नाकाम रही। वह चंदन को वापस नहीं पा सकी।

एक दिन सुना कि जॉली ने अपना लिंग अपने हाथों काट लिया और अपने घर में लहू से लथपथ पड़ी थी। उसकी गरीब माँ दुख से अधमरी हो गयी। मैं वह दृश्य देख स्तब्ध हो गयी थी। उसने मुझे नहीं बताया कि जॉली ने ऐसा क्यों किया। शायद जॉली ने चंदन को पाने के आखिरी उपाय या हथियार के तौर पर यह कोशिश की थी। शुक्र है, जॉली की जान बच गयी, क्योंकि उसकी माँ उसे तत्काल डॉक्टर के पास ले गयी। कुछ लोगों ने मुझे बाद में बताया कि उसने बाद में बधिया करवाना चाहा पर डॉक्टर उसके लिए एक योनि तैयार करने में नाकाम रहे। आखिरी बार उसके बारे में यही सुनने को मिला था कि उसने अपना नाम बदल लिया और भारत-नेपाल सीमा पर एक कामयाब ट्रांसजेंडर सेक्स वर्कर बन गयी।

**इन प्रसंगों में शामिल लोगों की गोपनीयता बनाये रखने के लिए, उनके नाम बदल दिये गये हैं।*

3

जल्दी ही हायर सैकेंडरी की परीक्षा में बैठने का समय आ गया। मैं पास हो गयी; जितने अंक आये थे, उनके अनुसार मैं अंडरग्रेजुएट स्तर पर भी विज्ञान ले सकती थी पर इस बार मैं अपने पिता को मनाने में कामयाब रही कि अगर मैं बंगाली साहित्य लेती हूँ तो कहीं बेहतर अंक पा सकती हूँ। यह सुन कर उन्हें सदमा लगा क्योंकि लड़कों के लिए तो यह एक अलिखित नियम था कि उन्हें विज्ञान विषय से ही पढ़ना चाहिए। अगर वे कला के विषय लेते भी तो साहित्य की बजाय अंग्रेज़ी या अर्थशास्त्र पढ़ते पर मैं अपने सकंल्प पर डटी रही और हार नहीं मानी। पिता से तब भी डर लगता था पर अब अपनी बात रखना आ गया था। मेरे पिता को इस निर्णय से बहुत दुख हुआ, क्योंकि उनकी दोनों बेटियों ने विज्ञान विषय लेकर पढ़ाई पूरी की थी। इस तरह तो उनका अपना बेटा, उनका सिर लज्जा से झुका रहा था। इस बार पिता जी की बजाय मेरी बहन नैहाटी ऋषि बंकिम चंद्र कॉलेज के बांग्ला विभाग में दाखिला करवाने लेकर गयी।

अक्सर बच्चों के जीवन में कॉलेज का समय राहत की साँस लेकर आता है। उन्हें चौदह वर्षों के स्कूली जीवन के अनुशासन से मुक्ति मिलती है। पर मेरे लिए ऐसा नहीं हो सका। मेरे लिए तो कॉलेज एक और ऐसा ठिकाना हो गया जिसमें मुझे अपनी पहचान और सम्मान के लिए लड़ना था। बांग्ला विभाग में प्रवेश लेने के बाद इस बात की तसल्ली थी कि मजबूरन विज्ञान के विषय नहीं पढ़ने होंगे, पर पहले ही दिन एहसास हुआ कि मैं एक अच्छी छात्रा होने के बावजूद सबके उपहास का केंद्र बन गयी। मुझे स्त्री या पुरुष नहीं कहा जा सकता था और यह बात इस तथ्य से कहीं महत्त्व रखती थी कि मैंने अंडरग्रेजुएट ऑनर्स क्लास में दाखिला लेने से पहले ही, बहुत

ज़्यादा बंगाली साहित्य का अध्ययन किया हुआ था। यह तो साफ़ था कि मेरी प्रतिष्ठा मुझसे आगे चल रही थी।

कॉलेज में मेरी उपस्थिति से सब अचम्भित हो गये। लम्बा कुर्ता और सलवार पहने उस सुन्दर युवक को सभी छात्र अपलक ताक रहे थे जो औरताना नज़ाकत के साथ बांग्ला विभाग की ओर बढ़ा जा रहा था। मैंने सही मायनों में कुछ परिभाषाएँ बदल दी थीं। चारों ओर समाचार फैल गया कि एक छात्र के रूप में, हिजड़े ने कॉलेज में दाखिला लिया है। मुझे देखने के लिए अच्छी-खासी भीड़ जुट गयी। कुछ लोग देखकर मारे उत्साह के ताली बजाने लगे, कुछ सीटियाँ बजाते हुए फब्तियाँ सी कसने लगे और चारों ओर से ताने सुनाई देने लगे। मैंने ऐसे दृश्य की अपेक्षा नहीं की थी। स्कूल में, भले ही एकाध बार सबने मज़ाक उड़ाया होगा पर मेरे दोस्त मुझे पसन्द करते थे। मैं वह प्रतिक्रिया देखकर स्तब्ध थी पर मन-ही-मन किसी ने कहा कि मुझे पूरी बहादुरी से उस हालात का सामना करना होगा, कहीं से भी मेरी कमज़ोरी नहीं झलकनी चाहिए। हालाँकि मुझे संसार के आगे अपने लैंगिक मूल को दिखाने में कोई गुरेज़ नहीं था पर अभी मैं बहुत छोटी व असुरक्षा की भावना से घिरी थी। पर यह सब भी मुझे कक्षा में जाकर, लड़कियों के बीच बैठने से नहीं रोक सका। लड़कों की ओर से भारी हो-हल्ला मचा हुआ था पर लड़कियों ने मेरा बचाव किया और लड़कों को शान्त करने लगीं।

टीचर भी यह देखकर सकते में आ गये। उन्हें लगा कि सोमनाथ बंद्योपाध्याय नामक कोई युवक होगा और उन्हें अपनी कक्षा में मेरे जैसे छात्र के आने का कोई अंदेशा नहीं था। याद रहे, उन दिनों फ़ॉर्म में सेक्स कॉलम में तीसरा विकल्प नहीं होता था इसलिए मैंने 'मेल' विकल्प को ही चुना था। कई टीचरों को लगा कि मैं जान कर लड़कियों में बैठ रही थी ताकि उनके साथ ठिठोली कर सकूँ। यह खबर शाम को पिताजी के पास आयी। उस शाम, जब मैं घर गयी तो उन्होंने सारे प्रसंग को उपेक्षित करते हुए कहा कि उनका बेटा लौंडियाबाज़ होता जा रहा है और यह सब लड़कियों पर डोरे डालने के तरीके हैं। मुझे समझ नहीं आया कि उन्हें क्या जवाब दूँ पर कुछ कहने का साहस भी नहीं था, उनके आगे नहीं बोल सकती थी। मुझे एहसास हुआ कि उन्होंने अब भी मेरी लैंगिकता को स्वीकारा नहीं था।

मेरे कुछ दोस्तों को लगा कि मैं ट्रांसवेस्टाइट हूँ यानी विपरीत लिंगी के कपड़े पहनना पसन्द है। मैंने उन्हें स्पष्ट शब्दों में जता दिया कि मैं एक औरत थी जो मर्द के जिस्म में कैद थी, उस समय मुझे ट्रांसजेंडर शब्द की कोई जानकारी नहीं थी। मेरा अब भी मानना है कि ट्रांसवेस्टाइट जैसी कोई बात नहीं होती। जो लोग पूरी गंभीरता से दूसरे लिंग के कपड़े पहनते हैं और अपना सेक्स बदलवाने की इच्छा रखते हैं, उन्हें ट्रांसजेंडर कह सकते हैं। जो लोग ऐसी कोई इच्छा नहीं रखते, वे ट्रांसवेस्टाइट के नाम पर केवल मौज-मस्ती कर रहे हैं।

मैंने स्वयं ऋषि बंकिम चंद्र कॉलेज में प्रवेश लिया था, क्योंकि उन दिनों यह सोचा भी नहीं जा सकता था कि कस्बों के बच्चे अंडरग्रेजुएट पढ़ाई के लिए कोलकाता जा सकते हैं। केवल स्नातकोत्तर पढ़ाई के लिए ही कोलकाता विश्वविद्यालय में नाम लिखवाने के बारे में सोचा जा सकता था। जादवपुर यूनिवर्सिटी उस समय मेरे लिए बहुत दूर की कौड़ी थी, वह तो एक ऐसा सपना था जिसे बस दूर से ही सराहा जा सकता था। दूसरे, बंगाली साहित्य के दो महानतम अध्यापक, सरोज बंद्योपाध्याय व सत्यजित चौधरी, उन दिनों इसी कॉलेज में पढ़ाते थे। वे मेरे पिता और परिवार के परिचित थे, इसलिए सबको लगा कि मैं उनके हाथों में सुरक्षित रहूँगी।

हालाँकि यह सुरक्षा एक भ्रम मात्र ही था। मैं आरंभिक दिनों में भारी रैगिंग का शिकार रही। न केवल सीनियर रैगिंग करते, मेरी अपनी कक्षा के लड़के भी मौका मिलते ही बदसलूकी करते। पर लड़कियों ने ठोस स्तम्भों की तरह मुझे सहारा दिया। मैं बन्दना और दीपान्विता नामक दो लड़कियों के बहुत निकट आ गयी थी। वैसे भी इस बार मैं अपनी इस स्त्रैण पहचान के साथ अकेली नहीं थी। कक्षा में एक और लड़का था जिसके हाव-भाव स्त्री सुलभ थे पर वह मेरी तरह ट्रांसजेंडर की तरह सामने नहीं आया था। पहले हमने एक-दूसरे को पसन्द नहीं किया पर जल्दी ही हमारी अच्छी बनने लगी। वह बात बाद में करते हैं।

मैं भौतिकी विभाग के एक मेधावी शोधार्थी के बहुत निकट आ गयी थी। चलिए उसे अभि* नाम दे देते हैं। वह तो सच में कमाल था; न केवल दिखने में बल्कि उसकी बोलचाल, उसकी सोच और ज़िन्दगी के लिए नज़रिया भी सबसे निराला था। मुझे उसका फ्रेंच भाषा के प्रति प्रेम बहुत भाया और वह धाराप्रवाह फ्रेंच बोल लेता था। पहली बार किसी ऐसे व्यक्ति से भेंट हुई

जिसने विज्ञान से पढ़ाई की और अब अपने दिल की सुनते हुए, फ्रेंच सीखना चाहता हो। वह एक कक्षा की दूरी पर था और जब उसने मुझे अपने साथी के तौर पर चुना तो यह मेरे लिए गर्व की बात थी। हम लम्बी दूरी की सैर पर जाते और कहीं बैठ कर बातें करते। हमारे बीच का गहरा नाता धीरे-धीरे प्रेम में बदल रहा था। हम एक-दूसरे की आँखों में बड़ी शिद्दत से ताकते और कितने समय बाद ऐसा चेहरा दिखा, जो मुझसे सेक्स नहीं पाना चाहता था। सम्भवत: मैं उस समय कॉलेज के गिने-चुने छात्रों में से थी जो सक्रिय तौर पर सेक्स करते थे, पर मैं किसी सार्थक सम्बन्ध के अभाव में इस शारीरिक निकटता से तंग आ गयी थी। मैं अभि के साथ उसी प्रेम और तड़प को फिर से पाना चाहती थी जो श्वेत और श्याम के साथ कहीं खो गयी थी।

एक दिन अभि ने मुझे कागज़ की एक चिट दी जिस पर फ्रेंच में कुछ लिखा था। उसका भावार्थ था, 'कभी अलविदा न कहना।' मैं भावुक हो उठी और मैंने उससे वादा किया कि हम दोनों कभी अलग नहीं होंगे। पर अफ़सोस, ऐसा हो न सका। बाद में जो बात सामने आयी, वह चौंका देने वाली थी। बन्दना और दीपान्विता मेरे काफ़ी करीब थीं और मेरे व अभि के रिश्ते के बारे में जानती थीं क्योंकि मैं उनसे अभि के बारे में ही बातें करती रहती थी। तब मुझे यह नहीं पता था कि वे दोनों ही मुझसे जलन रखती थीं। मेरे ही घनिष्ठ मित्र, मुझे कभी प्रसन्न नहीं देख सके। बन्दना एक निम्न मध्यमवर्गीय परिवार से थी जो टॉमब्वाय की तरह रहती थी और तानाशाही स्वभाव की थी। दीपान्विता के पिता डॉक्टर थे, वह एक सम्पन्न परिवार से थी। वह महँगी साड़ियाँ पहनती और उसकी अपनी एक जीवनशैली थी जिसे हम सभी सराहते। दीपान्विता को इस बात की जलन थी कि जब भी वह कोई सुन्दर सी साड़ी पहन कर कक्षा में आती तो दूसरे छात्र उससे कहते कि वह साड़ी उतार कर मुझे दे दे, क्योंकि मैं उसमें ज़्यादा सुन्दर लगूँगी। हालाँकि बन्दना ने अभि के माता-पिता से जाकर कहा कि मैं अभि को भड़का रही थी कि वह बन्दना को सताए। अभि के माता-पिता को बहुत गुस्सा आया क्योंकि वह एक मेधावी छात्र था और उसे मेरे जैसे लोगों से दोस्ती नहीं रखनी चाहिए थी।

अभि ने इस बात को आसानी से नहीं जाने दिया। उसे यह एहसास नहीं हुआ कि मुझे इस बारे में कुछ पता नहीं था और यह सब हमारे बीच दूरी

पैदा करने के लिए जानबूझकर किया गया। वह अपने मित्रों के साथ मेरे घर आया। मुझसे लड़ाई की और मेरा अपमान किया। मेरे देखते-देखते, हमारा रिश्ता काँच की तरह चूर-चूर हो गया। मैंने उसे पूरी बात बताने और समझाने की कोशिश की पर उसके लिए अब कुछ भी मायने नहीं रखता था। वह मुझसे ठीक उसी तरह अलग हो गया, जैसे श्याम ने दूरी बना ली थी और मैं फिर से दिल के टुकड़े लिए बैठी रही। आज भी याद है कि उसके लिखे हुए शब्दों वाले कागज़ को किस तरह छाती से लगा कर रोई थी।

फिर अभि यूनिवर्सिटी चला गया। यह भी एक रोचक बात रही कि उसने कभी विवाह नहीं किया। हालाँकि मैं इस बात का सिरा अपने साथ जोड़ती हूँ तो इसे जायज़ नहीं कह सकते पर ऐसा मानने में हर्ज़ भी तो नहीं है, है न? मैं आपके साथ एक राज़ बाँटना चाहूँगी। अभि और मैं एक स्थानीय स्टूडियो में गये थे और वहाँ दंपति के रूप में अपनी एक तस्वीर खिंचवाई थी। वह तस्वीर इतनी सुन्दर आयी थी कि उसे मैंने बहुत अरसे तक अपने पास रखा और फिर उसे किसी जगह छिपा दिया ताकि किसी की नज़र न पड़े। मैं उसके साथ एक सुखद पारिवारिक जीवन जीने का सपना देख रही थी और वह तस्वीर हमारी प्रसन्नता का प्रतीक थी। वह मेरे पास आज भी मेरी अलमारी और दिल के कोने में छिपा कर रखी हुई है।

~

कॉलेज के पूरे समय के दौरान, बहुत से लड़के मेरे दीवाने थे, वे मुझे अपने साथ गंगा के किनारे एकान्त स्थानों पर ले जाते ताकि मेरे साथ सेक्स और मौज-मस्ती कर सकें। मैं भी उनके साथ का पूरा आनन्द लेती पर जैसा कि मैंने पहले भी कहा कि मैं इन प्रकरणों से आजिज़ आने लगी थी और अपने लिए एक स्थायी सम्बन्ध चाहती थी जो मेरी आत्मा को उन्नत बना सके।

मेरे घर के पास ही एक वेश्यालय था, जिसमें कई वेश्याओं का बसेरा था। उन्हें देखने के बाद, मैं कई बार स्वयं से पूछती कि क्या उनकी तरह, समाज मेरा भी शोषण कर रहा था? मैं युवा और भावुक प्रकृति की थी और अपने लिए किसी मज़बूत सहारे की तलाश में थी। कोई ऐसा जो मेरी निगाहों से होते हुए, मेरी आत्मा की प्यास को बुझा देता। जो मेरी राह में आये, वे

मेरे लिए ऐसा कोई एहसास नहीं रखते थे पर मैं पूरी तरह से उन्हें दोष नहीं दे सकती, क्योंकि मैं ही सबके साथ मौज मना रही थी और यह सब मेरी इच्छा से हो रहा था। मैं जानती थी कि यह सब अच्छा नहीं था और मेरे जैसी अच्छी छात्रा को यह सब करना शोभा नहीं देता पर मैं चाह कर भी अपनी अस्थायी रंगरलियों से छुटकारा नहीं पा सकी।

शायद उसी समय के दौरान, मैंने एक लोकप्रिय बंगाली पत्रिका में कोलकाता के एक आदमी के बारे में लेख पढ़ा जिसने औरत बनने के लिए सेक्स चेंज ऑपरेशन करवाया था। एक और व्यक्ति का नाम भी लिया गया था, जो एक जाने-माने हिन्दुस्तानी शास्त्रीय गायक का बेटा था, उसने भी यही ऑपरेशन करवाया था। मैंने उसे बारंबार पढ़ा और इस आस में झूम उठी कि एक दिन मैं स्वयं अपना सेक्स चेंज ऑपरेशन करवा कर, एक औरत कहलवाने की हकदार हो जाऊँगी। मैं अपने लिए जिस तरह के प्यार की तलाश में थी, उसे पाने का केवल यही एक उपाय दिखता था।

वहीं दूसरी ओर, कॉलेज मुझे बहुत ज़्यादा बढ़ावा नहीं दे सका। यह पाठ्यपुस्तकों, नियमित परीक्षाओं और सिलेबस पूरा करने के बीच ही घूमता रहा। मुझे लगा था कि साहित्य के क्षेत्र में विशेष प्रशिक्षण मिल सकेगा पर ऐसा नहीं हो सका। मैं अपनी मानसिक उत्तेजना को बढ़ाने के और उपाय तलाश करने लगी।

उसी समय, मेरी भेंट माया सिद्धांत से हुई, वे कोलकाता की जानी-मानी फ़ेमनिस्ट थीं, जिन्होंने सारी दुनिया को अपने 'सिंगल-बोट मणिमेखला' अभियान से दंग कर दिया था, जो कोलकाता से, श्रीलंका में त्रिन्कोमलाई तक, बंगाल की खाड़ी, द इंडियन ओशन और पाक स्ट्रेट (पाक जलडमरुमध्य) के माध्यम से पूरा हुआ। माया दी मुझसे सहानुभूति रखती थीं और उन्हें एहसास था कि मेरे भीतर कुछ रचनात्मक करने की गहरी तड़प थी। उन्होंने उस समय, पहली बंगाली महिला पत्रिका *मालिनी* आरम्भ की थी। उन्होंने कहा कि मैं पत्रिका के लिए लेख लिखूँ। यह आसान काम नहीं था। मुझे बॉलीवुड अदाकारा शबाना आज़मी का इंटरव्यू लेने का काम सौंपा गया। मैंने इसे बखूबी निभाया और वह *मालिनी* में छपा, इसे भूरि-भूरि प्रशंसा भी मिली। तब लोग अखबार और पत्रिका को गंभीरता से पढ़ते थे और भावी पत्रकारों के बारे में बात भी होती थी। मैं

प्रतिक्रिया देख कर रोमांचित हो उठी और मुझे अपने लिए एक नई दिशा मिल गयी। मैं एक पत्रकार बनना चाहती थी और इस उपाय ने मुझे इतना रोमांचित किया कि मैंने खुलेआम, इस अवसर का अन्वेषण करने का मन बना लिया।

हालाँकि मैं कॉलेज में थी पर मैंने अपने पुराने स्कूल के बंगाली टीचर अरुणोदय भट्टाचार्य से भी सम्पर्क रखा हुआ था, जो एक जाने-माने बंगाली अखबार में पत्रकार थे। इस पेशे की वजह से उनका अपने परिवेश में बहुत नाम था। मैंने उनसे मदद चाही तो उन्होंने मुझे उन बंगाली अखबारों और पत्रिकाओं से जोड़ दिया जो स्वतंत्र लेखकों के लेख प्रकाशित करते थे। कुछ सम्पादकों को मेरा काम पसन्द आया और वे मुझे काम देने लगे। उन दिनों रंजन बंद्योपाध्याय नामक सम्पादक ने मेरी बहुत मदद की, वे *आजकल* में काम करते थे। मैं तो जैसे सातवें आसमान पर आ गयी और कॉलेज में भी पूरी शान से जाने लगी। अचानक ही कॉलेज के सहपाठी मुझे आदर की दृष्टि से देखने लगे और मेरे लिए यह रोमांच कुछ कम नहीं था। मुझे परित्यक्त समझे जाने की अवस्था से लेकर, यहाँ तक—मैंने एक लम्बी यात्रा तय की थी। मैं जानती थी कि मुझे अपने लेखन को जारी रखना होगा और अधिक-से-अधिक आलेख प्रकाशित करवाने होंगे ताकि लोग मुझे गंभीरता से लेने लगें। अन्त में, मैं एक पूर्णकालिक पत्रकार नहीं बन सकी, वह एक अलग बात है। शिक्षा के प्रति प्रेम, मेरा पहला प्रेम था और वही इस दौड़ में जीत गया।

~

मैं धार्मिक प्रवृत्ति की हूँ और भगवान शिव मेरे इष्ट देव हैं। मैं प्रायः रात को उनके आगे रोते हुए पूछती कि मेरा जीवन इतना अस्थिर क्यों है? मैं किसी भी वस्तु या व्यक्ति के साथ स्थायी रूप से सम्बन्ध विकसित क्यों नहीं कर पा रही? उस रात, मैंने उनके आगे प्रसन्नता के आँसुओं के बीच कृतज्ञता प्रकट की कि लोगों ने मुझे स्वीकार कर लिया है। मैंने उनके आगे हाथ जोड़े कि मेरे जीवन के जो हालात दिख रहे हैं, वे वैसे ही रहें। वे मुझसे मेरे जीवन की यह नई प्रसन्नता और स्थायत्वि न छीनें।

धीरे-धीरे, मेरा खोया हुआ आत्मविश्वास वापस आ रहा था। मैं स्वभाव से ही आशावादी हूँ और मुझे उस निराशा से घृणा थी जो श्याम के जाने के

बाद से मेरे जीवन पर निरन्तर छाई हुई थी। मैंने इस बात पर विश्वास करना आरम्भ कर दिया था कि मेरा एक निरर्थक अस्तित्व है, जो अवसाद से भरपूर हो गया था। मुझे अपने अकेलेपन से घृणा थी क्योंकि मैं स्वभाव से मिलनसार भी हूँ; मुझे दिल खोल कर हँसना, दोस्तों के साथ घूमना और खाना-पीना बहुत पसन्द है। अन्ततः, जीवन में काले बादल छँटते हुए दिखाई दिये, कम-से-कम कुछ समय के लिए तो सुख की साँस लौट आयी थी।

मैं जानती थी कि बंगाली अखबारों में मेरे साथ काम करने वालों को पता था कि मैं एक ट्रांसजेंडर हूँ पर उन्होंने कभी इस बात के लिए मेरा उपहास नहीं किया और न ही ऐसे पेश आये कि मुझे बेगानापन महसूस हो। वे मुझसे भी उनके कार्यालय में आने वाले अन्य स्वतंत्र पत्रकार-लेखकों की तरह पेश आते। इस नये आत्मविश्वास और स्वाभिमान से सशक्त होकर, मैंने एक निर्भीक कदम उठाया और एक ट्रांसजेंडर की तरह सबके सामने आने का निर्णय कर लिया। मैंने बहुत सावधानी से इसकी योजना बनाई और अपने कपड़े पहनने के तरीकों में बदलाव लाने लगी। अभी तक तो मैं यूनिसेक्स कपड़े पहनती आ रही थी यानी ऐसे कपड़े जो युवक और युवतियाँ दोनों पहन सकते थे। अब मैंने अपनी लैंगिकता दर्शाने के लिए, युवतियों के धूप के चश्मे और स्कार्फ़ आदि चीज़ें प्रयोग में लाना आरम्भ कर दिया।

मुझे यह एहसास भी हुआ कि मुझे अपनी लज्जा और संकोच से भी उबरना होगा और यह देखना होगा कि कोई मेरा शोषण न कर सके। लोगों के लिए मैं एक पका हुआ फल थी, जिसे कभी भी तोड़ कर खाया जा सकता था। घर और बाहर, दोनों जगह मेरे लिए समान रूप से खतरे मौजूद थे। इसी संदर्भ में, मुझे कुछ याद आ रहा है, जो मैंने एक प्रसिद्ध टेनिस स्टार के बारे में पढ़ा था, जिसे अपने लैंगिक चुनावों के कारण, लिंग भेद राजनीति का शिकार होना पड़ा। उसके पिता की बात का हवाला देते हुए कहा गया था कि उन्होंने ही अपनी बेटी के साथ सबसे पहले सेक्स किया था और वह लेस्बियन नहीं हो सकती। मेरा मानना है कि वे गलत थे। जब भ्रूण माँ के गर्भ में होता है तो उसके भीतर कई तरह की जटिल रासायनिक प्रतिक्रियाएँ होती हैं। इनका उस व्यक्ति के लिंग से कोई सम्बन्ध नहीं है, जिसने उसके साथ पहली बार सेक्स किया हो।

जहाँ तक मेरे माता-पिता का सवाल था, वे अब तक इस बात को साफ़ तौर पर नज़रअन्दाज़ करते आ रहे थे कि मैं एक लड़का नहीं थी। उन्होंने अपनी ओर से लोगों को यह बताने की पूरी कोशिश की कि मैं कुछ गलत लोगों की संगति में पड़ गयी थी जो मुझे बिगाड़ रहे थे। तो बाहरी तौर पर, वे मुझसे कड़ाई से पेश आने का दिखावा करते और मेरे उन सभी घंटों का हिसाब रखा जाता, जो मैं घर से बाहर बिताती थी। अंदर-ही-अंदर, उन्हें इस बात पर गर्व था कि मैं निरन्तर पत्रों के लिए लिख रही थी क्योंकि इस तरह समाज और मुहल्ले में उनका स्तर ऊँचा हो रहा था। उन्होंने मुझे एक हारमोनियम भी ला दिया और आग्रह किया कि मैं टैगोर के गीत गाऊँ। मेरे लिए एक ट्यूटर भी रखा गया।

हालाँकि अपने जीवन में इन नई ऊँचाइयों को पाने के बावजूद, लोगों की छींटाकशी और समाज की ओर से मिलने वाले तानों में कमी नहीं आयी। तब अधिकतर लोग ट्रांसजेंडर शब्द के बारे में नहीं जानते थे पर अब मेरी पदवी हिजड़े की बजाय 'समकामी' या होमोसेक्सुअल हो गयी थी। मैं निश्चित तौर पर होमोसेक्सुअल नहीं थी, मैं एक औरत थी जो मर्द की देह में कैद थी और अपने लिए, अपनी किसी हमउम्र युवती की तरह एक उपयुक्त पुरुष साथी की तलाश में थी। मुझे एक और बात कहनी है। हो सकता है कि यह बात आपको चुभे पर मुझे परवाह नहीं है। अधिकतर पुरुष, जो वैसे तो विषमलिंगकामी माने जाते हैं, वे निश्चित रूप से समलैंगिक गुण भी प्रस्तुत करते हैं। आप उन विवाहित और बाल-बच्चेदार पुरुषों को क्या कहेंगे जो छोटे बच्चों का यौन शोषण करते हैं? क्या संसार उन्हें भी समलैंगिक कहता है? अधिकतर तो ऐसा नहीं होता। तो ट्रांसजेंडर लोगों को झट से उन खाँचों में क्यों डाल दिया जाता है, जो समाज को सुविधाजनक प्रतीत होते हैं? मुझे इन सवालों के जवाब कभी नहीं मिले पर मैं जानती हूँ कि मैंने अपने प्रति सच्चाई बरतने में कहीं कोई कोर-कसर नहीं रखी।

**इन प्रसंगों में शामिल लोगों की गोपनीयता बनाये रखने के लिए, उनके नाम बदल दिये गये हैं।*

4

मेरे मन में सदा इस बात के लिए गहरी सहज वृत्ति रही कि मैं कौन और क्या हूँ। हालाँकि हम अपने बारे में कैसे सोचते हैं, उसका बहुत हिस्सा इस बात से जुड़ा है कि लोग हमारे बारे में क्या सोचते और देखते हैं। इसी संदर्भ में, मैं ऋषि बंकिम चंद्र कॉलेज के बंगाली विभाग के उस लड़के की बात करना चाहूँगी, जिसके मैं बहुत अधिक निकट नहीं थी। उसे हम देबू* नाम दे देते हैं। उसके व्यवहार में एक विचित्र सा भाव था; उसे हम अशिष्टता तो नहीं कह सकते पर ऐसा लगता था कि वह कहीं-न-कहीं हीन भावना से ग्रस्त था और मेरे पास होने पर वह भावना और भी बढ़ जाती। वह कॉलेज के लड़के और लड़कियों के बीच, समान भाव से मेरी लोकप्रियता को ले कर ताने मारता और उसे यह बात भी चुभती थी कि मैंने कैसे अखबारों के कार्यालयों से अपने लेख छपवा कर, कक्षा में सबसे बड़े लक्ष्य तय कर रखे थे। मैं जितना हो सके, उससे बचने का प्रयत्न करती।

जब हमारे बी.ए. के नतीजे घोषित हुए तो हम एक बार फिर से उसी दशा में थे, जहाँ निश्चित तौर पर नहीं कहा जा सकता था कि अब क्या किया जाये। मैं जानती थी कि मेरा झुकाव शिक्षा की ओर था और मैं पोस्ट ग्रेजुएट कोर्स में नाम लिखवाना चाहती थी, पर पक्के तौर पर नहीं कह सकती थी कि मुझे किस यूनिवर्सिटी में नाम लिखवाना चाहिए। अधिकतर छात्रों के लिए कलकत्ता विश्वविद्यालय ही पहली पसन्द रहता पर तब तक जादवपुर यूनिवर्सिटी का भी बहुत नाम हो गया था। हालाँकि उस जगह दाखिला लेने के लिए आपके अपने अंक ही पर्याप्त नहीं थे। आपका प्रवेश परीक्षा देना अनिवार्य था, जो एक कड़ी मैरिट परीक्षा थी जिसे पार करना बड़ी बात मानी जाती थी। मैंने मन-ही-मन कलकत्ता विश्वविद्यालय में प्रवेश लेने का निर्णय

कर लिया था। मेरे अंक अच्छे थे इसलिए चिन्ता की कोई बात नहीं थी। पर कहीं गहराई में जे यू में जाने की इच्छा भी छिपी थी। जैसा कि मैंने पहले कहा कि कस्बे के उस युवा छोकरे के लिए अपने बल पर जादवपुर यूनिवर्सिटी तक जाना भी आसान नहीं था। वहीं देबू अनपेक्षित रूप से मेरी मदद के लिए आगे आया। उसने मुझे कहा कि उसके पास जादवपुर यूनिवर्सिटी के दो फ़ॉर्म हैं, उसने एक फ़ॉर्म मुझे दे दिया। मैंने उसे दिल से धन्यवाद दिया। शायद अपने कॉलेज से जादवपुर यूनिवर्सिटी के फ़ॉर्म भरने वाले, केवल हम दो ही थे। अगर देबू के पिछले व्यवहार को ध्यान में रखा जाये तो हो सकता है कि उसने मुझे सबक सिखाने के लिए ऐसा किया हो; हो सकता है कि उसे लगा हो कि मैं उस कठिन परीक्षा को पार नहीं कर सकूँगी। वह एक नामी-गिरामी डिप्टी मैजिस्ट्रेट का बेटा था और अपने सामाजिक स्तर पर कुछ ज़्यादा गुमान करता था, उसे लगता था कि वह मुझसे सामाजिक स्तर में कहीं ऊँचा था। हालाँकि वह इस तथ्य को स्वीकार नहीं कर पा रहा था कि मैंने परीक्षा में उससे बेहतर अंक पाए थे। वह किताबी कीड़ा था, मैं भी पढ़ाई में अच्छी थी पर शायद अपने पाठ्यक्रम के अलावा, बंगाली पत्रों और पत्रिकाओं के लिए लिखने के कारण ही मेरे लेखन में निखार आ गया था। हालाँकि हम दोनों ने ही जादवपुर यूनिवर्सिटी की प्रवेश परीक्षा पास कर ली।

एक बार फिर पिता जी मेरे जीवन की इस नई दिशा को देख व्याकुल हो उठे। वे एक बार जे. यू. कैंपस गये थे और लड़के-लड़कियों को एक साथ बैठे और बतियाते देख चौंक गये थे। उस जगह तो लड़कियाँ भी बेपरवाह हो कर सिगरेट फूँकती थीं। मेरे पिता रूढ़िवादी थे और वे अपने बेटे को ऐसी जगह तो कभी नहीं पढ़ने देते क्योंकि उन्हें लगता था कि इस तरह उनकी सन्तान पर नकारात्मक असर होगा, जो पहले से ही अपनी राह से भटकी हुई थी। वे चाहते थे कि मैं कलकत्ता विश्वविद्यालय में प्रवेश लूँ, जो इतनी ज़्यादा अभिनव पहल नहीं रखता था। मेरी माँ ने भी उनका साथ दिया और दोनों ने मिलकर मुझे समझाना चाहा। पर मैं एक बार फिर अपने हठ पर अड़ गयी और उनकी कोई भी सलाह मानने से इनकार कर दिया।

जे. यू. की दुनिया सबसे अलग थी और मैं उसकी तुलना अपने किसी भी पूर्व-परिचित परिवेश से नहीं कर सकती थी। मैंने विस्फारित नेत्रों से अपने

आस-पास टीचर व छात्रों को देखा; उनके वस्त्र विन्यास; हाव-भाव, उनकी बोलचाल वगैरह इतना दिलचस्प था कि मुझे खुद को जे. यू. से जोड़ने में काफ़ी समय लगा। मैं उनमें से एक थी इसलिए अब ज़रूरी हो गया था कि मैं अपने खोल से बाहर आ जाऊँ। जहाँ कक्षाओं में शंख घोष, पबित्र सरकार, पिनाकेश सरकार और तपोब्रत घोष जैसे महान टीचरों के लेक्चर गूँजते, वहीं कक्षा से बाहर हम सुतापा सेनगुप्ता जैसे सीनियर्स को सुनते, जो अब एक कवि हैं; वे हमें कल्पनाओं की दूसरी ही दुनिया में ले जाते। सुतापा अभिनेता रुद्रप्रताप सेनगुप्ता की भतीजी हैं और वे हर उस चीज़ का प्रतीक थीं जिसे आप आधुनिक कह सकते हैं। वे अपने सिगरेट से उठते धुएँ के छल्लों के बीच प्रत्येक मंज़ूरशुदा सामाजिक नियम को चुनौती देकर हमें सम्मोहित कर देतीं। कुछ अन्य सीनियर्स भी थे जो अपने खानदान की वजह से जाने जाते थे। उनमें से एक कपिल* था, वह सीपीएम दल के सबसे वरिष्ठ नेताओं में से एक का भतीजा था। अपने यूनिवर्सिटी के दिनों से ही वह एक कवि के तौर पर सामने आया। वह बहुत खूबसूरत और पूरी तरह से बोहेमियन था। उसे अपने यौन सम्बन्धों को सार्वजनिक करने में गर्व का अनुभव होता, उसका कहना था कि सारी वर्जनाएँ केवल मध्यम दर्जे के लोगों के लिए बनी हैं। कपिल, सुतापा और उनके जैसे अन्य छात्र प्रेसीडेंसी कॉलेज से आये थे और हम उन्हें उच्च बुद्धिजीवी वर्ग से मानते थे। मेरे जैसे छात्र उनका ध्यानाकर्षण पाने की पूरी कोशिश करते और अगर वे हमें देख भर लेते, तो निहाल हो जाते। हालाँकि कपिल के व्यवहार में उसका सौजन्य भी झलकता था।

इन भद्र जन के बीच मैं बुरी तरह से हड़बड़ा गयी। बी.ए. की परीक्षा के अच्छे अंकों के बावजूद, एहसास हुआ कि मैं तो उस बुद्धिजीवी वर्ग के बीच बैठने के लायक नहीं थी और बंगाली साहित्य के बारे में भी मेरा ज्ञान उतना नहीं था। अगर मुझे उस माहौल में बसना था तो अलग तरह की सोच अपनाना आवश्यक था। बंगाली एम.ए. की कक्षा में मेरे जैसे छात्रों का एक दल था जो, अलग ज़िलों या अनजाने से देहातों से पढ़ने आये थे। हम सब एक साथ मिलकर अपना दुखड़ा रोया करते। कुछ छात्र तो सच में शर्मिन्दा होकर रोने लगते। मेरे दिल को भी ठेस लगती थी पर मैंने तय कर लिया था कि किसी के आगे इस मनोभाव का पता नहीं चलने देना चाहिए। अक्सर

विभाग के बेहतरीन बच्चे मेरे पास आकर पूछते कि क्या मेरे होमटाउन नैहाटी में बिजली आती थी या हम अब भी मिट्टी के तेल के लैंप जलाते थे। कुछ और लोग पूछते कि क्या रात को हमने नैहाटी में लोमड़ियों को घूमते हुए देखा-सुना था। क्या हम अभिनेता अमिताभ के बारे में जानते थे। कुल मिला कर वे सिद्ध करना चाहते थे कि हम उनसे बहुत निचले पायदान पर थे। हालाँकि जीवन मेरे लिए बहुत दयालु रहा और आज उनमें से ही कई सीनियर्स और दोस्त, मुझे फ़ेसबुक पर फ्रेंड रिक्वेस्ट भेजते हैं।

इन सभी कठिनाइयों के बीच, मैं एक बात के लिए आभार प्रकट करना चाहूँगी। जिस तरह लोग मेरे साथ ऋषि बंकिम चंद्र कॉलेज में पेश आये थे, जे.यू. में ऐसा बर्ताव किसी ने नहीं किया। हालाँकि मैं पुरुषों जैसे कपड़े पहनती थी, पर मैं पूरी तरह से अलग थी। मैं न तो पुरुष थी और न ही सहज रूप से स्त्री लगती थी। हालाँकि मेरी आत्मा एक स्त्री की आत्मा थी। उस प्रगतिशील जे.यू. के माहौल में मेरी ऐसी लैंगिकता से किसी को कोई अन्तर नहीं पड़ा। मैं केवल एक छात्र थी जो यूनिवर्सिटी में शिक्षा ग्रहण करने आयी थी और वही सबसे बड़ा कारण था।

~

वर्तमान में, महान आधुनिक बंगाली कवियों में एक, शंख घोष मुझे विशेष तौर पर प्रिय थे। उनके लेक्चर मुझे दूसरी ही दुनिया में ले जाते और मैं उनकी कविताएँ सुनने के लिए उत्सुक रहती। उन्होंने मेरे लिए चिन्तन के नये द्वार खोले और मुझे सीखने की नई इच्छा से भरपूर कर दिया। मैं उन्हें सुनने को तरसती थी और उस टीचर के साथ, कक्षा से परे, निजी रूप से सम्पर्क करना चाहती थी। मैं अकेली ऐसी नहीं थी। कक्षा में लगभग सभी शंख सर को इसी तरह चाहते थे। आखिर में, मैंने तय किया कि उन्हें पत्र लिखा जाये। याद नहीं पर किसी ने बताया था कि शंख सर अपने छात्रों से मिलने वाले पत्रों का प्रत्युत्तर अवश्य देते थे। मुझे याद है कि मैंने शंख सर को लिखे गये पहले पत्र में ही अपनी यौन लैंगिकता के बारे में बता दिया था। मैंने उन्हें बताया कि मैं बहुत कष्ट में हूँ, क्योंकि मैं अपनी पुरुष देह की इस यौन कैद से बाहर आकर, अपने स्त्री रूप व आत्मा को पाना चाहती हूँ। और यह क्या! शंख सर ने पत्र

का उत्तर भेजा। आज भी वह पत्र मेरे पास रखा है। उन्होंने पूरे धैर्य के साथ मुझे समझाया कि मैं भी उन्हें दूसरे छात्रों की तरह स्वीकार्य हूँ। उन्होंने मुझे बौद्धिक आदान-प्रदान के लिए प्रोत्साहित किया ताकि मुझे अपने अवसाद से उबरने में मदद मिल सके।

धीरे-धीरे, मैंने शंख सर को यह हकीकत भी बता दी कि मैं निश्चित तौर पर सेक्स बदलवाने की सर्जरी भी करवाना चाहती हूँ और अपनी यौन लैंगिकता स्थापित करना ही मेरे जीवन का सबसे बड़ा लक्ष्य है। मैंने उन पत्रों में अपना दिल खोल कर रख दिया, जो सदा मेरे भीतर चलने वाली मानसिक उथल-पुथल का नतीजा थे, हालाँकि मैं समय के साथ-साथ जे.यू. के सीखने-सिखाने के अनुभव को आत्मसात् करने लगी थी। शंख सर ने इस बारे में कभी अपनी ओर से कोई राय नहीं दी और धैर्य से मेरे पत्रों के उत्तर देते रहे। उनके भीतर मेरे लिए गहरी समानुभूति पैदा हो गयी थी। एक बार, हमारी कक्षा को चाँदीपुर ले जाया गया, मैं रात को सीधा उस हॉल में चली गयी जिसमें युवतियों को रखा गया था। मैंने पुरुषों के बीच सोने से इनकार कर दिया। इस वजह से हल्ला सा मच गया पर शंख सर उसी समय मेरे बचाव में आगे आये। तब तक वे मेरे पत्रों से मेरे बारे में सब जान चुके थे। उन्होंने ऐलान किया कि मैं लड़कियों वाले हॉल में ही रहूँगी और उनकी बात पर कोई सवाल नहीं उठा सकता था।

मैं अपने ही तरीके से, धीरे-धीरे जे.यू. में पहले वर्ष में ही लोकप्रिय छात्रा बन रही थी। बचपन से ही नृत्य के लिए मन में गहरा आकर्षण रहा है। यह मेरे खून में ही शामिल था। मैं टी.वी. पर मूवी देखकर नृत्य की भंगिमाएँ दोहराती। मुझे लगता है कि ट्रांसजेंडर नाच और मेकअप की कला में माहिर होते हैं। जे.यू. में नियमित रूप से सांस्कृतिक कार्यक्रम आयोजित होते और प्रतिभाशाली छात्र उत्साह से इनमें हिस्सा लेते। मैं नृत्य के कार्यक्रमों में हिस्सा लेने लगी और जल्द ही सबके आकर्षण का केंद्र बन गयी। उस वर्ष, जे.यू. फ़ेस्टिवल में, मैंने बैस्ट मेल डांसर का पुरस्कार पाया। धीरे-धीरे यूनिवर्सिटी के सीनियर्स जैसे शुभाशीष भट्टाचार्य, जिन्हें हम प्यार से लाली दा कहते; और शुभो बासु, मुझे पसन्द करने लगे और उन्होंने अपने कार्यक्रमों में मुझे शामिल करना आरम्भ कर दिया; ये दोनों ही नाम रंगमंच और नृत्य के क्षेत्र में जाने

जाते थे। मुझे शुभो बासु के नाटक 'अमर्त्य बिबाह' में भाग लेने का अवसर मिला और उसे समीक्षकों की ओर से भूरि-भूरि प्रशंसा मिली।

जे.यू. का यह सांस्कृतिक रूप, शाम को कक्षाओं के बाद प्रारंभ होता और जो लोग इसका एक हिस्सा थे, वे नियमित रूप से योजना व रिहर्सल के लिए देर शाम तक कॉलेज में ही ठहरते; विशुद्ध रचनात्मक गतिविधियों के लिए आदर्श परिवेश था। मैं उनमें शामिल नहीं हो सकती थी, क्योंकि मुझे हर शाम नैहाटी वापस जाने के लिए स्थानीय ट्रेन लेनी होती थी। सुबह जे.यू. तक आने में दो घंटे और शाम को नैहाटी वापस जाने में लगभग ढाई घंटे का समय लगता। इस तरह मैं थक कर चूर हो जाती। अगर मैं होस्टल के कैंपस या जादवपुर में कहीं पेइंग गेस्ट के तौर पर रहती, तो यह समस्या हल हो सकती थी। इस तरह मुझे नृत्य और रंगमंच से जुड़ने का भी पूरा समय मिलता, पर मेरे माता-पिता ने ऐसा करने के लिए हामी नहीं भरी। उन्होंने साफ़ शब्दों में कह दिया कि जब तक मैं अपना खर्च स्वयं उठाने की क्षमता नहीं जुटा लेती, तब तक मुझे रोज़ रात को घर ही लौटना होगा। उन्हें पूरा यकीन था कि वे एक दिन जे.यू. की बोहेमियन भीड़ में मुझे खो देंगे, पर उन्होंने अपनी ओर से इस स्थिति को टालने का यथासम्भव प्रयत्न किया। उनके इस रवैए से बड़ी मायूसी हुई पर मैं चाह कर भी कुछ नहीं कर सकती थी। मैं अपने घर से निकल कर, अपने सपनों को पूरा नहीं कर सकती थी, क्योंकि मैं आर्थिक तौर पर, माता-पिता पर ही निर्भर थी। पर आज अपनी परिपक्वास्था में, मैं अपने माता-पिता की मनोदशा अच्छी तरह समझ सकती हूँ—उन्हें मेरी वजह से कितनी चिन्ताओं और उद्वेगों का सामना करना पड़ता होगा।

मेरी माँ अब नहीं रहीं और जब मैं अपने अशक्त, तिरानवे वर्षीय पिता को अपने नैहाटी वाले घर में लगभग निष्क्रिय अवस्था में देखती हूँ, जो पूरी तरह से मुझ पर निर्भर हैं, तो सोचती हूँ कि उनके दिमाग में मेरे लिए क्या चल रहा होगा? क्या उन्हें अब भी लगता है कि अगर मैं उनका 'बेटा' होता तो क्या उनके लिए अपने कर्तव्य को कहीं बेहतर तरीके से पूरा करता? क्या एक बेटी के तौर पर मैं अपने कर्तव्य अच्छी तरह से नहीं निभा रही? मैं उनसे यह बात पूछना नहीं चाहती, क्योंकि ऐसा करने से वे परेशान होंगे और उनके दिल को ठेस लगेगी। इस आयु में, यह बात उनकी सेहत को नुकसान पहुँचा सकती है।

मेरे माता-पिता ने मुझे अपने अधीन रखने के लिए सब कुछ किया। वे मुझे दो रुपये प्रतिदिन दिया करते थे। भले ही यह राशि कम थी पर 1985 में, मेरा आने-जाने का किराया तो हो ही जाता था। मुझे घर से पर्याप्त मात्रा में खाना मिलता था ताकि मेरे पास बाहर से खाना खरीद कर खाने का बहाना न रहे। मेरे पिता को पूरा यकीन था कि अगर मेरे पास अतिरिक्त धन हुआ तो वह सिगरेट और शराब में ज़ाया हो सकता था। हर शाम मुझे उन्हें विस्तार से बताना पड़ता कि मेरे पैसे किस जगह खर्च हुए। धीरे-धीरे दम सा घुटने लगा। दोस्त चाय और समोसों का आनन्द लेते और मैं टिफ़िन खोल कर बैठी रहती। मुझे लगा कि अपना खर्च निकालने के लिए कोई काम करना ही होगा। मैं अखबारों और लेखों के लिए लिख तो रही थी पर स्वतंत्र लेखन होने की वजह से ज़्यादा उम्मीद नहीं रखी जा सकती थी। मैंने तय किया कि खाली समय में जर्दा या तंबाकू कंपनी के लिए सेल्सपर्सन का काम कर लिया जाये। बेशक, मैंने अपने घरवालों और बहनों को इसकी भनक तक नहीं लगने दी।

उन्हीं दिनों, मुझे एक और टीचर ने बहुत प्रेरित किया। उनका नाम पबित्र सरकार था और वे वर्तमान में एक प्रसिद्ध भाषाविद् हैं। शंख सर की तरह, उन्होंने भी धैर्य से मेरी बात सुनी और मुझे श्रेष्ठ प्रदर्शन के लिए प्रेरित किया। मैं अक्सर उन्हें प्रकाशित आलेख दिखाती और वे पूरी दिलचस्पी के साथ पढ़ने के बाद, मुझे और लिखने के लिए प्रेरित करते। जल्दी ही मेरे लिखे लेख और इंटरव्यू, हमारे बीच चर्चा का विषय होने लगे और मुझे याद है कि वे अक्सर कहते थे कि मैं एक लेखक बन सकती हूँ। उन्होंने मुझे मेरी खूबियों का एहसास दिलाया। हालाँकि आपको पढ़ने से लग रहा होगा कि जे.यू. के माहौल में मैं अपने दुखों को भूल रही थी पर मेरी असुरक्षाओं का अब भी अन्त नहीं था। मेरा अधूरा लैंगिक स्तर और मेरी असली पहचान का सवाल तो ज्यों का त्यों था। जे.यू. का समुदाय थोड़ा सभ्य था, इसका मतलब यह नहीं था कि यह केवल दो सेक्स की श्रेणियों में विभाजित नहीं था, जैसे बाकी सारी दुनिया में था।

मन-ही-मन, मैं बहुत अकेली थी और अपने लिए किसी ऐसे साथी की तलाश में थी, जिसके कंधे पर अपना थका हुआ सिर रखा जा सके। मेरे पास जे.यू. में भी कुछ ऐसे मित्र थे जिनके साथ घूमना-फिरना तो हो सकता

था पर इनमें से एक भी ऐसा नहीं था जिसके साथ सम्बन्ध रखा जा सके। हालाँकि जल्द ही, मैंने स्वयं को, एक जाने-माने बांग्ला यात्रा संस्मरण लेखक के पुत्र, सागर बोस* की संगति का आनन्द लेते हुए पाया। इससे पहले कि मुझे एहसास होता, वह मेरे प्यार में दीवाना हो गया और अपने प्रेम का इज़हार किया। शायद मुझे थोड़ा अनुमान हो गया था इसलिए बहुत आश्चर्य नहीं हुआ। पर मैं पूरी तरह से खुश और सन्तुष्ट थी कि मैं किसी से जुड़ाव तो रखती थी। मैं अपने जीवन में किसी सहारे के बिना, इधर से उधर भटकते हुए थक चुकी थी। मैंने आभार सहित इस सम्बन्ध को ग्रहण किया। वह मुझे घर ले गया और मैं उसके साथ हमबिस्तर हुई। हमारा सम्बन्ध तेज़ी से बढ़ा और हम जल्द ही एक-दूसरे के भावात्मक और शारीरिक सम्पर्क का आनन्द उठाने लगे। मैं लम्बे अरसे से ऐसी खुशी के लिए तरस रही थी। सागर मेरे जिस्म में जिस तरह का जुनून और बेकरारी भर देता, उस एहसास के साथ मैं खुद को एक स्त्री समझने लगती। जब भी मैं उसके साथ गुदा मैथुन करती तो मेरा मन नारी गुप्तांग के लिए व्याकुल हो उठता। मैं सागर को एक स्त्री का सुख देने के लिए बेचैन थी और मैंने उससे कहा कि मैं जल्दी ही सेक्स चेंज का ऑपरेशन करवा लूँगी, तब तक हमें इसी तरह शारीरिक सम्बन्ध बनाने होंगे।

हालाँकि धीरे-धीरे, हमारे सम्बन्ध छीजने लगे। सागर को जाने-माने, राजनीतिज्ञ दबदबे वाले व्यक्ति कपिल से मेरा मेल-जोल पसन्द नहीं था। सागर राजनीति से दूर रहना पसन्द करता था और अक्सर मुझे भी ऐसे लोगों से दूर रहने को कहता जो कॉलेज के कैंपस में राजनीति को ले आते थे। मैंने और सागर ने मिल कर एक पत्रिका का आरम्भ किया था और वह निरन्तर मुझसे यही कहता कि राजनीति में पड़ने से यही बेहतर था कि कोई सार्थक पत्रिका चलाई जाये ताकि अलग-अलग आवाज़ों को उठाया जा सके। मैं सागर के लिए कुछ भी करने को तैयार थी। वह मेरा पुरुष मित्र था और मेरे लिए उसकी खुशी, दुनिया में सबसे बड़ी चीज़ थी।

हालाँकि सम्बन्ध और भावात्मक बंधन किसी भी शारीरिक पक्ष से कहीं अधिक अहम होते हैं पर मैं अक्सर सागर के साथ हमबिस्तर होती क्योंकि मुझे भी यह पसन्द था। पर जल्दी ही मुझे यह पता चला कि उसने केवल मुझसे ही शारीरिक सम्बन्ध नहीं रखे हुए थे और इस मामले में उसे रोकने

वाला कोई नहीं था। मैं इसे मंज़ूर नहीं कर सकी। वह मेरा प्रेमी, मेरा संसार था और मैं उसे बाँटने के बारे में, सपने में भी नहीं सोच सकती थी। जब मैंने सागर को छल करते पाया तो वह इस तरह पेश आने लगा मानो कई सारे साथियों के साथ शारीरिक सम्बन्ध रखना बड़ी सहज सी बात हो। मुझे यह स्वीकार नहीं था और हमने अपने सम्बन्ध को चूर-चूर होते देखा। मैं फिर से दुख के सागर में डूब गयी। इस दौरान, सागर कोलकाता चला गया, वह फ्रेंच भाषा में दिलचस्पी रखता था, इसलिए उसने सम्बन्धित संस्थान में दाखिला ले लिया था। हमारा रिश्ता वहीं खत्म हो गया। मुझे बाद में पता चला कि वह उसी संस्थान में लौट आया है और फ्रेंच सिखाता है। मैं उसके प्रत्यक्ष सम्पर्क में नहीं हूँ पर हाल ही में दोस्तों के माध्यम से पता चला कि उसने अपनी सुनने की शक्ति खो दी है।

~

मैंने एक बार फिर से खुद को, अपनी लड़ाई के बीच अकेला पाया। स्वयं को व्यस्त रखने के लिए कुछ विदेशी छात्रों के दल में शामिल हो गयी। जल्दी ही मैं जोर्डन के एक लड़के के सम्पर्क में आयी, जिसके साथ केवल नाममात्र का भावात्मक सम्बन्ध था। वह अच्छे डील-डौल का युवक था और हमारे बीच केवल दैहिक सम्बन्ध थे। हम दोनों अक्सर, उसके होस्टल के कमरे में समय बिताते। मेरे मित्रों—खासतौर पर लड़कियों ने चेताया कि वह ईरानी (उन दिनों जोर्डन के लोगों को ऐसे ही बुलाया जाता था) खतरनाक है और मुझे उससे दूर रहना चाहिए। मैंने उनसे कहा कि मैं भारतीयों से तंग आ गयी हूँ और मन बदलने के लिए विदेशी का साथ चाहिए था। उन्हें समझ नहीं आया कि क्या प्रतिक्रिया दें, वे मुझसे नाराज़ होकर चली गयीं। मैंने उन पलों का भरपूर आनन्द लिया। मुझे उसके ज़रिए कई दूसरे इज़रायल और अरब देश के छात्रों से मिलने का अवसर मिला। उस चरण में, मैं हर चीज़ के साथ बही जा रही थी। मुझे रोकने या थामने वाला कोई नहीं था। हालाँकि इस बर्ताव से मेरे भीतर का सूनापन ज्यों-का-त्यों रहा। वह तो रत्ती भर भी नहीं भर सका।

शायद अपने इसी असन्तोष को मिटाने के लिए मैं कोई और वातायन खोजने लगी थी और यह मुझे मेरे लेखन, नृत्य और रंगमंच से मिला। मेरे

जे.यू. के दिनों के दौरान, मैं अक्सर साल्ट लेक में अपनी बहन के घर जाती थी जो अपने ससुरालवालों के साथ रहती थी। मैं अक्सर रात को नैहाटी तक जाने की लम्बी यात्रा करने की बजाय वहीं रात काट लेती। उसका परिवार मुझे पसन्द भी करता था। एक दिन मेरी बहन ने बताया कि जानी-मानी नर्तकी मंजुश्री चकी सरकार, अगले ही ब्लॉक में रहने आयी हैं। मैंने सोचा कि उनके पास जाकर पता करती हूँ कि क्या वे मुझे अपने ग्रुप डांसर्स गिल्ड में शामिल करेंगी। एक दिन साहस बटोर कर चली गयी। दरवाजे पर 'कुत्तों से सावधान' का बोर्ड लगा था। मैं भीतर जाकर मिली तो वे बहुत मिलनसार लगीं। वे मेरे साहस से प्रभावित हुईं और अपने साथ शामिल करने की हामी भर दी। मैंने पाया कि उनके दल में बहुत सारे ट्रांसजेंडर लोग शामिल थे और मेरी उनसे दोस्ती हो गयी। वे लोग खुलकर सामने आने से कतराते थे, जबकि उनका तीसरे लिंग का स्तर साफ़ दिखता था।

जे.यू. में मेरे अधिकतर मित्रों को यकीन था कि मैं एक मर्द के चोले में औरत ही हूँ पर रुमा दास* जैसे कुछ लोग सुनने को तैयार नहीं थे। उसे लगा कि मैं एक खूबसूरत मर्द हूँ जिसकी स्त्रैण भावनाओं को सुधारा जा सकता है। उसने मुझे एक जवाँ मर्द में बदलने का ज़िम्मा ले लिया और उसे लगता था कि इस तरह मुझे बदला जा सकता है। इससे पहले कि मुझे कुछ समझ आता, वह मुझसे प्यार करने लगी। वह अक्सर मेरे कुदतरन गुणों को बदलने के लिहाज़ से कहती, "तुम मर्द हो और वही बनो। तुम्हें दिखता नहीं कि लड़कियाँ तुम्हारी सुन्दरता पर लार टपकाती हैं?" मैं जानती थी कि वह अपनी ओर से कुछ ऐसा बदलना चाह रही थी जो मेरी आत्मा में अंकित हो चुका था। एक और, कृष्णा* नामक लड़की भी मेरे बहुत निकट थी। वह मेरे साथ कैंपस में आराम से घूमती। ऐसा नहीं कि मैं एक लड़की थी बल्कि उसे लगता था कि मैं एक सुरक्षित 'लड़का' हूँ जिसके साथ आसानी से घूमा जा सकता था। मैं कुछ साल बाद उससे मिली, जब हमने जे.यू. छोड़ कर अपने पेशेवर जीवन में कदम रख लिया। वह नदिया ज़िले बड़कुला में स्कूल टीचर बनी और अब भी मानती है कि मैं एक लड़का हूँ। इसी सिलसिले में एक और लड़की का ध्यान आ रहा है, सुपर्णा*, वह स्कूल टीचर की नौकरी करने के लिए बीएड कर रही थी। मैं अक्सर उससे कहती कि अच्छा पति पाने के

लिए भगवान शिव की पूजा करनी चाहिए। जब बाद में, उसका अपने पुरुष मित्र से ब्रेकअप हुआ तो उसे लगा कि यह मेरा दोष था, क्योंकि उसके दोस्त को लगता था कि मैं उससे ज़्यादा सुन्दर थी।

~

हमारे एम.ए. के परिणाम आ गये और मैं प्रथम श्रेणी के अंक नहीं पा सकी, मैं बहुत दुखी और मायूस महसूस कर रही थी। जे.यू. में अच्छे अंक पाना कठिन नहीं था और मुझे यकीन था कि मैं अच्छे अंक ला सकती हूँ। मन-ही-मन लगता था कि मेरे परिणाम का मेरे लैंगिक स्तर से भी लेना-देना था, क्योंकि हो सकता है कि विभाग के कुछ सदस्यों को मेरा यह स्तर न भाता हो। सभी तो शंख और पबित्र सर की तरह खुले दिल के नहीं थे। मैंने भारी मन से, जे.यू. में एमफिल के लिए फ़ॉर्म भर दिया।

उसी दौरान, मैंने थियेटर ग्रुप नन्दीकर के साथ एक कार्यशाला में हिस्सा लिया। मुझे कोलकाता में रंगमंच परिदृश्य की जानकारी चाहिए थी। मैं प्रतिभा अग्रवाल के नाट्य शोध संस्थान के शोध विद्यार्थी के रूप में भी काम करने लगी, यह भारतीय रंगमंच के विषय में पुरालेख सम्बन्धी सामग्री संग्रह करने वाला विशालतम कोष है, जो सभी भाषाओं व शैलियों को शामिल करता है। यह सब कुछ सीखने व बौद्धिक तौर पर विकसित होने का समय था, और उसने ही मुझे वहाँ तक पहुँचाया, जहाँ आज मैं हूँ।

**इन प्रसंगों में शामिल लोगों की गोपनीयता बनाये रखने के लिए, उनके नाम बदल दिये गये हैं।*

5

मुझे लगा कि मेरी आयु तेईस वर्ष हो गयी थी और मुझे अपने खर्च निकालने के लिए एक स्थायी नौकरी की आवश्यकता थी, जो निश्चित तौर पर सिगरेट या शराब तक सीमित नहीं थे। मैं थियेटर देखना चाहती थी, संगीत सभाओं का आनन्द उठाना चाहती थी। इसके अलावा आनन्दम या त्यागराज हॉल की प्रदर्शनियों से यूनिसेक्स कपड़े खरीदना और बेशक अपने लिए लिपस्टिक, काजल वगैरह सब कुछ चाहिए था। शुक्र है, मुझे इसके लिए लम्बे समय तक प्रतीक्षा नहीं करनी पड़ी। मुझे बगुला के श्री कृष्णा कॉलेज में, 125 रुपया प्रतिमाह वेतन पर अंशकालिक लेक्चरर की नियुक्ति मिल गयी। मुझे सच में बड़ी खुशी मिली। यह व्यवस्था ऐसी थी जिसके साथ मेरी एम.फिल भी जारी रह सकती थी। जे.यू. में प्रतिदिन मेरी उपस्थिति अनिवार्य नहीं थी, इसलिए मैं आसानी से गेडे स्थानीय रेल मार्ग से रोज़ बगुला जा सकती थी।

यह एक देहाती कॉलेज था और ग्रामीणों के लिए प्रोफ़ेसर समाज सुधारकों से कम नहीं थे। यह कॉलेज नदिया में था, वह ज़िला श्री चैतन्य महाप्रभु के लिए विश्व प्रसिद्ध था—विख्यात बंगाली आध्यात्मिक गुरु व सन्त, जो आज भी उस स्थान की मानसिकता में रचे-बसे हैं। जिस दिन मैंने कॉलेज में कदम रखा, उसी दिन मेरे लम्बे बालों और डिफ़रेंट लुक्स को देख कर चारों ओर हलचल मच गयी कि श्री चैतन्य कॉलेज में पढ़ाने आ गये हैं। मुझे उन्हें समझाना भारी पड़ गया कि मैं भी कॉलेज के अन्य प्रोफ़ेसरों की तरह, 'सर' ही था। मेरे नैहाटी स्थित घर से कॉलेज तक जाना आसान नहीं था। पहले मैं राणाघाट तक स्थानीय गाड़ी लेती, फिर गाड़ी बदल कर बगुला जाती। राणाघाट से हम कुछ लोग एक साथ यात्रा करते। कुछ अन्य

अध्यापक मुझे पसन्द करने लगे और उन्होंने मुझे अपने साथ मिला लिया। रोचक बात यह रही कि उसी समय रोज़गार कार्यालय से मेरे लिए प्रस्ताव आया कि सब-इंस्पेक्टर के पद पर नियुक्ति मिल सकती थी पर सबने यही राय दी कि मुझे उस प्रस्ताव को नहीं मानना चाहिए। दूसरे अध्यापकों ने भी कहा कि मेरा रुझान पढ़ाई की ओर है, इसलिए मेरे लिए अध्यापन का पेशा ही बेहतर होगा। उन्हें मुझसे सहानुभूति थी कि मेरे पास स्थायी नौकरी नहीं थी पर वे मुझे लगातार प्रोत्साहित करते कि अध्यापन कार्य को ही जारी रखा जाये ताकि वे कोई नियुक्ति आते ही मेरे लिए आवेदन कर सकें।

आज भी बगुला के प्रोफ़ेसर मित्रों को बहुत याद करती हूँ—मैंने आजीवन ऐसे बेहतर और बढ़िया लोग नहीं देखे। उनमें से अधिकतर के पास कैंपस में ही रिहायशी आवास थे पर वे अपने घर से कॉलेज आना ही पसन्द करते थे। उनमें से कुछ ने, अपने घरों की चाबियाँ मुझे सौंप दीं ताकि मैं वहाँ अतिरिक्त समय में ट्यूशन करके चार पैसे कमा सकूँ। वे लोग मेरा बहुत ख़याल रखते थे। जब रेलगाड़ी में स्कूल के अध्यापक मुझसे बातचीत करना चाहते तो मेरे प्रोफ़ेसर मित्र मुझे उनके पास जाने से बरज देते, उनका मानना था कि हम कॉलेज के प्रोफ़ेसर होने के नाते उनसे ऊँचे दर्जे पर हैं। ‘‘तुम हममें से छोटे हो और तुम नहीं जानते कि उनके साथ कैसे पेश आना चाहिए। हम जो कहें, वही करो वरना कोई तुम्हें गंभीरता से नहीं लेगा।’’ वे प्रायः कहते।

आखिरकार, मुझे रोज़गार कार्यालय के माध्यम से, पतुलिया ब्वायज़ स्कूल में अध्यापन के लिए स्थायी नियुक्ति मिल ही गयी, यह खरदा और टीटागढ़ के बीच पड़ता था। मैंने 20 दिसंबर 1989 को स्कूल में कदम रखा। उस समय, उनके पास सीनियर सैकेंडरी विभाग नहीं था। बंगाली का टीचर होने के नाते, मुझे पाँचवीं से दसवीं तक की कक्षा को पढ़ाना था। मुझे उस स्कूल में जाकर प्रसन्नता हुई, क्योंकि किशोरों को पढ़ाने का अवसर मिला और मेरा मानना है कि ये बालक जीवन को जोश और उमंग से भर देते हैं। जीवन अचानक ही रोमांचक हो उठा। मुझे नाचने का शौक तो था ही, स्कूल में कहा गया कि हम एक डांस और थियेटर ग्रुप की स्थापना कर सकते हैं। मैंने इस अतिरिक्त उत्तरदायित्व को ग्रहण करने में देरी नहीं की। जल्दी ही लड़के मुझे जैक्सन सर बुलाने लगे। मेरे बाल लम्बे और घुँघराले थे और मैं

नृत्य करती थी इसलिए, उन्हें मैं माइकल जैक्सन जैसी दिखी। इतने सालों बाद भी, अगर आप उस स्कूल में जायें और जैक्सन सर के बारे में पूछें, तो वे आपको मेरी कहानी सुनाएँगे। हालाँकि, मैंने तब तक अपने लैंगिक स्तर के बारे में खुल कर कुछ नहीं कहा था और लोगों के अनुसार मैं एक 'पुरुष' ही थी, पर मेरे आस-पास के लोग, मेरे स्त्रैण गुणों और लक्षणों से अनजान नहीं थे। मैं यह देख कर दंग रह गयी कि कैसे बहुत सारे लड़के, एक-एक कर मेरे पास आते और मानते कि वे भी ट्रांसजेंडर हैं और माता-पिता व समाज से मिलने वाली प्रताड़ना के डर से अपनी पहचान को छिपाए रखते हैं।

वहाँ ऐसे कई लड़के थे परन्तु ओमकार* व ऋतंकर* मेरे साथ घनिष्ठ हो गये। मानो वे मेरे उद्धार की प्रतीक्षा में थे ताकि वे भी मेरे पीछे चल सकें। ओमकार अब भी मेरे सम्पर्क में है और मैं स्कूल, कॉलेज और विश्वविद्यालय तक उसकी पढ़ाई पर पूरी नज़र रखती आयी हूँ। उसने भी बाद में सेक्स परिवर्तन की सर्जरी करवाई। वह निर्धन पृष्ठभूमि से था परन्तु बहुत ही प्रतिभाशाली डांसर था। उसने मेरे डांस ग्रुप में हिस्सा लिया और एक सक्रिय प्रदर्शनकर्ता के रूप में सामने आया। मुझे याद आया कि जब उसने नाचना आरम्भ किया तो उसके पिता ने मुझे उसे रोकने का आग्रह किया था, क्योंकि ऐसा करने से उसके स्त्रीसुलभ लक्षण खुल कर सामने आ जाते। ऋतंकर के बारे में सोचती हूँ तो मन उदास हो जाता है। मेरी लाख कोशिशों के बावजूद, उसने अपनी शिक्षा को गंभीरता से नहीं लिया और बहुत कम उम्र से ही सेक्स करने लगा। उसका एक पुरुष साथी था, जिसके साथ वह घर से भाग गया। मुझे लगता है कि वे बिहार चले गये थे और उसके बाद, उसका कोई पता नहीं मिला।

मेरे ट्रांसजेंडर कपड़ों और स्त्रैण रूप को लेकर, पड़ोस और दूसरे स्कूलों में बातें होने लगी थीं। पहले कुछ माह तो लोग कौतूहल के मारे, स्कूल के बाहर जमा हो जाते ताकि मुझे प्रवेश करते हुए देख सकें। उन्हें यह बात बड़ी मज़ेदार लगती थी कि जिस इन्सान को वे हिजड़ा कहना पसन्द करते थे, उसने एक नामी स्कूल में अध्यापक की नौकरी हथियाने में कामयाबी हासिल कर ली थी। तब तक मैं ऐसी बातों की आदी हो गयी थी और उनके तानों का मुझ पर कोई असर नहीं होता था। दरअसल, मैंने उन्हें देख कर मुस्कुराना और हाथ हिलाना भी शुरू कर दिया था।

उस समय, एक वरिष्ठ अध्यापक मेरे प्रति बहुत दयालु थे और उन्होंने मेरा दिल से स्वागत किया। धीरे-धीरे वे मेरे बहुत पास आ गये। वे रेलवे स्टेशन पर मेरी प्रतीक्षा करते ताकि हम एक ही ऑटो रिक्शा में जा सकें। सीट छोटी थी और एक साथ बैठने से हमारी देह आपस में रगड़ खातीं। सोहम* आयु में मुझसे लगभग दस वर्ष बड़े और विवाहित थे परन्तु जल्द ही उन्होंने मुझमें रुचि लेनी आरम्भ कर दी और हमारे बीच एक मीठा सा स्नेह सम्बन्ध विकसित होने लगा, जो प्रेम-प्रसंग बनना चाहता था। हम दोनों एक साथ फ़िल्में देखने जाते। फिर मुझे कुछ ही समय में पता चल गया कि वे मुझे स्टाफ़रूम की खबरें जानने के लिए इस्तेमाल कर रहे थे। जब यह बात समझ आयी तो मैंने उनके साथ अपने-आप एक दूरी बना ली।

पर जल्द ही मैं एक और फ़ैलो टीचर बिमान* चौधरी पर मोहित हो उठी। बिमान बहुत सुन्दर, गठीला और बौद्धिक नौजवान था। जब उसने अपने प्रेम का इज़हार किया और मैंने भी अपनी ओर से स्वीकृति दी, तो वह जानता था कि वह एक ट्रांसजेंडर के साथ अपना सम्बन्ध जोड़ रहा था। हम दोनों एक-दूसरे के प्रेम में दीवाने थे और जितनी जल्दी हो सके, एक परिवार बनाना चाहते थे। हम दोनों ही वित्तीय रूप से स्वतंत्र थे और हमें इस बात की परवाह नहीं थी कि लोग हमारे सम्बन्ध के बारे में क्या-क्या बातें कहेंगे। बिमान मुझे अपनी पत्नी के रूप में पाने के लिए व्याकुल था और सेक्स चेंज ऑपरेशन के लिए उसका हार्दिक आग्रह था। मैं भी उसके साथ गुदा मैथुन नहीं करना चाहती थी। मैं चाहती थी कि मेरे पास एक स्त्री देह हो, जिससे मैं अपने पति को यौन सन्तुष्टि दे सकूँ। एक दोपहर, वह मुझे गड़ियाहाट के पास किसी मनोचिकित्सक के पास ले गया। उस भेंट से ठीक पहले, हमने निराला नामक रेस्त्राँ में लंच किया और एक-दूसरे के साथ आजीवन पति-पत्नी के रूप में रहने का वचन दिया। वह पल इतने जुनूँ से भरा हुआ था कि हमेशा के लिए मेरे मस्तिष्क में उसकी छाप अंकित रहेगी। क्लीनिक में डॉक्टर ने कहा कि उसे हम दोनों से अलग-अलग बात करनी है। मेरे साथ तो उस डॉक्टर ने सामान्य तौर पर ही बर्ताव किया, परन्तु बिमान से कहा कि मुझसे दूर रहे क्योंकि इस तरह उसका जीवन बरबाद हो जायेगा। आज भी बिमान का चेहरा भूला नहीं है, जब वह डॉक्टर के कमरे से बाहर आया तो उसके चेहरे पर हवाइयाँ सी

उड़ी हुई थीं और वह उल्टियाँ करने लगा। वह मेरा सामना नहीं कर सका पर मैं समझ गयी थी कि हमारे बीच जो भी था, वह उस एक क्षण से बदल गया था। उसे इस सम्बन्ध से उबरने और मुझे हमारे सम्बन्ध तोड़ने के बारे में बताते हुए बहुत समय लग गया था। मुझे आज तक यह समझ नहीं आया कि भला एक डॉक्टर की सलाह दो लोगों का सम्बन्ध कैसे तोड़ सकती है?

मैं सदमे और अविश्वास की हालत में थी, जैसा श्याम वाले मामले में हुआ था, मैं बिमान को हर जगह खोजती रही और उसे पुनः वापिस पाने के लिए अपनी ओर से कोई कसर नहीं छोड़ी। मैं इतनी आसानी से रिश्तों को मिटा नहीं पाती। एक दिन, मैंने उसे मुहल्ले की एक लड़की से बात करते हुए देखा। पता नहीं दिमाग में क्या आया, मैं उस पर झपट पड़ी। वह लड़की दंग रह गयी और आस-पास तमाशबीन जमा हो गये। मैंने उछल कर बिमान की शर्ट का कॉलर पकड़ लिया और ज़ोर-ज़ोर से चिल्लाने लगी। इससे पहले कि हालात काबू से बाहर होते, बिमान ने मुझे खींच कर अलग किया और एकान्त कोने में ले गया। मुझे उस जगह छोड़ने के बाद वह झट से भाग खड़ा हुआ। मुझे एहसास हुआ कि मैंने एक कायर इन्सान को अपना दिल दिया था जो मेरे प्यार के लायक नहीं था पर इन बातों को केवल कहना ही आसान होता है।

मैं अवसाद से घिरी हुई थी लग रहा था कि जीवन में कुछ नहीं बचा। पर अब मैं देख सकती हूँ कि जब भी मुझे जीवन का अन्त दिखने लगता तो कैसे नई शुरुआत अपने-आप आगे आकर मेरा हाथ थाम लेती थी। उसी समय, एक आशा की किरण की तरह, पश्चिम बंगाल कॉलेज सर्विस कमीशन की ओर से पत्र मिला जिसमें मुझे झाड़ग्राम के विवेकानन्द सतवार्षिकी महाविद्यालय में लेक्चरर के पद के लिए प्रस्ताव दिया गया था।

**इन प्रसंगों में शामिल लोगों की गोपनीयता बनाये रखने के लिए, उनके नाम बदल दिये गये हैं।*

6

मैं आपको एक और ट्रांसजेंडर जगदीश* की कहानी बताए बिना, अपने जीवन की कहानी के अगले चरण में नहीं ले जा सकती। वह नैहाटी में मेरे घर के पास ही रहती थी और उसका जीवन भी मेरे जीवन से उलझा हुआ था। जगदीश का जन्म पुरुष के रूप में हुआ परन्तु मेरी तरह, वह भी अपने दिल से एक औरत थी और उसी तरह के कपड़े भी पहनती, हालाँकि उसने कभी सर्जरी नहीं करवाई और न ही उसे मेरा इस विकल्प की हिमायत करना भाता था। हमारा आपस में प्रेम-घृणा का गहरा सम्बन्ध था जैसा सगे भाई-बहनों के बीच रहता है। मैं उसे जूही* कहती थी और वह मुझे सोमनाथ दा बुलाती थी। फिर जूही नहीं रही। हम 2010 में, उसे एड्स के हाथों हार गये पर आज भी उसकी यादें मेरे ज़ेहन में तरोताज़ा हैं। मुझे हमेशा से उसका वह रवैया पसन्द था मानो वह ज़िन्दगी को अपनी अँगुलियों पर नचाती थी, न कोई रोक, न कोई टोक; बस जीवन का पूरा मज़ा! जूही इतनी ज़िन्दादिल थी कि हर मुश्किल को फूँक मार कर हवा में उड़ा देती जैसे उसका कोई वजूद ही न रहा हो।

एक बार मुझे मेरे स्थानीय चाय के अड्डे के दोस्तों से जूही के बारे में पता चला। उन दिनों मैं जे.यू. से एम.ए. कर रही थी। उन्होंने बताया कि पास वाली कॉलोनी में ही मेरे जैसा कोई रहता है। मैं जानना चाहती थी कि मेरे जैसा कौन था पर जब जगदीश को देखा तो उससे प्रभावित हो गयी। आज तक ऐसा इन्सान नहीं देखा जिसे इतनी खूबसूरती से मेकअप का इस्तेमाल करना आता हो। वह एक चित्रकार, गायिका और नर्तकी थी। वह इतनी प्रतिभाशाली थी कि अगर कहीं उसे उचित मार्गदर्शन मिला होता तो वह अपने चुने हुए

कला क्षेत्र में महारत हासिल कर सकती थी। जगदीश जिस जगह रहती थी, उस जगह के लिए किसी हस्ती से कम नहीं थी। रिक्शाचालक से लेकर स्कूल टीचर, बैंक मैनेजर तक, सभी उसके बारे में जानते थे और अगर आप उसके बारे में पूछते तो वे झट से उसके घर की ओर इशारा कर देते...मैं सोचती थी कि उसके हमनामों का क्या हश्र होता होगा!

कोई भी राजनीतिक दल के झुकाव वाला स्थानीय क्लब हो, हर जगह के संगीतमय कार्यक्रमों में जगदीश की उपस्थिति अनिवार्य थी। भले ही टैगोर के गीत की धुन पर थिरकना हो या किसी बॉलीवुड नम्बर पर आइटम नृत्य पेश करना हो, जगदीश के मंच पर आते ही लोग दाँतों तले अँगुली दबा लेते और भूल जाते कि उसका लैंगिक स्तर क्या था। जगदीश इस तारीफ़ की दीवानी थी और अपने नृत्य और संगीत में मग्न होकर, वह बाकी सब कुछ भुला देती। ऐसे नाचती मानो वह उसके जीवन का अन्तिम नृत्य हो। जब उसका प्रदर्शन खत्म होता तो लोग अपना आपा खोकर, उसे अपने कंधों पर बिठा लेते, वह पसीने से लथपथ, चेहरे पर विजयी भाव लिए बैठी दिखाई देती। उसी झुंड में से, वह उस रात के लिए अपना कोई बेहतर साथी तलाश लेती। वह इस काम को इतनी आसानी से करती मानो कोई मछली जल में तैर रही हो। लोगों का कहना था कि जगदीश की भोग-विलास की तृष्णा इतनी गहरी थी कि वह एक बार में, एक पुरुष से सन्तुष्ट नहीं रह सकती थी। वह अक्सर खीसें निपोरती, ''तुम मुझे पाँच गुलाम दे दो, मैं उन पाँचों को गेंदों की तरह अदल-बदल कर नचा लूँगी।'' उसे थकाना आसान नहीं था और उसे देखकर तो शायद वात्स्यायन भी लजा जाते। वह लगभग निरक्षर थी और उसने कभी कामसूत्र नहीं पढ़ा, पर जिस अंदाज़ में हर रात, कई-कई मर्दों के साथ आज़माई गयी यौन मुद्राओं का वर्णन करती, उसे सुन कर जैसे सारी तस्वीर सामने आ जाती। उस समय उसे मेरे चेहरे के भाव पढ़ कर बहुत आनन्द आता।

जगदीश का परिवार बहुत निर्धन था। वह बहुत छोटी थी जब उसके पिता नहीं रहे और उसकी माँ अपनी बेटियों और एक बेटे के साथ असहाय हो गयी थी। जगदीश ही उनकी इकलौती आस थी। गरीबी की मार से बचने के लिए जगदीश सड़कों पर नाच कर परिवार का पेट पालने लगी। उसने मेरी तरह बहुत कम उम्र में ही खुद को एक लड़की के तौर पर पहचान लिया था और

वह सड़कों पर लड़कियों वाले कपड़ों में ही निकलती, जिसे देखकर उसकी माँ की मायूसी का अन्त नहीं था। जगदीश को किसी की रत्ती भर परवाह नहीं थी और उसे अपनी लैंगिकता को स्पष्ट करने में कोई हिचक नहीं होती थी। शायद धीरे-धीरे, लोगों को उसे उसी रूप में देखने की आदत हो गयी।

अपने परिवार का पेट पालने के लिए, जगदीश सड़कों पर अश्लील मुद्राओं वाले सड़कछाप नाच करती ताकि लोगों का ध्यान अपनी ओर खींच सके। बेशक, वह दल्लों की नज़र से कैसे बच सकती थी। जल्दी ही वह उनके जाल में उलझ गयी। उन्होंने उसे कहा कि एक लौंडा या हिजड़ा बन कर वह ज़्यादा पैसा कमा सकेगी, बशर्ते उसे बिहार जाना होगा। जगदीश ने डरना कब सीखा था, वह बिहार के देहाती इलाकों में जा पहुँची और कुछ ही समय में शादी-ब्याह, छठ और दूसरे त्योहारों में उसकी पूछ होने लगी। वहीं उसने देसी अश्लील चुटकुले, द्विअर्थी संवाद और तुकबंदियाँ सीखीं जिन्हें सुनने वाले का चेहरा शर्म से लाल हो जाता। हिन्दी और भोजपुरी भाषा अच्छी तरह आने की वजह से ही वह हमारे इलाके के गैर बंगालियों के बीच भी काफ़ी लोकप्रिय थी। वह नियमित रूप से बैरकपुर के छावनी वाले इलाके में जाती, जहाँ वह ऊँची दीवारें फांद कर अपने वर्दीवाले दोस्तों के पास पहुँच जाती। बाद में, जब वह मेरी दोस्त बनी, तो वह मुझे अपने यौन शोषण के किस्से सुनाती थी। उसका कहना था कि सेना के उस खेमे में सेक्स का जो आनन्द आता था, उसके आगे उनके शिकारी कुत्तों के हमले का डर भी कुछ नहीं था। उसे छावनी का इलाका पसन्द था क्योंकि वे लोग पैसे अच्छे देते थे। उसे अपने ग्राहकों से मिली शारीरिक प्रताड़ना की परवाह नहीं थी, क्योंकि उसे सेक्स की अलग-अलग मुद्राओं में प्रयोग करना पसन्द था और इसके साथ ही वह यह प्रयोग भी करती थी कि एक ही बार में कितने यौन साथियों के साथ आनन्द का लेन-देन हो सकता है।

उसने इसी तरह थोड़ा पैसा जोड़ा और अपना एक ब्यूटी पार्लर खोल लिया, आने वाले समय में, वही उसके लिए आय का प्रमुख साधन बन गया। यह जगह दुल्हनों के लिए बढ़िया मेकअप और पूरी तरह से निरापद मानी जाती थी पर वह अक्सर वहीं अपने पुरुष ग्राहकों का मनोरंजन भी करती। उन दिनों, पुरुषों के लिए ऐसे मसाज पार्लर या स्थान नहीं हुआ करते थे, जहाँ

ये सेवाएँ स्त्रियों द्वारा दी जाती हों। ऐसी दशा में, जूही का पार्लर अपने-आप में अनूठा था। उसके भेदिए उसे पुलिस से बचने में मदद करते। जगदीश हर चीज़ में बेधड़क और निडर थी, यहाँ तक कि उसे पुलिस से भी डर नहीं लगता था। वह कुछ गंदी गालियाँ बकते हुए कहती कि उसकी जेब में किसी भी डंडे को ठंडा करने के सौ तरीके हैं।

जब भी जूही को याद करती हूँ तो खूबसूरत सी साड़ी में लिपटी, लम्बे बालों और बेदाग चमड़ी वाली अट्ठाईस साल की ट्रांसजेंडर मेरी आँखों के सामने आ जाती है। जब वह नाचने या अपने ग्राहकों को रिझाने में मग्न न होती, तो उसका सारा समय अपने सौंदर्य उपचारों में ही जाता, जिनसे वह कभी नहीं थकती थी। वह थ्रेडिंग या भौहों को आकार देने जैसे छोटे काम भी अपने-आप करती, उसे किसी दूसरे ब्यूटी पार्लर पर भरोसा नहीं था और वह हर बार बहुत बढ़िया काम करती। उसे त्वचा को सुन्दर बनाने के लिए कई प्राकृतिक उपाय पता थे और वह अक्सर मुझे टिप्स दिया करती।

तो यह थी जगदीश, मैं उसके साहस और ज़िन्दादिली की दीवानी थी जिसके बल पर वह अपने सम्पर्क में आने वाले हर इन्सान में नई जान फूँक देती। भले ही वह अपने खंडहरनुमा घर से लगती, छोटी सी कोठरी में रहती थी पर अपनी दुनिया में किसी रानी की तरह राज करती। जब जगदीश और मेरी दोस्ती हुई तो मैं उस समय स्कूल में पढ़ा रही थी। हम दोनों ही एक-दूसरे के गहरे प्रशंसक थे। वह मेरी शैक्षिक पृष्ठभूमि को सराहती थी और मैं उसकी प्रतिभा और जीवटता की दीवानी थी। जगदीश को स्कूल छोड़ना पड़ा पर वह उसके परिवार की मजबूरी थी। वे उसे पढ़ा नहीं सके। मुझे पूरा यकीन है कि अगर उसे पढ़ने का मौका मिला होता वह कइयों को पछाड़ देती। पर जीवन उसके प्रति इतना दयालु नहीं रहा। मैं जगदीश जैसे ट्रांसजेंडर लोगों की तुलना में, स्वयं को बहुत हद तक सौभाग्यशाली मानती हूँ। अगर मेरे परिवार ने मेरे इस विचित्र रूप के बावजूद मुझे सहारा न दिया होता, मुझ पर पढ़ने का दबाव न रखा होता तो भगवान जाने मेरे साथ क्या हुआ होता।

मैंने अपनी तरह से जगदीश की मदद करनी चाही और उसे न्यौता दिया कि वह स्कूल आकर, मेरे बच्चों को नृत्य की शिक्षा दे। उसने मेरा प्रस्ताव मान लिया और मेरे छात्र तो सुनते ही रोमांचित हो उठे। उसके नेतृत्व में, हमारे

स्कूल के ग्रुप ने कई कंसर्ट वगैरह में भाग लेकर, ईनाम जीते। इस दौरान, मैं अक्सर उससे अपनी सेक्स सम्बन्धी दुविधा के बारे में बात करती और उसे बताती कि मैं सर्जरी कराने के लिए पैसा जमा कर रही हूँ। उसे ऐसी बातों से नफ़रत थी और वह प्रायः मुझे यही राय देती कि मुझे सर्जरी जैसी बेकार की बातों में नहीं पड़ना चाहिए। वह मुझे चुनौती देती, ''मुझे देख। पेटीकोट के नीचे मेरा लिंग मौजूद है! क्या इससे मैं तुझे कोमल और औरतों जैसी नहीं दिखती?'' उसका कहना था कि लिंग का अस्तित्व ही हमें दूसरी औरतों के मुकाबले बेहतर बनाता है। वह कहती, ''हमारी गुदा दुर्बल योनि से कहीं ताकतवर होती है। सौ योनियाँ पिघला दो, तब कहीं जाकर किसी हिजड़े की इकलौती गुदा बनती है, सोमनाथ दा।''

स्कूल के अध्यापन और जे.यू. में एम.फिल के बावजूद, मैं अपनी रचनात्मक गतिविधियों को और गंभीरता से आरम्भ करना चाहती थी इसलिए मैंने घर में डांस और थियेटर के लिए एक ग्रुप बना लिया। मैंने इसे अर्द्धनारीश्वर नाट्य संस्था का नाम दिया—पुरुष व प्रकृति का सामंजस्य, जिसे प्रकृति ने हर मनुष्य के भीतर बहुत ही परिष्कृत रूप में सन्तुलित किया है। सम्भवतः मेरे अपने इस मध्यम अस्तित्व ने, नाम को चुनने में अहम भूमिका निभाई। जगदीश अचानक वहीं आकर नाचने व अभिनय करने लगती। अक्सर यह काम में बाधा लगता और कभी-कभार माहौल हल्का भी हो जाता पर धीरे-धीरे मेरे ग्रुप के सदस्य उसके आने से चिढ़ने लगे। हम गंभीर रंगमंच के साथ-साथ, उस समय के प्रायोगिक भावों पर काम कर रहे थे। जगदीश के पास हमारी बातें समझने की अक्ल नहीं थी। फिर मेरे ग्रुप ने खुलकर उसकी मौजूदगी पर रोष जताना प्रकट कर दिया। हालाँकि मैंने बेलाग रहने की पूरी कोशिश की पर जल्दी ही जगदीश को यह बात समझ आ गयी और उसके बाद वह रिहर्सलों के दौरान उस जगह से दूर रहने लगी।

हमारी निकटता के बावजूद, जगदीश के मन में मेरे लिए नकारात्मक भाव आने लगे थे। दरअसल हम दोनों के अलग-अलग तौर-तरीकों को इसका दोषी ठहराया जा सकता था। उसे यह बात हज़म नहीं होती थी जहाँ मेरी अपनी एक दुनिया थी जिसमें मैं दोनों लिंगों के लोगों के साथ बौद्धिक तौर पर मेलजोल रखती थी। मुझे धीरे-धीरे अखबारों में छपने वाले लेखों से

पहचान मिलने लगी थी और नैहाटी के कई जाने-माने लोग मुझे मानने लगे थे। वे मेरी अक्षमता के बावजूद, मेरे प्रति संजीदा हो गये थे। जगदीश को लगा कि चूँकि उसकी और मेरी लैंगिक पहचान एक सी थी इसलिए हम जैसा जीवन जीते थे, उसे भी एक जैसा होना चाहिए था; हम दोनों को एक ही दायरे में घूमते हुए, एक जैसे अनुभव ही होने चाहिए थे। शारीरिक सुख और यौन इच्छाओं ने उसकी अस्तित्व सम्बन्धी सीमाओं को धुँधला कर दिया था और वह इस बात का उपहास करती कि मैं सेक्स के पीछे दीवानी नहीं थी। मैंने उसे समझाने की बहुत कोशिश की कि हर समय सेक्स के लिए अपने ग्राहकों के बारे में सोचने के अलावा भी जीवन में करने के लिए बहुत कुछ है, पर उसे यह बात पसन्द नहीं आयी। धीरे-धीरे, उसकी कड़वाहट बढ़ने लगी, हालाँकि उसने यह नाता नहीं तोड़ा क्योंकि उसे लगता था कि मेरे साथ की वजह से उसे एक सामाजिक स्वीकृति मिली हुई थी जो अन्यथा मिलनी सम्भव नहीं थी।

नैहाटी के वांछित युवा मेरी ओर आकर्षित थे। वे मुझसे दोस्ती करना चाहते और मैं भी स्वाभाविक तौर पर उनकी इस बेचैनी का आनन्द लेती, जैसी कोई दूसरी नवयुवती उठाती। जगदीश ने उनका ध्यान अपनी ओर खींचना चाहा पर उसके पास शिष्टाचार और संस्कारों का अभाव था। तभी वे पुरुष उससे दूर छिटक जाते। यह देखकर वह अक्सर लोगों से कहती, ''तुम लोग सोमनाथ दा को इसलिए इतना सम्मान देते हो क्योंकि वह स्कूल टीचर है। कभी जाकर देखा है कि कुछ पढ़ाता-वढ़ाता है या चपरासी ही लगा हुआ है? मुझे तो पूरा यकीन है कि सोमनाथ दा फ़ाइलों को इधर से उधर ले जाने या स्टाफ़ रूम का पानी का कूलर भरने का काम ही करता होगा।'' जब कोई युक्ति काम नहीं आयी तो उसने मेरे पुरुष मित्रों को धमकाना भी चाहा। मैं उसकी कुंठा को समझ सकती थी, इसलिए उस पर तरस आता था।

जगदीश ने ऐसा इसलिए नहीं किया कि वह मेरे किसी दोस्त या साथी के प्रेम में थी, दरअसल उसे यह घमंड था कि वह किसी भी पुरुष को भेड़ा बना कर बाँध सकती थी। उसे प्रेम शब्द में यकीन ही नहीं था। उसे लगता था कि प्रेम सेक्स की राह में बाधा बनता है। वह मुझे कहती, ''अगर किसी से प्रेम करोगे तो कमज़ोर हो जाओगे और उस इन्सान को कभी अपने वश में

नहीं कर सकोगे।'' उसने अपने यौन दर्शन को कुछ तुकबंदियों में पिरो दिया था, जो उसने बिहार में सीखी थी। वे बहुत ही अश्लील और कामोत्तेजक वाक्य थे। वह प्राय: उन्हें दोहराती और जब मैं मुँह घुमा लेती तो वह मेरा मज़ाक उड़ाने लगती।

~

मैंने तब तक वित्तीय स्वतंत्रता अर्जित कर ली थी और बहुत प्रसन्न थी। अब समय आ गया था कि मैं अपने लिए कोई स्थायी सम्बन्ध बनाऊँ और किसी के साथ अपना घर बसा लूँ। मैं अपने परिवार के नाम पर इतनी दीवानी हो गयी थी कि अक्सर जगदीश के आगे अपना दुखड़ा रोने लगती और वह मुझे बेहूदे नामों से पुकारते हुए मज़ाक उड़ाया करती। वह कहती कि एक ट्रांसजेंडर होने के नाते मैं एक 'कोटी', एक 'चेली' थी, और ज़्यादा से ज़्यादा एक छिबड़ी, एक पेशेवर हिजड़ा बन सकती थी। और इधर मैं अपने लिए एक पुरुष की कल्पना कर रही थी ताकि मैं एक पत्नी बन सकूँ। वह मेरी निन्दा करती कि मुझे ऐसी बातें नहीं सोचनी चाहिए। वह प्राय: कहती, ''जो भी मर्द दिखे, उस पर अपने पैंतरे आज़माओ पर किसी को भी अपनी आत्मा पर दावा मत जताने दो।''

वैसे वह अपने तरीके से सही कह रही थी। वह बहुत प्रगतिशील थी और उसने सारे तयशुदा नियमों को अपनी ठोकर से उड़ा दिया था। यहाँ तक कि उसने हिजड़ों की दुनिया के लिए बने नियमों को भी ताक पर रख दिया था। वह खड़े होकर, पुरुषों की तरह मूत्र त्याग करती, जो ट्रांसजेंडर लोगों की निगाह में किसी गुनाह से कम नहीं माना जाता। ऐसा करने की सख़्त मनाही है। सारा समुदाय इस अलिखित नियम को मानता है कि अगर कोई खड़े होकर मूत्र त्याग करते पकड़ा गया, तो सज़ा का भागी होगा। इसे बंगाली में 'दंड' यानी सज़ा कहते हैं और इसमें कोड़ों की मार से लेकर सिगरेट से दागने तक कोई भी सज़ा दी जा सकती है, जो ग्रुप लीडर तय करता है। जूही किस्मतवाली थी कि उसे हिजड़ों के बीच नहीं रहना पड़ा। हालाँकि वह वही करती थी जो अधिकतर अनपढ़ ट्रांसजेंडर अपना पेट भरने के लिए करते हैं। उसने कभी हिजड़ों के लिए बने नियमों का पालन नहीं किया।

वह स्वयं को अजेय मानती थी; ऐसा कुछ नहीं था जो उसे अपने दबाव में लेता या उससे अपनी मर्ज़ी पूरी करवाता। वह अपनी तुलना एक दुंबे से करती थी—यह एक ऐसी भेड़ होती है, जिसे मारे बिना ही, माँस और वसा के लिए उसके पुट्ठे काटे जा सकते हैं। जगदीश पूरे आत्मविश्वास से कहती, ''मुझे कोई मार नहीं सकता। जब तक मैं स्वयं जाने का निर्णय नहीं करती, तब तक मैं बार-बार उग कर सामने आती रहूँगी।'' यहाँ तक कि अपने आखिरी दिनों में भी, जब एड्स ने उसके शरीर को जर्जर बना दिया था, उसने इस बात का विश्वास नहीं किया कि वह धीमी मौत मर रही थी, उसका तब भी यही मानना था कि उसे लीवर का ऐसा रोग है, जिसका आसानी से इलाज हो सकता है।

नैहाटी में कुछ बड़े खेल के मैदान थे, जिनमें स्थानीय क्लब फुटबॉल के टूर्नामेंट आयोजित करते। जगदीश का उन जगहों पर दिखना लगभग तय था। वह जाने कहाँ से अचानक मैदान के बीच जाकर नाचने लगती। अपने शोख कपड़ों और अंदाज़ से, पल भर में ही मैदान में सबका ध्यान अपनी ओर खींच लेती। खेल को बीच में ही रोकना पड़ता और सब उसके नाच का आनन्द लेते। स्थानीय खिलाड़ी, जो उसे अच्छी तरह जानते थे, वे उसे मैदान से बाहर जाने के लिए कहते पर दर्शकों के बीच से जगदीश के दीवाने निकल आते और उनके कहने पर जगदीश प्रदर्शन करने लगती। वह अपनी मर्ज़ी से मैदान छोड़ने तक अच्छा-खासा तमाशा खड़ा करती और तब तक वह अपने पूरे दिन का इंतज़ाम कर चुकी होती थी। जब वह जाती तो उसके पीछे बहुत सारे मर्दों की टोली चलती दिखाई देती।

क्रिसमस के दिनों में, मैंने जगदीश को सबसे ज़्यादा खुश देखा। वह नये साल के कुछ दिनों तक इसी मनोदशा में दिखाई देती। इस दौरान उसके दाम भी बढ़ जाते और वह जमकर धंधा करती। बस्तियों में, क्रिसमस से लेकर, नये साल के पहले दो दिनों तक, लोग अक्सर लॉरियाँ किराए पर लेकर पिकनिक मनाने जाते। माइक्रोफ़ोन, बड़े बर्तन और रसोइए भी किराए पर लिए जाते। इन पिकनिकों में जगदीश हिट थी। क्लब उसे अपने साथ ले जाने के नाम पर आपस में भिड़ जाते और अक्सर बोली लगती, जो भी ज़्यादा दाम देता, जगदीश उसी क्लब के साथ जाती। वह अक्सर क्लबों में आपसी मुठभेड़ करवा देती ताकि उसके दाम बढ़ सकें। वह आखिरी क्षण तक यह

राज़ नहीं खोलती थी कि उसने कौन से क्लब के साथ जाना तय किया है। क्रिसमस और नये साल वाले दिन की पिकनिक के दाम तो आसमान को छूते थे। कई बार तो उसके लिए सिर फुटौव्वल तक हो जाती और उसे लोगों का बीच-बचाव करने आना पड़ता, हालाँकि उसे यह ध्यानाकर्षण और अपने नाम पर होने वाली यह खींचतान बहुत भाती थी, वह इसका भरपूर आनन्द उठाती।

वहाँ जाकर जगदीश दरियादिल हो जाती। एक बार डील पक्की होने के बाद, जगदीश निजी और सार्वजनिक—दोनों तरह से मनोरंजन करने का भरपूर प्रयत्न करती। वह लॉरी पर चढ़कर नाचती और दल के दूसरे लोगों को भी अपने साथ शामिल कर लेती। जब वे पिकनिक स्थल पर पहुँचते तो वह स्वयं को छोकरों के हाथों में सौंप देती। वह यह ध्यान रखती थी कि किसी को शिकायत का मौका न मिले। "देखो, कल को कोई ये न बोले कि जगदीश को धंधा नहीं करना आता। हाँ, मेरा दाम थोड़ा ज़्यादा है पर मैं मज़ा भी तो भरपूर देती हूँ।"

इतनी सारी हलचल के बावजूद, जगदीश लम्बे अरसे तक नैहाटी से गायब हो जाती। बिहार में भी उसके सालाना अवकाश होते, जिनमें एकमुश्त इतनी कमाई हो जाती जितनी सारा मिला कर स्थानीय रूप से नहीं हो पाती थी। वह उस जगह जाने का कोई अवसर हाथ से जाने न देती और मुझे बताती कि हमारा बंगाली समाज कभी भी ट्रांसजेंडर लोगों के लिए इतना रियायती नहीं हो सकता। वह मुझे किस्से सुनाती कि कैसे पैसे वाले लोग अक्सर अपने साथी के तौर पर लौंडे रखते हैं और उसमें भी उनकी बीवियों की रज़ामंदी होती थी। कुछ घरों में त्योहारों के दौरान ट्रांसजेंडर लोगों को न्यौता दिया जाता और वे भी समारोह में शामिल होने के लिए भले घर की स्त्रियों की तरह साज-श्रृंगार करके जाते। मेरे लिए यह बहुत आश्चर्य का विषय था। हमारे कट्टर समाज में तो ऐसी स्वीकृति के बारे में सोचा तक नहीं जा सकता था, जहाँ हिजड़ों को भिखारी, सेक्स वर्कर या कष्ट का कारण माना जाता था, जो किसी बच्चे के जन्म या ब्याह के बाद, घर-घर नाच कर पैसा उगाहते थे। ट्रांसजेंडर लोग अपनी आजीविका के लिए जो-जो काम करते हैं, मैं उन सभी का समर्थन नहीं करती, पर मैं अपने इस तथाकथित भद्र समाज के पाखंड को भी नहीं सह सकती।

जगदीश ने बताया था कि वह बहुत ही कच्ची उम्र में पहली बार बिहार गयी थी। जो भड़ुवा उसे अपने साथ ले गया था, वह उस बड़ी कड़ी का एक हिस्सा था जो बंगाल और बिहार के बीच काम करती है, जवान लौंडों को फँसा कर, धंधे में लाया जाता है। अधिकतर ट्रांसजेंडर लोग आजीवन इस चंगुल में फँस जाते हैं और अन्ततः उन्हें अपना शरीर बेच कर पेट भरना पड़ता है, वे अपने घर या परिवार तक कभी वापसी नहीं कर पाते। जगदीश की निर्भीक आत्मा ने उसे किसी भी तरह के बंधन से मुक्त रखा। वह बेधड़क अपनी मर्ज़ी से बिहार में काम करने जाती और वापस आ जाती। भले ही यह सुनने में आदर्श लग रहा हो, पर हो सकता है कि जगदीश ने भी आरंभिक वर्षों में यौन शोषण का सामना किया हो, पर हर बाधा से बेबाक और बिन्दास निकल आने की भावना और सारी परेशानियों से उबरने की क्षमता ही उसे हर बार विजयी बनाती रही।

मैं उसे अक्सर कहती कि जीवन में सेक्स के अलावा भी बहुत कुछ है। मैं धार्मिक स्वभाव की हूँ और उसे भी प्रतिदिन पूजा करने को कहती ताकि उसे मन की शान्ति मिल सके। एक दिन, मैं उसे स्थानीय शिव मन्दिर, बड़ोशिबतला ले गयी और पूजा करने को कहा। वह मन्दिर जाने के सारे रास्ते, हँसती रही और शिव के प्रति मेरे स्नेह का खूब उपहास किया। जब हम मन्दिर पहुँचे तो उसने भीतर जाने से मना कर दिया और जब मैं पूजा करने भीतर गयी तो उसने मेरी पीठ पर दरवाज़ा बन्द कर दिया। उसने कहा कि वह बाहर ही इंतज़ार करेगी। जब कुछ लोग, जो हम दोनों के जानकार थे, उन्होंने उसे देख कर पूछा कि वह क्या कर रही थी तो मैंने उसे कहते हुए सुना कि वह रखवाली कर रही थी क्योंकि उसकी सहेली मन्दिर में अपने पति से मिलने गयी थी। जब मैंने मन्दिर से बाहर आकर, उसे भगवान के नाम पर ऐसी बात कहने के लिए डपटा तो वह बोली, ''इस आदमी से प्रेम तो तुझे ही मुबारक हो पर अगर मैं इसे तेरे साथ बाँटना न चाहूँ तो तू नाराज़ मत होना।'' सचमुच उसकी हाज़िरजवाबी और ज़िन्दादिली का कोई जोड़ नहीं था।

मैं अक्सर यह सोच कर हैरान हो जाती कि एक लगभग अनपढ़ ट्रांसजेंडर के पास इतनी समझ थी कि वह अपने सामने आने वाले हर इन्सान पर किसी-न-किसी तरह अपना प्रभाव डाल ही देती थी। ऐसा नहीं कि वह समाज के

निचले तबके के लोगों के मनोरंजन और सम्पर्क के लिए ही बनी थी। बाद के वर्षों में, 2001 में, जब मैं विवेकानन्द सतवार्षिकी कॉलेज में पढ़ा रही थी तो साल्ट लेक स्टेडियम में, सेक्स वर्कर्स के लिए एक इंटरनेशनल मीट आयोजित की गयी। उसमें भारी संख्या में ट्रांसजेंडर लोगों ने हिस्सा लिया। मैं एक दल के साथ गयी थी क्योंकि तब तक मैं *अबोमानोब* नामक पत्रिका का प्रकाशन करने लगी थी जो थर्डजेंडर एक्टिविज़्म और अधिकारों पर आधारित थी। मुझे यह इंटरनेशनल मीट एक अभिनव पहल लगी। जगदीश मेरे साथ ही चिपकी रही। अचानक, लोगों की बातचीत के बीच, उसने सबका ध्यान अपनी ओर खींचने के लिए, उठ कर नाचना शुरू कर दिया। मैंने उससे यह उम्मीद नहीं की थी। मुझे लगा कि वह एक अलग तरह का मंच था, इसलिए हो सकता है कि वह भी ट्रांसजेंडर लोगों की भलाई के लिए रुचि रखती हो। सम्भवत: तभी उसने प्रेस के आगे अपने अधिकारों की बात करने या विश्वव्यापी चलन को जानने के लिए ही इसमें हिस्सा लिया हो। पर ऐसी कोई बात नहीं थी। जगदीश जल्द ही उस प्रसंग से ऊब गयी। वह कुछ करने के लिए बेचैन थी और फिर उसने उठ कर नाचना शुरू कर दिया जिसे देख कर सभी चकित रह गये। इस घटना का खूबसूरत अंश यह रहा कि लोगों ने उसके नृत्य को सराहा और माना कि ट्रांसजेंडर लोग और सेक्स वर्कर्स अपने लिए जो आज़ादी चाहते हैं, यह उस भाव को प्रकट करने का अनूठा रूप था। जगदीश बहुत सुन्दर लग रही थी और उसने इतना गरिमापूर्ण नृत्य किया कि अन्य सम्मानीय पृष्ठभूमियों से आये लोगों ने भी उसके इस बिना तैयारी के प्रदर्शन का खूब आनन्द लिया। बेशक, उस जगह कुछ ऐसे लोग भी आये हुए थे जो मौज-मस्ती करने या सेक्स वर्कर्स को ताड़ने आये थे, जैसे लोग चिड़ियाघर में जानवरों को देखते हैं।

जगदीश ने अपने प्रदर्शन के दौरान ही, उस दिन के लिए अपना ग्राहक भी पटा लिया। नृत्य समाप्त होने पर, उसने विजयी भाव और मुस्कान के साथ सबको देख कर हाथ हिलाया। फिर उसने अपने पिता की जितनी आयु वाले एक पुरुष की बाँहों में बाँहें डालीं और उस जगह से चल दी, जाने से पहले मुझे देखकर अर्थपूर्ण इशारा करना नहीं भूली।

सम्भवत: उसका मानना था, काफ़ी हद तक, उसकी तरह, सेक्स मेरे

लिए भी सबसे बड़ी प्राथमिकता था और मैं उसे अपने बौद्धिक दिखावे के पीछे ढकने की कोशिश करती थी, इसलिए वह समय-समय पर मुझे चौंकाने का आनन्द उठाती रहती। वह मुझे बताती कि उसे पूरा भरोसा था कि मैं भी उसकी तरह ही दूसरों के साथ अपनी रातें रंगीन करती हूँ, पर मैं चतुराई से इस बात को राज़ ही रहने देती। कई बार वह इसी बात पर इतनी कुंठित हो जाती और फिर सबके सामने मुझसे रुखाई से पेश आने लगती।

एक दिन मुझे याद है, जब हम दोनों एक भीड़ से भरी स्थानीय रेल में यात्रा कर रहे थे, तो मेरे साथ बैठे एक व्यक्ति ने जान कर मेरी लैंगिकता पर सवाल उठाया। शायद तब तक मैं झाड़ग्राम कॉलेज में पढ़ाने लगी थी और सप्ताह के अन्त में अपने घर लौट रही थी। उस आदमी ने पूछा कि क्या मैं सोमनाथ थी, नैहाटी का ट्रांसजेंडर स्कूल टीचर, जिसके बारे में सब बातें करते थे, क्योंकि मैंने अपनी वैकल्पिक लैंगिकता के बावजूद अपने लिए उच्च शिक्षा अर्जित की थी। उसने यह बात ज़ोर से कही ताकि उन सबको भी सुन सके जो अपनी हँसी दबाने की कोशिश में थे। मुझे पता था कि वे सभी स्थानीय लोग थे जो मेरे बारे में पहले ही अच्छी तरह जानते थे पर जान कर मुझे सताने के लिए ऐसा कर रहे थे। मैंने किसी तरह अपनी असहजता को छिपा कर हामी भर दी। तब उस आदमी ने जगदीश की ओर संकेत कर पूछा कि क्या वह मेरी दोस्त है और मेरी तरह टीचर है। "नहीं, मैं सोमनाथ दा की तरह सरकारी नौकर नहीं हूँ। मैं किसी की गुलामी नहीं करती। मेरा अपना धंधा है और मैं वेश्यावृत्ति करके अपना रोज़गार करती हूँ। क्या आप इसमें कोई दिलचस्पी रखते हैं?" जगदीश ने झट से ऐसे गहन-गंभीर सुर में जवाब दिया और फिर उस आदमी के लाल पड़ गये चेहरे पर भौंचक्केपन का मज़ा लेने लगी।

~

जाधवपुर यूनिवर्सिटी में मेरे अधिकतर दोस्त और साथी जगदीश को जानते थे। जगदीश की ज़िन्दादिली के चलते, उनमें से कुछ तो उसके भी दोस्त बन गये थे और उसके बारे में पूछा करते। ऐसा ही एक साथी 'कपिल' भी था। वह एक नेता का भतीजा था, जिसके बारे में मैंने पहले भी बात की। वह मेरे

सम्पर्क में था, क्योंकि वह ट्रांसजेंडर लोगों पर फ़िल्म बनाना चाहता था और उसे उम्मीद थी कि मेरी मदद से ऐसे दूसरे लोगों से भेंट कर सकेगा। जब उसे मेरी निकटतम मित्र जगदीश के बारे में पता चला तो उसने इस बात पर बल दिया कि हम उसके घर एक रात गुज़ारें ताकि वह जगदीश से भी बात करके, अपने शोध के लिए सामग्री जुटा सके। मैंने हामी भर दी, मुझे नहीं पता था कि मैं क्या करने जा रही थी।

मेरे लिए उसकी मंशा पर संदेह करने का सवाल ही नहीं पैदा होता था, क्योंकि वह एक प्रभावशाली सीपीएम नेता का भतीजा था और हम उसे हमेशा से पूरा मान देते आये थे। वैसे भी वह शादीशुदा आदमी था और उसने हमें अपने घर बुलाया था। जगदीश भी बड़े दिल से, मेरे साथ आने को तैयार थी। यह उसके लिए किसी सुखद बदलाव से कम नहीं था। हम देर रात तक बातें करते रहे, फिर खाना खाने के बाद सोने चले गये। जगदीश और मुझे सोने के लिए गेस्ट रूम दिया गया था। मैं थकी हुई थी, लेटते ही गहरी नींद आ गयी पर रात को अचानक आहट से आँख खुल गयी। अँधेरा बहुत था, कुछ सूझ नहीं रहा था पर इतना तो पता चल ही गया कि मैं कमरे में अकेली थी। मैं कुछ देर यही सोच कर लेटी रही कि शायद जगदीश शौचालय गयी होगी, पर जब दस मिनट बाद भी वह वापस नहीं आयी, तो मैं उसे देखने के लिए उठी। मुझे चिन्ता हो रही थी कि उसकी तबीयत ठीक हो। तभी हमारे साथ वाले कमरे से हल्की आवाज़ सुनाई दी। कौतूहलवश मैं दोनों कमरों के बीच बने दरवाज़े के पास चली गयी। दरवाज़े की झिर्री से हमारे कमरे में रोशनी की धुँधली सी किरण आ रही थी और दरवाज़ा बन्द भी नहीं था। मैं उसके पास गयी और दरार से भीतर झाँका। मेरा कलेजा मुँह को आ गया और अपने मुँह से निकलती कराह को रोकने के लिए मुझे अपना हाथ मुँह पर दबाना पड़ा। कपिल और जगदीश कमरे के फ़र्श पर सेक्स कर रहे थे। मैं सदमे की हालत में, उन्हें तकती रही; पैर जैसे मनों भारी हो गये थे, मेरे लिए हिलना भी दूभर हो रहा था। आखिरकार, जब सब खत्म हुआ तो वे एक-दूसरे के बगल में लेट कर हाँफने लगे। वे पस्त और खुश दिख रहे थे। मैं समझ नहीं पा रही थी कि क्या करूँ। चुपचाप अपने बिस्तर की ओर चल दी। जब जगदीश बहुत देर बाद अपने पलंग पर लौटी तो मैंने सोने का दिखावा किया।

अगली सुबह मैं जगदीश से इस बारे में अपनी भावनाओं को छिपा नहीं सकी, पर पिछली रात कपिल और उसके बीच जो हुआ; उसे उससे कोई परेशानी नहीं थी। उसे लगा कि कपिल मेरा साथी था और उसने मुझसे उसे छीना था इसलिए मुझे बुरा लग रहा था।

मुझे जगदीश और कपिल के शारीरिक सम्बन्धों से ठेस नहीं लगी, मुझे यह बात हज़म नहीं हुई कि कपिल इस तरह खुलेआम अपनी बीवी के साथ छल कर रहा था। बाद में, मुझे पता चला कि यह उसकी आदत बन गयी थी, वह फ़िल्म बनाने के नाम पर ट्रांसजेंडर लोगों के साथ अपनी रातें रंगीन करता। वह दिखावा यही करता था कि उसे उनके जीवन को और नज़दीक से जानना है। उसने अपनी पत्नी से भी यही कह रखा था। कपिल बहुत ही बेपरवाह और अय्याश ज़िन्दगी जी रहा था, जल्द ही वह एड्स के रोग के चंगुल में आ गया। जब वह मरा, तो उसकी पत्नी को लगा कि मैं भी उन तमाम ट्रांसजेंडर लोगों में से थी, जो उसकी मौत के उत्तरदायी थे। उसने मुझे फ़ोन पर कहा कि उसे अपने पति के कमरे से नकली बाल, छातियाँ और औरतों के कपड़े मिले थे, जिन्हें वह मुझे लौटाना चाहती है।

जगदीश भी लम्बे समय तक ज़िन्दा नहीं रही। उसका वज़न तेज़ी से घटने लगा। उसके लिए कुछ भी खाना या पचाना कठिन हो रहा था। जल्दी ही वह हड्डियों का ढाँचा बन कर रह गयी। उसने लोगों से कहना शुरू कर दिया था कि उसे लीवर की कोई दिक्कत हो गयी है, पर अगर उसके लक्षण और अय्याश ज़िन्दगी को देखा जाये तो यह एड्स ही था, जिसने उसे खोखला कर दिया। धीरे-धीरे, मेरा और उसका सम्पर्क घटने लगा क्योंकि मैं झाड़ग्राम में ही पढ़ाने और रहने लगी। मैं केवल सप्ताह के अन्त व अवकाश के दिनों में ही नैहाटी आती थी। आखिरकार उसने अपने रक्त की जाँच करवाई जिसने एड्स की पुष्टि कर दी। एक दिन, सोमवार की सुबह, मैं नैहाटी से एक स्थानीय रेल में सवार हुई और खबर मिली कि जगदीश ने फाँसी लगा कर अपनी जान दे दी। मैं बुरी तरह से सकते में आ गयी। मानो मेरा एक अंश सदा के लिए खो गया था।

**इन प्रसंगों में शामिल लोगों की गोपनीयता बनाये रखने के लिए, उनके नाम बदल दिये गये हैं।*

7

यह वर्ष 1995 था और बिमान* के साथ मेरे ब्रेक-अप ने मुझे बुरी तरह से तोड़ कर रख दिया था; पर मुझे हाल ही में आशा की एक किरण दिखी। मैंने कॉलेज के अपॉयंटमेंट लैटर को कस कर सीने से लगा लिया मानो उस समय वही मेरी इकलौती जीवनरेखा बची थी। मुझे लगता है कि यह एक दैवीय संयोग था कि मैं 8 मार्च से, सुदूर झाड़ग्राम के विवेकानन्द सतवार्षिकी कॉलेज में लेक्चरर के पद पर काम करने लगी—वह दिन, जिसे सारी दुनिया में अन्तर्राष्ट्रीय महिला दिवस के तौर पर मनाते हैं। मेरे माता-पिता ने न तो इस बात के लिए मुझे खारिज़ किया और न ही मुझे सहयोग दिया कि अब मैं पूरा सप्ताह घर से बाहर रहने वाली थी, केवल शनिवार और रविवार को ही घर में रहना सम्भव हो सकता था। मेरी आय में बढ़ोतरी होने से, उनका जीवन पहले से थोड़ा अधिक आरामदेह हो सकता था। मैं दिन-ब-दिन स्त्रैण लक्षणों को अपना रही थी और यह बात उन्हें चुभने लगी थी, हो सकता है कि उन्हें यही सोच कर तसल्ली मिली हो कि कम-से-कम मैं कुछ समय तो समाज की नज़रों से परे रहूँगी।

जो भी हो, पिता पहले दिन, मेरे साथ कॉलेज जाने के लिए राज़ी हो गये। मैं घर से पहली बार बाहर जा रही थी और उनकी मौजूदगी से मुझे राहत मिली। मुझे लगा कि मेरी नई नौकरी और नये परिवेश की वजह से बिमान की यादों से मुक्त होने में सहायता मिलेगी। हमने लम्बी रेलयात्रा की; नैहाटी से सियालदह स्टेशन, सियालदह से बस में हावड़ा स्टेशन और फिर हावड़ा से झाड़ग्राम की लम्बी रेलयात्रा के दौरान मुझे अपने जीवन पर नये सिरे से विचार करने का अवसर मिला, मैंने अपनी वर्तमान अवस्था और जीवन की

दिशा पर विचार किया। ज्यों ही शहरी माहौल से परे, देहाती इलाके में आये तो मैंने ताज़ा हवा में गहरी साँस ली। यह बहुत भला लगा। मैंने कड़ा परिश्रम करने का निर्णय लिया ताकि बिमान की यादें, मेरे दिल की गहराइयों में दफ़न हो सकें। मैं प्राय: एक महिला मनोचिकित्सक के पास जाती थी, जो मेरी पहचान से जुड़े और भावात्मक मसलों के बारे में सब जानती थी, जब उसे मेरे ब्रेक-अप के बारे में पता चला, तो उसने चेतावनी दी कि मैं झाड़ग्राम में ऐसे किसी भी सम्बन्ध से दूर रहूँ। उसका मानना था कि मैं स्वयं को बहुत ही कठोर अवसाद की ओर धकेल रही थी। मेरा मानना था कि वह काफ़ी हद तक ठीक थी क्योंकि मेरा कोई भी सम्बन्ध कभी सही तरह से परवान नहीं चढ़ा और मेरे हाथ तबाही के सिवा कुछ न लगता। इसलिए मैंने तय किया कि अपना ध्यान रखना है और ऐसे किसी भी आधे-अधूरे प्रेम प्रसंग में नहीं पड़ना। मैंने ज़िन्दगी की स्लेट पर नये सिरे से इबारत लिखने का निश्चय किया।

जब मैं घने साल वनों को पार करते हुए कॉलेज पहुँची तो उस बीहड़ को देखकर मन काँप उठा। वह जगह शहर से तो बहुत दूर थी ही, निकटतम ग्राम से भी उसकी अच्छी-खासी दूरी थी। कॉलेज जाने के लिए कोई सार्वजनिक वाहन नहीं था और जब एक बार बस उतार देती तो उसके आगे का रास्ता पैदल चल कर जाना पड़ता।

जल्दी ही मुझे एहसास हुआ कि भले ही कॉलेज उस सुनसान जगह में किसी रोमांटिक सैटिंग सा लगता था पर वास्तव में वहाँ बिलकुल दोस्ताना माहौल नहीं था। हर चीज़ परले सिरे से अलग थी, जैसा मैंने पहले कभी नहीं देखा था। एक ही झटके में प्रिंसीपल, टीचर्स व छात्रों को स्पष्ट हो गया कि भले ही मेरा नाम सोमनाथ बंद्योपाध्याय था, पर मैं कहीं से भी 'पुरुष' नहीं दिखती थी। मैं उन्हें अटपटी सी लग रही थी और उन्होंने अपने इस भाव को छिपाने की कोई कोशिश नहीं की। मेरे हाव-भाव और शिष्टाचार से मेरे नारी सुलभ रूप का पता चल रहा था। हालाँकि मैंने स्त्रियों की पोशाक नहीं पहनी थी पर मेरे यूनिसेक्स कपड़े, मेकअप, धूप का चश्मा और हेयरस्टाइल से मेरी लैंगिक वरीयता खुलकर सामने आ रही थी।

जब मैं शहर में थी, तो अपने जाने-पहचाने दायरे में, अपनी तरह से जीने में कोई खास परेशानी नहीं थी पर उस देहाती परिवेश में, मैं उनके लिए

एक अनूठा अजूबा थी और सारे समुदाय के चेहरे पर अजीब से आश्चर्य के भाव देखे जा सकते थे। वे मुझे खड़े ताकते रहे और मैंने पिता जी के साथ प्रिंसीपल के कमरे की राह ली ताकि औपचारिक रूप से अपने आने की सूचना दे सकूँ। कुछ लोग कॉलेज में अपेक्षित शिष्टाचार को भी भुला बैठे और हमारी पीठ पीछे फब्तियाँ कसते हुए, चुटकियाँ लेने लगे, ''अरे, देखो! देखो! बेटा न बेटी, ऐ कि गो बोते?'' (देखो, देखो, ये कौन है? मर्द है या औरत?) कॉलेज और बस स्टैंड के बीच पैदल रास्ते के दौरान भी हम ऐसी ही फुसफुसाहटों और दबी खिलखिलाहटों के सुर सुनते आये थे। हम कोलकाता में जो भाषा बोलते, उनकी देहाती बोली और टोन उससे बहुत अलग थी और उनके वे स्वर मेरी देह पर किसी कोड़े की तरह वार कर रहे थे। मैं बुरी तरह से घबरा गयी। रेलगाड़ी में जिस रोमानी एहसास ने मेरे आस-पास एक जादुई जाल बुनना शुरू किया था, वह अचानक ओझल हो गया और मैं जान गयी कि मैं एक बार फिर से उलझ गयी हूँ। मैंने हर कोने से झाँकते टीचर्स व बच्चों को देखा और उनकी हँसी मेरा पीछा करने लगी। अचानक जी में आया कि बस मुड़ कर भागना शुरू कर दूँ और कॉलेज से बाहर निकल जाऊँ।

जल्दी ही उन्होंने मेरे पिता को ताने देने शुरू कर दिये। ''ये बूढ़ा साथ क्यों आया है? क्या तुम स्कूल के छोकरे... नहीं-नहीं...छोकरी हो?'' एक महिला टीचर ने भद्दी हँसी के साथ कहा। मेरे पिता सुन कर दंग रह गये। वे अक्सर मेरे साथ बाहर जाने पर इसी तरह अपमानित होते थे, इसलिए वे ऐसी स्थिति में पड़ने से बचते थे। वे मेरे साथ आने को केवल इसलिए राज़ी हुए थे कि यह जगह घर से बहुत दूर थी और मैं पहले कभी इतनी दूर नहीं आयी थी। पर उन्होंने इस बात को हल्के में नहीं लिया। उन्हें गुस्सा आ गया और वे बोले कि वे वापस जा रहे हैं। मैं भ्रमित और भयभीत खड़ी थी, कुछ समझ नहीं आ रहा था कि अब क्या करूँ। हार कर, पिता को, मुझे मेरे भाग्य पर छोड़ कर वापस जाना ही पड़ा। मैं अकेली ही डगमगाते कदमों से प्रिंसीपल अजोय डे के कमरे की ओर चल दी।

मुझे बाद में पता चला कि मेरे पिता को अपशब्द कहने वाली वह महिला कोई टीचर नहीं बल्कि कॉलेज की लाइब्रेरियन थी, वह एक राजनीतिक दल की नेता थी और अंग्रेज़ी व इतिहास के दो प्रोफ़ेसर सूर्य सेनगुप्ता* और

शशांक कर* उसके साथी थे। वे दोनों भी वामदल के नेता थे और कॉलेज की टीचर्स यूनियन को सफलतापूर्वक संचालित कर रहे थे। आज इस बात की कल्पना करना भी कठिन है कि उस समय में इन राजनीतिक नेताओं का शैक्षिक कैंपस में कितना आतंक हुआ करता था। सूर्य और चंद्रेश, कैंपस के दो अघोषित सम्राट थे और इन्होंने सबको परेशान कर रखा था। बेशक मेरी मौजूदगी ने उन्हें चौंका दिया और उन्होंने मेरे साथ खुले युद्ध की घोषणा कर दी। उन्होंने मेरा कैरियर तबाह करने की धमकी दी, क्योंकि किसी हिजड़े को प्रोफ़ेसर बनने का अधिकार नहीं था। प्रिंसीपल इस राजनीति से यथासम्भव दूरी बनाये रखते और अक्सर लाइब्रेरियन (उसे हम मेनका* नाम दे देते हैं) और उसके साथी उन्हें चुप करवा देते। मुझे बाद में पता चला कि मेनका एक परपीड़क (दूसरों को दुःख देने वाली) थी जिसने अपने पति को भी धमका कर भगा दिया था; वह अक्सर इसी बात की डींगें हाँका करती, वह खुद को एक महिलावादी और महिलाओं के अधिकारों की रक्षिका मानती थी।

जब मैं प्रिंसीपल से मिली तो उनकी आँखों में आँखें डाल कर सवाल किया कि उनके कॉलेज के ऐसे माहौल में मेरे लिए पढ़ाना कितना सुरक्षित था? उन्होंने अपनी बात कहने में समय लिया पर जो भी कहा, बात में दम था। उन्होंने कहा कि उनके विभाग को एक प्रोफ़ेसर की सख़्त ज़रूरत थी क्योंकि दूसरी टीचर गर्भ से होने के कारण छुट्टी पर थी। इसलिए भले ही मेरे सहकर्मी न चाहें, पर मेरे छात्र खुली बाँहों से मेरा स्वागत करेंगे। वैसे भी, उन पलों में जो एकदम दमघोंटू लगने लगा था, वह धीरे-धीरे घट गया क्योंकि कुछ टीचर मुझे जानने लगे थे और वैसे भी अपने कैरियर की खातिर भी, मेरा काम करना ही जायज़ था। मैंने हामी तो भर दी पर मन-ही-मन लगता था कि उस जगह बहुत कुछ सहन करना होगा।

~

कॉलेज का जीवन मिले-जुले प्रभाव वाला रहा। हालाँकि आस-पास के साथियों की कटुता सहन करना आसान नहीं था पर मुझे अपने छात्रों का प्रेम और उत्साह मिलने लगा। सूर्य और चंद्रेश ने अन्य टीचर्स को भी यकीन दिला दिया था कि मैं बिगड़ी हुई और पथभ्रष्ट हूँ और उन सबको मिलकर

मुझे कॉलेज से निकलवा देना चाहिए। नीच हिजड़े को कॉलेज में पढ़ाने नहीं दिया जा सकता। उसे एक ही स्टाफ़रूम, शौचालय और अन्य सुविधाओं को प्रयोग में लाने का अधिकार नहीं दिया जा सकता। आरम्भ में उन्हें लगा कि अगर उन्होंने मेरी हालत पस्त कर दी तो मैं अपने-आप ही मैदान छोड़ दूँगी पर जब उन्हें पता चला कि मैं इतनी सरलता से हार मानने वालों में से नहीं थी, तो वे मिल कर, मौका मिलते ही मुझ पर धावा बोलने लगे।

वे मुझे एकान्त में देखते ही घेर लेते, मेरे बाल और कपड़े नोचते और कहते कि वे देखना चाहते हैं कि मेरे बाल असली हैं या मैंने नकली बालों की विग लगा रखी है? एक बार, उनमें से दो लोगों ने मुझे दीवार से सटा कर खड़ा कर दिया। वे मुझे टोह कर यह देखना चाहते थे कि मेरे कपड़ों के नीचे क्या था। वे मुझे देख कर फुफकारे और इस दौरान मुझे अपना मुँह बन्द रखने की चेतावनी दी। उन्होंने मेरी छातियों के निप्पल इतनी ज़ोर से दबाए कि मेरी कराह निकल गयी। "हिजड़े, अपनी ज़ुबान बन्द रख। ज़्यादा चतुराई मत झाड़। हम अभी पता कर लेंगे कि तेरी सही औकात क्या है। हम तेरी पतलून उतार कर अभी असलियत पता कर लेंगे। अपनी टाँगें खोल कर खड़ा हो, ज़रा तेरा साइज़ तो देखें," चंद्रेश ने कहा

धीरे-धीरे हालात इतने बुरे होने लगे कि मैं सीढ़ियों से ऊपर जाने से कतराने लगी और अकेले गलियारे से भी नहीं निकलती थी कि कहीं वे फिर से मौका पाते ही मुझे घेर न लें। जिस तरह चंद्रेश और सूर्य मुझसे पेश आ रहे थे—मुझे लगातार बलात्कार करने की धमकी दे रहे थे—वह किसी घृणित अपराध से कम न था। मैं उस दिन की आशंका से भयभीत थी जब वे अपनी बात साबित करने के लिए मुझे सबके बीच निर्वस्त्र कर देते। मैं जानती थी कि उस समय मेरे बचाव के लिए कोई आगे आने वाला नहीं था। एक दिन, उन्होंने मुझे पकड़ा और मेरी छाती पर पेपरवेट से वार करने लगे। मैं इतनी बुरी तरह से चोटिल हुई कि मारे दर्द के बेसुध हो गयी।

मेरे छात्र ही मेरे लिए राहत की साँस थे। भूखे और अधनंगे बच्चे, कक्षा में आते और टैगोर व समकालीन साहित्य पर उनके प्रभाव जैसे विषयों पर लेक्चर सुनते। मुझे एहसास हुआ कि कॉलेज में प्रवेश के लिए सीनियर सैकेंडरी परीक्षा देने के बावजूद, उनकी शिक्षा का स्तर बहुत बुरा था। आप उन

ग्रामीण कॉलेज छात्रों की तुलना, कोलकाता के कॉलेज जाने वाले बच्चों से नहीं कर सकते। वे लगातार अपनी गरीबी से जूझते हैं और उन्हें अध्ययन व मनन के लिए पर्याप्त समय नहीं मिलता। एक समाज के रूप में, हमें पारंपरिक उच्च शिक्षा के बारे में नये सिरे से विचार करना चाहिए। इसकी बजाय, अगर हम उन बच्चों को पेशेवर प्रशिक्षण दे सकें तो वे अपने जीवन में कोई काम कर सकेंगे और उन्हें बेरोज़गार नहीं रहना होगा।

मैं उस परमात्मा की आभारी हूँ कि उस असहनीय यातना के बावजूद, मुझे टैगोर के गीतों व कविताओं में छिपे दर्शन को पढ़ने, उस पर चर्चा करने तथा बिष्णु डे व समर सेन जैसे आधुनिक कवियों के साथ तुलना करने का अवसर मिला। मैं चाहती थी कि वे कक्षाएँ लगातार चलती रहें ताकि मैं अपने छात्रों को यह बता सकूँ कि बांग्ला साहित्य टैगोर के प्रभाव के अभाव में अधूरा होता और जीबानन्द दास और बुद्धदेव बासु जैसे आधुनिक कवि, टैगोर की छाया से बाहर नहीं आ सके। मैं उन्हें यह समझाने का प्रयत्न करती कि किस प्रकार कोई टैगोर को पढ़ने से, पश्चिमी साहित्य की समझ को विकसित कर सकता है। पश्चिम ने उन्हें बहुत प्रभावित किया और वे इसकी संस्कृति व रचनात्मकता की आत्मा को आत्मसात् करते हुए, प्रत्येक देसी चीज़ के सार के साथ संश्लेषित करने में सफल रहे। मेरी सबसे बड़ी सफलता यह रही कि मैं अपने छात्रों में पढ़ाई के लिए रुचि पैदा कर सकी, वे अपनी चुनौतीपूर्ण परिस्थितियों के बावजूद पढ़ना चाहते थे ताकि निर्धनता से लड़ सकें और अपने लिए कोई रोज़गार तलाश सकें। उनकी तड़प में कोई कमी नहीं थी। उन्हें केवल हल्की-सी थपकी की ज़रूरत थी। बस मैं उन्हें वही थपकी देने की कोशिश करती और उस दौरान अपने सारे निजी संघर्ष और विसंगतियों को भुला देती।

जब मैं उन्हें यह बताती कि टैगोर की *चोखेर बाली* की खलनायिका मानी जाने वाली बिनोदिनी, उतनी दुष्ट नहीं थी जितना समाज ने उसे बना दिया था तो वे मुझे विस्मय से ताकने लगते। मैं उन्हें बताती कि जिस तरह आशालता नायिका ने स्वयं को एक पायदान की तरह दर्शाया, उसमें कोई महानता नहीं है। देहाती पृष्ठभूमि से आने की वजह से, ये छात्र इस बात पर यकीन करते थे कि प्रेमहीन विवाह भी अच्छे हो सकते हैं और अगर पति छल करे तो पत्नी

को उसे सहन करना चाहिए। उनकी दृष्टि में आशालता एक अच्छी पत्नी थी और बिनोदिनी को एक युवा विधवा होने के नाते, शारीरिक वासना रखने और महेंद्र को लुभाने का कोई अधिकार नहीं था। उसे आशालता के पति महेंद्र को अवैध सम्बन्ध के लिए लुभाना नहीं चाहिए था। उनके दिमाग में यह बात कभी नहीं आयी कि महेंद्र भी उतना ही दोषी था। उनके समाज में, मर्द इस अधिकार के साथ जन्मते थे कि वे किसी भी स्त्री के साथ सम्बन्ध बना सकते हैं, जबकि स्त्रियों को पुरुषों की इस अय्याशी को मजबूरन सहन करना होता है। और केवल हमारे देहाती समाज को ही क्यों दोष दें? मुझे तो लगता है कि हमारे तथाकथित शहरी बौद्धिक भी इनसे अलग नहीं हैं। स्त्री और मर्द एक समान हैं, ऐसा कहना चलन में है, परन्तु कितने लोग सही मायनों में इस बात पर विश्वास करते हैं या इसे अमल में लाते हैं?

मेरे छात्र मनोयोग से मेरी सारी बातें सुनते और मुझे यह देख कर सुखद आश्चर्य होता कि उनमें से कुछ अपने पाठ्यक्रम की तुलना, कक्षा में लिए गये नोट्स से करने लगे और मेरे पास अपनी जिरह के साथ लौटते। मैं निश्‍चिंत थी कि कम-से-कम मैंने इस मोर्चे पर तो मात नहीं खाई थी। मेरी कोशिशें रंग ला रही थीं। मेरे छात्रों में से एक, पारितोष महतो, मेरी कक्षा का निर्धन परन्तु मेधावी छात्र था, उसने यूनिवर्सिटी की परीक्षा में प्रथम स्थान पाकर सबको दंग कर दिया। वह एक अच्छा लेखक था और मैंने उसे विशेष रूप से ट्यूशन दी। मैं चाहती थी कि वह कुछ बन कर सामने आये, सच्ची, जब उसने यूनिवर्सिटी में, अपने बैच में टॉप किया तो मैं भी प्रसन्नता मिश्रित आश्चर्य से भर उठी; यह एक ऐसे लड़के की ओर से उल्लेखनीय कदम था जो दिन में दो बार पेट भर कर अन्न का जुगाड़ नहीं कर पाता था और एक स्कूल में टीचरी का सपना पाले हुए था। अचानक सबकी नज़रें पारितोष और उस टीचर पर आ टिकीं, जिसने उस असम्भव से काम को सफलता में बदल दिया था। यहाँ तक कि कॉलेज के अन्य टीचर भी कुछ समय के लिए चुप लगा गये, हालाँकि मेरी पीठ पीछे साज़िशों का दौर जारी था।

झाड़ग्राम प्रवास में, बीच-बीच में कुछ ऐसे कारण बनते रहे, जिनके कारण मैं अनेक कठिनाइयों के बावजूद बनी रही। समय-समय पर हिजली कॉलेज में मेरा प्रस्थान भी इनमें से एक कारण था, वह आईआईटी खड़गपुर

कैंपस का हिस्सा था। उस कॉलेज में प्रायः सांस्कृतिक कार्यक्रम होते और मैं उनके छात्रों को नृत्य की शिक्षा देती। उसी दौरान, मेरी भेंट कुछ प्रतिभाशाली आईआईटी प्रोफ़ेसरों से हुई, जो न केवल मुझसे बराबरी से पेश आते, बल्कि वे मुझे अपने घर आने का न्यौता भी देते ताकि अगर रात ठहरना हो तो उनके घर ठहरा जा सके। उनके पास स्नेहमयी परिवार थे जो अपना भोजन मेरे साथ बाँटते और मैं सोचती कि शेष संसार उनकी तरह प्रबुद्ध क्यों नहीं हो सकता।

~

मानो अभी मेरे लिए इतने ही कष्ट काफ़ी नहीं थे। रहने के लिए कोई स्थायी आवास की तलाश करना भी लगभग असम्भव होता जा रहा था। जब मैंने कॉलेज जाना आरम्भ किया तो एक सहकर्मी ने सलाह दी कि मुझे किसी के घर पेइंग गेस्ट की तरह रहना चाहिए ताकि खाना पकाने के काम से मुक्ति मिल सके। मुझे जिस मुहल्ले में घर मिला, वह कॉलेज से करीबन पाँच किलोमीटर दूर था पर उस जगह जो खाना मिलता था, उसका स्वाद उस खाने से बिलकुल अलग था, जो मैं अपने यहाँ आज तक खाती आयी थी। यह बहुत ही सादा भोजन था, मुझे निर्धनों का आहार, मोटा चावल और पानी जैसी पतली दाल के साथ उबले आलू खाने को मिलते। मैं जानती थी कि मैं उस जगह बहुत समय तक नहीं रह सकूँगी पर मुझे वह कॉलोनी बहुत पसन्द आयी। हालाँकि वह ग्राम निर्धनता का दूसरा नाम था, पर कुछ सम्पन्न किसान और शिक्षित परिवार भी थे और मेरे लिए यह किसी वरदान से कम नहीं था। जल्दी ही पड़ोसी मेरे बारे में कौतूहल रखने लगे और वे मेरा साथ पाना चाहते थे। वहीं केशब पाल* नामक युवक था। मेरे एक सहकर्मी के पुत्र के माध्यम से, उससे मेरी भेंट हुई। वह अक्सर मेरी दीन-हीन कुटिया में आकर मुझसे बतियाता और जल्द ही हमारी दोस्ती हो गयी। मैं अकेली थी इसलिए मुझे यह ध्यानाकर्षण अच्छा लगा। केशब के बर्ताव से साफ़ ज़ाहिर था कि वह मेरा प्रशंसक था। धीरे-धीरे वह अपने हाव-भाव और शब्दों से यह जताने भी लगा। मेरे रूप-रंग और टैगोर गान की शैली से लेकर, हर काम में मेरी तारीफ़ों के पुल बाँध देता। उसने कहा कि वह बस मुझे खुश देखना चाहता था। मैं उसकी आँखों में छिपे प्रेम को पढ़ सकती थी जो दिन-ब-दिन गहरा

होता जा रहा था। वह बहुत तेज़ी से आगे बढ़ रहा था और मैं चाहती थी कि बहुत देर होने से पहले उसे रोक दिया जाये। अभी बिमान वाले प्रसंग से ही नहीं उबर सकी थी और अपने-आप से वादा भी किया था कि इतनी जल्दी अपने-आपको किसी प्रसंग में नहीं उलझाना।

एक दिन केशब ने अपने घर चलने का प्रस्ताव रखा और फिर सीधा अपने सोने के कमरे में ले गया। मैं उसके चेहरे की तड़प को कभी नहीं भुला सकूँगी। उसने मुझे लगातार घूरते हुए, मेरे लिए अपनी चाह को व्यक्त किया। मेरा दिल उसके लिए तड़प रहा था पर मैंने अपनी ओर से यथासम्भव कड़ाई बरती और झटपट उसके घर से बाहर आ गयी। ऐसा कुछ समय तक चलता रहा, मैं उसकी ओर से हर कोशिश को नाकाम करती रही, कॉलोनी के लोग हमें राधा-केशब के नाम से पुकारने लगे थे, केशब कृष्ण भगवान का ही दूसरा नाम है। अगर मैंने कुछ ही समय पहले बिमान प्रसंग में सदमा न खाया होता, तो मैंने सहज भाव से उस प्रेम को स्वीकार लिया होता; पर इस बार मैं सावधान थी। केशब उस गाँव के प्रभावशाली परिवार से था, अगर उसके माता-पिता को हमारे इस प्रसंग की भनक पड़ जाती, तो वे मुझे जान से भी मरवा सकते थे। चारों ओर से दुल्हनों को जलाने और आत्महत्या की खबरें आती रहतीं और कॉलेज में भी मेरी जान को खतरा था। मैंने कसम खाई कि कभी ऐसे हालात आने नहीं दूँगी जिन्हें सँभालना भारी पड़ जाये।

मैंने तत्काल वह जगह छोड़ दी और रहने के लिए कोई और आवास तलाश लिया जो पिछले घर से थोड़ी ही दूरी पर था। वह मेरा घर था इसलिए मैंने खाना पकाने के लिए किसी को नियुक्त कर लिया। कुछ ही दिन बाद, मुझे और जगह जाना पड़ा। उस किराए के मकान में, मेरा कमरा मकानमालिक के घर के पास ही पड़ता था। उन्होंने भी अपनी ओर से भोजन देने का प्रस्ताव रखा, वह भी बहुत सादा भोजन था पर तब तक मुझे यह समझ आ गया था कि मुझे यह समझौता करना ही होगा, क्योंकि मैंने ही अपने कैरियर की भलाई के लिए घर से दूर रहने का निर्णय लिया था। मेरा वज़न तेज़ी से घटने लगा, क्योंकि मैं उनका पकाया भोजन गले से उतार ही नहीं पाती थी। जब मैं सप्ताह के अन्त में घर आती, तो लोग कहते थे कि मैं मरियल और बीमार दिखने लगी हूँ, मेरी आँखें अंदर धँस गयी थीं और मेरा रूप-रंग छीजता जा रहा था।

मैंने तय किया मैं इन छोटी-मोटी बाधाओं से अपने उत्साह को मंद नहीं होने दूँगी और गाँव के नवयुवक और युवतियों से मित्रता कर, समाज में लोगों की सहायता करने का प्रयत्न करूँगी। वे मेरे लिए सहयोग कर सकें, उसके लिए आवश्यक था कि पहले मैं उनका विश्वास जीतूँ। कॉलेज के घंटों के बाद, स्थानीय क्लब में कैरम खेलने से लेकर, गाँव के बच्चों को पढ़ाने-लिखाने तक, हर काम में मैं दिखाई देती। लोग मेरी मौजूदगी को सराहने लगे थे। केशब ने पूरी तरह से मेरा पीछा करना छोड़ा नहीं था पर मेरे आस-पास लोगों के होने की वजह से उसे बाधा आ रही थी। मैं जानती थी कि वह अवसर पाते ही मेरी शारीरिक निकटता चाहता था, तो मैं अपनी ओर से जितना हो सके, उससे दूर रहने की कोशिश करती। मैं उसके अहं को ठेस नहीं पहुँचाना चाहती थी, क्योंकि वह एक प्रभावशाली परिवार से था और अगर उसका परिवार मेरा विरोध करता तो वे सभी ग्रामीण भी उनके साथ मिल जाते, जो अब मेरे साथ दोस्ताना बर्ताव करने लगे थे। एक दिन केशब ने चाय के अड्डे पर मेरा सबके बीच अपमान करते हुए, अपने मन की भड़ास निकाल ली। उसने मुझे अपशब्द कहे और उसके दोस्त मुझे सताने लगे। आस-पास खड़े सभी लोग ये तमाशा देख रहे थे। मैंने तय किया कि उस जगह रुकने की बजाय, चुपचाप वहाँ से चल दूँ, अपने आँसुओं को रोकना भारी पड़ रहा था। मैं जान गयी थी कि मुझे कहीं दूर घर लेना होगा ताकि मुझे कॉलेज के बाद का खाली समय, उन लोगों के बीच न बिताना पड़े।

मेरी एक मौसी खड़गपुर में रहती थीं, मैंने तय किया कि अस्थायी प्रबन्ध के तौर पर उनके परिवार के साथ रहना ठीक रहेगा। इसका मतलब यह था कि रोज़ एक साइड का दो घंटे का रास्ता तय करना पड़ता, पर उस समय इससे बेहतर विकल्प नहीं सूझ रहा था। उस कॉलेज में अपने बीस वर्षीय कार्यकाल के दौरान मैंने कई बार अपना आवास बदला। हर बार जब भी ऐसा करती तो लगता कि यह अनुभव बेहतर होगा, पर जल्द ही एहसास हो गया कि पश्चिमी मिदनापुर और उसकी संस्कृति मेरे अनुकूल नहीं थी। ऐसा नहीं कि कोलकाता मेरे प्रति बहुत दयालु रहा हो, पर कम-से-कम इसे यह तो पता था कि हमले को छिपा कैसे सकते हैं।

मैं अपनी दूर की एक मौसी के रेलवे क्वार्टर में खड़गपुर में रह रही थी। वह एक छोटा सा घर था पर मौसी मेरे आने से खुश थीं। उन दिनों, खड़गपुर और झाड़ग्राम के बीच सम्पर्क के ज़्यादा साधन नहीं थे। मुझे कॉलेज के निकटतम बस स्टैंड तक जाने के लिए भीड़ से भरी बस में यात्रा करनी पड़ती और आगे का रास्ता पैदल तय होता। किसी भी हाल में, खड़गपुर से दस बजे वाली बस नहीं छोड़ी जा सकती थी, क्योंकि उससे अगली बस, पूरे एक घंटे की देरी से आती थी। खड़गपुर जाने वाली आखिरी बस चार बजे थी। मुझे लगा था कि कॉलेज में अध्यापन के घंटों के अतिरिक्त झाड़ग्राम से दूरी रखना, मेरे लिए सुरक्षित विकल्प होगा और इस तरह माहौल बदलने से मुझे भी राहत मिलेगी पर जल्दी ही यह भी पता लग गया कि मौसी मुझे अपने घर में रखने के लिए इतनी उत्साहित क्यों थीं। मेरे नारी सुलभ लक्षणों को देखने के बावजूद, वह मुझे मर्द ही मानती थीं, उन्हें लगता था कि उल्टा ये तीखे नैन-नक्श मेरे आकर्षण को और बढ़ाते हैं। उन्होंने अपनी बेटी को प्रोत्साहित किया कि वह मेरे साथ घर में अकेले समय बिताए। वह दूर के रिश्ते की मौसी थी इसलिए कोई रक्त सम्बन्ध भी नहीं था। उन्हें उम्मीद थी कि हम जल्दी ही नज़दीक आ जायेंगे, वह प्राय: काम का बहाना बना कर घर से बाहर चली जातीं। जब मुझे सारी बात समझ आयी तो मैं मन-ही-मन हँसी; पर जब कोलकाता, झाड़ग्राम और खड़गपुर से मेरे ट्रांसजेंडर मित्र मिलने आने लगे तो मौसी को अपनी भूल का एहसास हुआ और वह मेरे साथ बदतमीज़ी से पेश आने लगीं।

जब यह पता चला कि उस जगह मैं अपने ट्रांसजेंडर मित्रों से नहीं मिल सकती थी तो मैं देर रात तक घर से बाहर रहने लगी। केवल रात को सोने के लिए ही घर जाती। यह देख कर मौसी का गुस्सा और भी बढ़ गया, क्योंकि उनके पड़ोसी उन्हें ताने देने लगे थे कि उन्होंने एक हिजड़े को अपने घर में रखा हुआ है।

मैं जानती थी कि मौसी के साथ लम्बे समय तक नहीं रहा जा सकेगा, पर मैं झाड़ग्राम वापस नहीं जाना चाहती थी। तब कौशिक नामक लड़के की ओर से मदद मिली, जो खड़गपुर में ही रहता था। बाद में वह ऑटोरिक्शा चालक बना। वह मददगार इन्सान था और उसे पता था कि मैं रहने के लिए किसी जगह की तलाश में थी। उसने मुझसे कहा कि उसे मुझे अपनी खोली

में साथ रख कर बहुत खुशी होगी पर मैं उस तरह नहीं रह सकूँगी इसलिए वह मुझे हवा महल ले गया और उस जगह किराए पर कमरा दिलवाने में मदद की। कौशिक की माँ अक्सर मुझे अपने घर खाना खिलातीं। मैं हमेशा उस निर्धन परिवार की आभारी रहूँगी जिन्होंने ऐसे वक्त में मेरा साथ दिया, जब मैं लगभग चिड़ियाघर के एक जानवर में तब्दील हो गयी थी, जिसे घूरना और कोसना ही लोगों का मनपसन्द शगल था। मैंने कौशिक को, पुरी के एक होटल में नौकरी दिलवाने में मदद की।

हवा महल किसी हैडमास्टर का था और वह एक अधूरा बना हुआ बदहाल भवन था। गर्मियों में कमरे तपने लगते, क्योंकि खिड़कियाँ बेहद छोटी थीं। छत पर लगी टाइलों से सूरज की किरणें भेद कर भीतर आतीं और हर दिशा से वार करतीं। मैं उसे 'तवा महल' कहने लगी थी पर मौसी के घर की तुलना में इसका एकान्त मुझे प्रिय था। कोलकाता से जूही* और संजू जैसे दोस्त अक्सर मिलने आ जाते।

हर सप्ताह के अन्त में मैं नैहाटी जाती और मुझे सोमवार सुबह चार बजे वापसी करनी होती ताकि हावड़ा स्टेशन पहुँचा जा सके। वहाँ से मैं छह बज कर पचास मिनट पर इस्पात एक्सप्रेस से झाड़ग्राम जाती। मेरे कुछ मित्र भी उसी गाड़ी से अपने कार्यस्थल तक जाते थे। उनमें से एक शिव शेखर* भी था, जो एक बैंक की खड़गपुर शाखा में कार्यरत था। वह यात्रा के दौरान मुझसे बातें करता और मैं उसे अपनी समस्याओं के बारे में बताती। उसका रवैया सहानुभूतिपूर्ण था और उसने कहा कि मैं उसी मैस में रह सकती हूँ जिसमें वह अपने दोस्तों के साथ रहता है। मानो यह प्रस्ताव ईश्वर ने ही भेजा था और मैंने हामी भर दी। मैं कुछ दिन तो मैस में रही पर फिर उसके सहकर्मियों के अश्लील और भद्दे चुटकुलों की मार से तंग आ गयी और मुझे एहसास हुआ कि वे मर्द अपनी पत्नियों से दूर रह रहे थे और वे सेक्स के भूखे थे इसलिए अपनी भड़ास निकालने के और तरीके खोजा करते। शुक्र है कि उन्होंने मुझे अपना निशाना नहीं बनाया और शिव ने भी मेरे साथ एक सम्मानजनक रिश्ता बनाये रखा। आखिर में उनका मिर्च-मसालेदार भोजन मुझे भारी पड़ने लगा और मैं जानती थी कि एक बार फिर से जगह बदलने का समय आ गया था।

हालाँकि, जल्द ही, मुझे कॉलेज के दो टीचर्स का साथ मिल गया।

कॉलेज में लोगों की कटुता के बीच, वे दोनों मेरे साथ अच्छा बर्ताव करते थे। वे लड़कों के होस्टल के कैंपस में रहते थे और उन्होंने मुझे भी वहीं आने को कहा। वह होस्टल बाहर से पढ़ाई के लिए आने वाले निर्धन छात्रों के लिए था। संस्कृत टीचर श्याम शंकर चक्रवर्ती और इतिहास के टीचर माणिक भगत भी वहीं रहते थे। उस समय के हिसाब से उनके लिए ऐसा करना साहसिक कदम था। श्याम दा काफ़ी हद तक दार्शनिक व्यक्ति थे और जीवन के प्रति उनका आध्यात्मिक रुझान था। उन्हें इस बात की परवाह नहीं थी कि दुनिया क्या कहती या करती है। दोनों टीचर्स में से, बड़े होने की वजह से उन्होंने ही यह प्रस्ताव रखा। खैर अगर दूसरे उन्हें इस बात के लिए कुछ कहते भी तो वे बात को अपने तक ही रखते और उसे मुझ तक न आने देते।

होस्टल में रहने वाले लड़के इतने निर्धन थे कि उनकी कहानियाँ सुन कर मेरा मन रो उठता। मैं अक्सर उनकी पढ़ाई में मदद करती और उनके साथ अपना भोजन बाँटती, जो अक्सर मूड़ी या उबले आलुओं के सिवा कुछ और नहीं होता था।

कुछ ही समय बाद कॉलेज में, मेरे बेहतरीन छात्रों में एक, दुलाल महतो ने झाड़ग्राम में उसके घर में रहने का प्रस्ताव रखा। उसे मेरे हालात का अच्छी तरह पता था। वह तब ट्यूशनें लेने लगा था और चाहता था कि मैं भी वहीं अतिरिक्त कक्षाएँ ले लिया करूँ। मुझे यह व्यवस्था सुनने में अच्छी लगी। वैसे भी मुझे बच्चों को पढ़ाना पसन्द था और घर में बच्चों की मौजूदगी मुझे सुरक्षित भी रख सकती थी। मैंने झट से उसके साथ जाने के लिए हामी भर दी। यह भी बहुत सादा सा प्रबन्ध था। शौचालय की छत नहीं थी। घर बदहाल था पर मैंने कोई शिकायत नहीं की। बच्चे बारी-बारी से खाना पकाते और महुआ के फूलों से बनी देसी ताड़ी माहुल पीकर इधर-उधर घूमा करते।

~

मेरे ट्रांसजेंडर मित्र कई बार मुझे अजीब सी परेशानी में डाल देते। एक बार, पतुलिया ब्वायज़ स्कूल का मेरा एक छात्र, ऋतंकर* मेरे पास रहने आया। वह अपने साथ शंकर* नामक लड़के को भी लाया था जिसने अपना बधिया करवा लिया था और अब वह शंकरी* कहलाता था। उस समय, मैं अपने किराए के

कमरे में अकेली रह रही थी। ऋतंकर कोलकाता से अपना डेरा-डंडा उखाड़ कर आया था, क्योंकि उसे लगा कि मेरे साथ रहने से उसके जीवन की दशा में सुधार हो सकता था। वह घर में छोटे-मोटे काम करता और इसके साथ ही उसने साइकिल मरम्मत की दुकान पर भी काम करना शुरू कर दिया। हालाँकि उसने अपना बधिया नहीं करवाया था पर उसे देख कर भी अंदाज़ा लगाया जा सकता था कि वह भी ट्रांसजेंडर ही था। उसने अपने से बड़ी उम्र के व्यक्ति से सम्बन्ध बना लिए और उसे अपना पति मानने लगा। एक दिन, वे दोनों कहीं भाग गये और सारे गाँव में हलचल मच गयी। उस व्यक्ति के परिवार वालों ने ग्रामीणों को मेरे खिलाफ़ भड़का दिया और कहा कि मेरी वजह से ही उनका आदमी घर से भागा था; कॉलेज में लगभग सौ लोग मुझ पर धावा बोलने आ गये। सभी अध्यापकों को तो जैसे एक सुनहरा अवसर मिल गया और उन्होंने मुझे उस भड़की हुई भीड़ के हाथों सौंपने का निर्णय कर लिया। मुझे आज भी अच्छी तरह याद है, किस तरह मैंने चुपके से, पिछले गेट से भाग कर अपनी जान बचाई थी। मैं सीधा बस स्टैंड भागी और झाड़ग्राम से दूर ले जाने वाली किसी बस में बैठ कर ही साँस ली। मैं नैहाटी आ गयी और कुछ सप्ताह वहीं बिताए। कुछ समय तक सारा मामला ठंडा होने के बाद ही वापस जाने का साहस कर सकी।

जब भी मैं किसी परेशानी में पड़ती, तो दूसरे टीचर मेरे खिलाफ़ जो साज़िश रचते थे, उसकी आग में ईंधन पड़ जाता। मैं अपनी ओर से ऐसी सभी सम्भावनाओं से यथासम्भव दूर रहने की चेष्टा करती किन्तु कई बार कुछ बातें हाथ से निकल जाती थीं। एक बार, मुझे पश्चिमी मिदनापुर के साबांग कॉलेज में अपने छात्रों के साथ जाना था, जो एनएसएस कैंप में हिस्सा ले रहे थे। वहीं हमारे साथ कुछ अन्य टीचर भी थे। मेरे दल में एक लड़की थी जिसे अचानक माहवारी होने लगी। वह अपने साथ सैनिटरी नैपकिन नहीं लाई थी और वह मेरे पास मदद माँगने आ गयी। हालाँकि मैं अब भी शारीरिक रूप से पुरुष थी पर मेरे अधिकतर छात्रों को यकीन था कि मैं अपना सेक्स बदलवा चुकी थी और लड़कियाँ अक्सर मुझ पर भरोसा करके अपने मन की बात करतीं। वह लड़की मेरे पास आकर बोली कि क्या मैं उसे कॉलेज प्रशासन से सैनिटरी पैड लाकर दे सकती हूँ। मैंने उसकी मदद करने से पहले

एक बार भी नहीं सोचा और सीधा ऑफ़िस चली गयी। एक पुरुष टीचर को औपचारिक रूप से, सैनिटरी नैपकिन की माँग करते देख, वे सकते में आ गये और मेरा मजाक उड़ाया गया। मेरे कॉलेज के दूसरे टीचर्स को मेरी इस बदचलनी के बारे में बताया गया। उन्हें कहा गया कि मैं एक छात्र का यौन शोषण कर रही हूँ। देखते-ही-देखते तमाशा बन गया।

इन बातों ने सचमुच जीना दूभर कर दिया था। मैं हताश होकर, वहीं कुछ छात्रों के साथ एक कोने में बैठ गयी। किसी ने मुझे कुछ पीने को दिया और अपनी घबराहट में, मैंने उसे मुँह से लगा लिया। उसका स्वाद कोल्ड ड्रिंक जैसा था इसलिए मैं पी गयी। जल्दी ही सर चकरा कर उल्टी होने लगी और मैं बेहोश हो गयी। जब होश आया तो आस-पास की सारी दुनिया चकरा रही थी और आस-पास के लोगों की बातें कानों में पड़ने लगीं। मुझ पर कैंपस में शराब पीने का आरोप लगाया गया; कुछ लोगों ने उस लड़की पर दबाव डाला, जो मेरी मदद लेने आयी थी। उसे कहा गया, वह सबके सामने कहे कि मैंने उसका यौन शोषण करना चाहा। शुक्र है, वह लड़की मेरे साथ खड़ी रही और उनकी बातों में नहीं आयी; कॉलेज प्रशासन द्वारा बुलाई गयी पुलिस के सामने वह मुझ पर किसी को सताने का कोई इल्ज़ाम नहीं लगा सकी। मेरे कॉलेज के दूसरे टीचर्स ने, प्रशासन को मेरे खिलाफ़ एफआईआर दर्ज करने में मदद की कि मैं कैंपस में शराब पीकर आयी थी। अन्ततः उन्हें उनका प्रतिशोध मिल गया, क्योंकि उन्हें पूरा यकीन था कि अब नौकरी मेरे हाथ से निकल जायेगी।

यह मामला पश्चिम बंगाल कॉलेज एंड यूनिवर्सिटी टीचर्स एसोसिएशन तक पहुँचा, पर भगवान मेरे साथ था। मेरे खिलाफ़ लगाए गये झूठे अभियोग टिक नहीं सके। पर मैं इतनी निराश हो गयी थी कि कैंपस छोड़ कर नैहाटी लौट आयी। मैं सोच रही थी कि क्या मुझे अपने कैरियर को भुला कर, यह नौकरी छोड़ देनी चाहिए, क्योंकि अब मेरी मानसिक शक्ति क्षीण हो चुकी थी। दो बातें ऐसी थीं जिन्होंने मुझे नौकरी से त्यागपत्र देने से रोका। पहली, मेरे माता-पिता के चेहरे के असहाय भाव; जिन्हें अब भी लगता था कि अपने ट्रांसजेंडर अस्तित्व के बावजूद, उनकी सन्तान किसी तरह उनके पालन-पोषण के लिए धनार्जन करती रहेगी। मैं उनकी उम्मीदों पर पानी कैसे फेर सकती

थी ? दूसरे, मेरे कॉलेज के प्रिंसीपल ने कहा कि मुझे तत्काल काम पर वापस आ जाना चाहिए। मैंने उन्हें लिखा कि मुझे उस जगह अपनी जान का खतरा है पर उनका आग्रह था कि ऐसा भय केवल मेरी कल्पना की उपज है। मैं उसी चिन्तित अवस्था में वापस कॉलेज पहुँची, नहीं जानती थी कि आने वाले समय ने मेरे लिए क्या तय कर रखा है।

**इन प्रसंगों में शामिल लोगों की गोपनीयता बनाये रखने के लिए, उनके नाम बदल दिये गये हैं।*

किशोरावस्था में

किशोरावस्था में जब सोमनाथ पुरुष तन में था तब भी उसे सजने-संवरने का शौक था

अपनी माँ और बहन के साथ

एक नाटक में बालिका के रूप में

छह वर्ष की आयु में कश्मीरी वेश में

ग्यारह वर्ष की उम्र में

कॉलेज के प्रथम वर्ष में

एम.फ़िल डिग्री प्राप्त करते हुए

अपने मित्र नरसिम्हा के साथ

पहली बार जब भौंहें तराशीं

हॉर्मोनल चिकित्सा के उपरान्त

श्यामोली के साथ

श्रृंगार करती हुई

पूरे श्रृंगार में

प्रधानाचार्य के कार्यालय में

घर पर आराम करती हुई

मित्रों के साथ

दत्तक पुत्र देबाशीष के साथ

8

जीवन में कई बार ऐसे दौर भी आये, जब मुझे अपने चुने हुए रास्ते के लिए संदेह होने लगता। ऐसे प्रसंगों में, मेरा दिमाग दुविधा में उलझ जाता और यह संघर्ष मुझे भीतर-ही-भीतर चीर देता। 'क्या मैं सच में एक स्त्री हूँ जो पुरुष की देह में कैद है या केवल भ्रामक विचार है? ऐसा क्यों है कि सारा संसार मुझे ऐसा पुरुष मानता है जो एक जनखे से ज़्यादा नहीं है?' मैं घंटों दर्पण के सामने नग्न खड़ी होकर, अपने सामने दिख रही छवि का परीक्षण करती जो मुझे घूरती दिखाई देती। मुझे उस पुरुष देह से घृणा थी। मैं उस देह से इतना सा भी जुड़ाव महसूस नहीं कर पाती थी। उस सपाट देह में कहीं कोई उतार-चढ़ाव नहीं थे।

हर बार मैं एक ही निष्कर्ष पर आती—यह मैं नहीं हो सकती।

मेरी आत्मा और लैंगिकता, दर्पण में दिखने वाली छवि से मेल नहीं खाते थे। मैं अपनी उस सम्पूर्ण छवि को पाने के लिए घंटों बिसूरती और जी में आता कि अपना जिस्म फाड़ कर उस पुरुष देह से बाहर निकल जाऊँ, जिसमें मेरा जन्म हुआ था। मैं जानती थी कि अगर मैं लोगों के बीच पुरुषोचित वस्त्र पहन कर वैसा ही आचरण करूँ तो उन सब अपमानों और छीछालेदर से बच सकती थी, जो मेरी ज़िन्दगी के एक-एक क्षण का अटूट अंग बन गये थे।

इसलिए मैंने खुद को पुरुषोचित दिखाने के लिहाज़ से सिगरेट पीना आरम्भ कर दिया। जादवपुर यूनिवर्सिटी में सिगरेट पीने का लिंग से कोई लेना-देना नहीं था और युवतियाँ भी मर्दों की तरह बेबाक होकर, सिगरेट के कश लेती दिखाई देतीं। परन्तु इस सुदूर झाड़ग्राम में हालात अलग थे। वे किसी महिला के होंठों के बीच सिगरेट की कल्पना भी नहीं कर सकते थे

और सिगरेट पीना तो वैसे भी पुरुषों का ही अधिकार और लक्षण माना जाता था। मैंने सोचा कि अगर सार्वजनिक तौर पर धूम्रपान करूँगी तो हो सकता है कि इससे मुझे कुछ फ़ायदा मिले और मेरे आस-पास के लोग कुछ समय के लिए मुझे परेशान करना बन्द कर दें। मुझे मर्दों वाले कपड़े पहनने से सख्त नफ़रत थी पर मैंने कोशिश की कि मेकअप को कम-से-कम कर दिया जाये ताकि दिखने में एक मर्द की छवि का आभास हो।

पर ऐसा छलावा भी मेरे भीतर चल रही उथल-पुथल को शान्त नहीं कर सका। मैं इसी नतीजे पर आयी कि मैं एक स्त्री हूँ और मुझे किसी भी हाल में, किसी भी दशा में अपने खोल से बाहर आना था। यह मेरा संकल्प था और मैंने अपने सामने आने वाली हर चुनौती व बाधा का मुँहतोड़ जवाब देने की ठान ली। मैं जानती थी कि मेरे लिए आने वाली ज़िन्दगी, बीती हुई ज़िन्दगी की तुलना में और कठिन होने वाली थी। यह भी पता था कि अगर मैंने सर्जरी के माध्यम से सेक्स परिवर्तन करवाया तो लोगों की ओर से कड़ी भर्त्सना सहन करनी होगी, क्योंकि समाज अपनी ओर से मुझे अस्वीकृत करने या मुझे दबाने की भरपूर कोशिश करेगा। पर मैं अपने संकल्प पर अडिग थी। अगर मुझे अपनी सच्ची लैंगिक पहचान को स्थापित करने में मौत का भी सामना करना पड़ता, तो मैं ऐसा करने को भी तैयार थी। मैं सारी दुनिया को साबित करना चाहती थी कि मैं एक स्त्री हूँ और ऐसा करने के लिए मैं कुछ भी करने को तैयार थी। जब एक बार मैंने अपने मन के साथ समझौता कर लिया तो उसके बाद मन शान्त हुआ और मैं काफ़ी हद तक सहज हो गयी।

~

झाड़ग्राम कॉलेज के बावजूद, जादवपुर यूनिवर्सिटी और कोलकाता से मेरा सम्बन्ध अबाध गति से चलता रहा। मैं जानती थी कि अपने बौद्धिक हितों के लिए मेरा उन लोगों के निकट रहना आवश्यक था जो पत्रों और संस्कृति की दुनिया से जुड़े थे। यह मेरी ओर से, अपने दुश्मनों से लड़ने का एक हथियार था, जो मुझे नीचा दिखाने के सारे प्रयत्नों के बावजूद मेरी लोकप्रियता से चिढ़ते थे। मैंने अपनी पीएच-डी. के लिए नाम लिखवाने का निर्णय कर लिया क्योंकि शिक्षा के क्षेत्र में आगे जाने के लिए केवल एम. फिल करना ही पर्याप्त नहीं

था। मैंने आशापूर्णा देवी के उपन्यास त्रय की उल्लेखनीय उन्नीसवीं सदी की महिलाओं को अपने शोध का विषय चुना। मेरी एम.फिल गाइड शर्मीला बासु दत्ता को यह सुनकर खुशी हुई कि मैं आगे और शोध करना चाह रही थी। अब मुझे दूसरे गाइड की आवश्यकता थी जिसके लिए मैंने लेखिका नबनीता देव सेन को चुना। जो जे.यू. की प्रोफ़ेसर और नोबल पुरस्कार विजेता अमर्त्य सेन की भूतपूर्व पत्नी भी हैं।

मैंने उन्हें केवल उनकी शिक्षा के आधार पर ही नहीं चुना। उनके साहित्यिक लेखन से झलकते उदारवादी विचारों के लिए भी मैं उन्हें सराहती थी। वे ट्रांसजेंडर लोगों के लिए बहुत सहानुभूति रखती थीं। वे अपने समय के अन्य लेखकों से परे, हम जैसे लोगों के मसलों, हमारी समस्याओं और हकीकतों के लिए आवाज़ उठाती रहतीं। उन्होंने मेरे बारे में और मेरी दिक्कतों के बारे में अखबारों की रिपोर्टों के माध्यम से पढ़ा था। जब मैं उनसे पहली बार मिली तो उन्हें मुझसे मिलकर बहुत खुशी हुई। पर उन्हें मेरे शोध के विषय पर आपत्ति थी। उन्हें लगा कि यह समय की बरबादी होगी और मेरे लिए ट्रांसजेंडर लोगों के विषय पर शोध करना कहीं उपयुक्त होगा। मेरे सामने अचानक एक नया दरवाज़ा खुल गया। भला ट्रांसजेंडर लोगों की दिक्कतों, परेशानियों, मसलों व समस्याओं को मुझसे बेहतर कौन जान सकता था? उनके जीवन इतने रहस्यों और अँधेरों से घिरे हैं कि केवल कोई अंदर का व्यक्ति ही सारे तथ्यों को सामने लाकर, मिथकों को दूर कर सकता था। मैंने झट से हामी भरते हुए नबनीता दी का आभार प्रकट किया, जिन्होंने मेरे दिमाग में यह विचार डाला। पर बदकिस्मती से, मैं इस सपने को साकार नहीं कर सकी। जिस विचार ने नबनीता दी और मुझे उत्साहित कर दिया था, वह प्रोफ़ेसर बासु दत्ता को उतना आकर्षित नहीं कर सका। शर्मीला दी ने ऐसे विषय के लिए मेरा गाइड बनने से इनकार कर दिया और मैं अपनी थीसस पर तत्काल काम आरम्भ नहीं कर सकी।

इसकी बजाय, मैंने व्यक्तिगत रूप से कुछ करने का निर्णय लिया और इस तरह भारत की पहली ट्रांसजेंडर पत्रिका का प्रकाशन हुआ। मैंने उसे *अबोमानोब*—(अर्थात् sub-human) का नाम दिया। समाज भी तो ट्रांसजेंडर लोगों को यही स्तर प्रदान करता आया है। मुझे पूरा यकीन है कि आप मेरे

उन भावों का अनुमान लगा सकते हैं, जो इस पत्रिका का नामकरण करते हुए मेरे चेहरे पर रहे होंगे। यह हमारे समाज के खिलाफ़ मेरा विद्रोह था जो बाहरी तौर पर उदारमना और सबको एक साथ लेकर चलने का दिखावा करता है और भीतर से पूरी तरह से ज़ालिम और निर्दयी है। मेरी पत्रिका में ट्रांसजेंडर लोगों से जुड़ी हर बात को प्रकाशित किया गया। हमने ट्रांसजेंडर लोगों के साक्षात्कार लिए, उनके स्वास्थ्य और सुरक्षा के मसलों पर बात की, उनके रहने के तौर-तरीकों और बोली पर चर्चा हुई, प्रेम और सेक्स व बधिया आदि विषयों को भी शामिल किया गया। मीडिया का आभार प्रकट करना होगा, मेरी पत्रिका खूब लोकप्रिय रही। लोग पत्रिका पढ़कर तरह-तरह के सवाल करने लगे। कई पाठकों ने इसे मौज-मस्ती के लिए लिया तो कुछ को लगा कि उसे पढ़ने से वे उदारवादी विचारधारा वाले लगेंगे, जबकि कुछ पाठकों को लगा कि यह वैकल्पिक लैंगिक वरीयताओं के बारे में थी। मेरी सफलता इसी बात में थी कि मैं लोगों के मन में ट्रांसजेंडर लोगों के लिए एक जगह बनाने में कामयाब रही। तब तक हिजड़े एक ऐसे समुदाय से सम्बन्ध रखते आये थे, जो लाल बत्तियों पर तालियाँ बजा कर भीख माँगते थे या अस्पताल में किसी का बच्चा होने पर नेग लेने पहुँच जाते थे। यह बात भी सोच से परे थी कि ऐसे हेय माने जाने वाले लोगों के हितों व अधिकारों पर भी कोई पूरी पत्रिका केंद्रित हो सकती है। मैंने इस बिन्दु पर मन ही मन गणना की। मुझे लगा कि पत्रिका के लिए सामग्री बटोरनी है तो कड़ी मेहनत करनी होगी, क्योंकि वही सामग्री मेरी पीएच.डी. के लिए भी आधार बन सकती थी।

~

राणाघाट में हिजड़ों का एक घराना है, जो नैहाटी से ज़्यादा दूर नहीं है। उसे श्यामोली नामक प्रमुख चलाती है। मुझे बहुत समय से उन लोगों के बारे में पता था, जैसे वे भी मुझे जानते थे; कैसे मैं उनके जैसी होकर भी अलग तरह से पल-बढ़ रही थी। दरअसल मेरी उच्च शिक्षा, पहले स्कूल और फिर कॉलेज, मीडिया से मेरे सम्बन्ध और संस्कृति की दुनिया उनके लिए अभिशप्त थी। वे कई बरसों से मुझे संकेत देते आये कि वे मुझे अपना सहयोग देना चाहते थे, पर मैं अपनी उच्च शिक्षा पूरी करने के चक्कर में अब तक उन्हें

उपेक्षित करती आ रही थी। मैं जानती थी कि मेरे शैक्षिक कैरियर में ही मेरी मुक्ति छिपी थी। पर *अबोमानोब* आरम्भ करने के बाद, मुझे एहसास हुआ कि अगर मैंने जल्द ही श्यामोली और उनके घराने को अन्तरंगता से नहीं जाना, तो मेरा काम अधूरा ही रहेगा। मैं उस जगह जाकर, पेशेवर हिजड़ों के जीवन को निकट से देख सकती थी, उन्हें अपनी पत्रिका के माध्यम से उनके अधिकार दिलवा सकती थी।

मुझे अपने ट्रांसजेंडर दोस्तों जगदीश व अन्य से उस प्रक्रिया के बारे में पता था जिसके अनुसार ही किसी चेली या कोटी को पेशेवर छिबड़ी में बदला जाता था। उस जगह के कई ट्रांसजेंडर लोगों ने इस बात को माना कि वे पुरुष देह के बावजूद एक औरत थे और अपनी मुक्ति के लिए तरस रहे थे। वे साड़ी, सलवार-सूट और स्कर्ट वगैरह पहन कर मेकअप करते ताकि अपने भीतर छिपी स्त्री को सन्तुष्ट कर सकें, परन्तु उनके कपड़ों के नीचे पुरुष गुप्तांग ज्यों-का-त्यों रहता क्योंकि वे न तो बधिया करवाना चाहते थे और न ही उनके पास सेक्स चेंज ऑपरेशन के लिए पैसा था। बेशक इस ऑपरेशन के बाद भी लगातार डॉक्टर को दिखाना पड़ता है जिसके लिए पैसा लगता है। आपके आस-पास जितने भी ट्रांसजेंडर लोग दिखाई देते हैं, उनकी यही हकीकत है। बेशक ऐसे बहुत से लोग हैं जो आधे-अधूरे तरीके से बधिया करवाने के लिए राज़ी हो जाते हैं—आप इस प्रक्रिया की तुलना घोड़ों को बधिया करने की प्रक्रिया से कर सकते हैं जो सांड या नर घोड़ों को पालतू बनाने के लिए की जाती है। कहना न होगा, यह काम बिना किसी चिकित्सीय देख-रेख के किया जाता है और अक्सर ऐसे मामलों में प्रभावित व्यक्ति की जान पर भी बन आती है।

किसी भी दशा में, मेरा उन लोगों के बीच शामिल होने का एक मकसद था—मैं उनके साधारण ट्रांसजेंडर जीवन को पास से देखना चाहती थी। एक बार फिर से मुझे एहसास हुआ कि भले ही मेरे माँ-बाबा और बहनों ने जीवन में मेरी लैंगिकता को हृदय से नहीं स्वीकारा, पर इसके बावजूद, इस जीवन में उनके योगदान को भुला नहीं सकती। अगर उन्होंने मुझे अपनी निगरानी में रखते हुए, शिक्षा और कैरियर के लिए दबाव न डाला होता, तो कौन जाने मेरी क्या दशा होती?

उस घराने में प्रवेश का भी एक तरीका था, जिसे श्यामोली दी आश्रम कहती थीं, मुझे उनसे 'दीक्षा' लेनी थी। श्यामोली दी का उस इलाके में भारी दबदबा था—जो उनके डील-डौल से मेल खाता था—उस इलाके की पुलिस से लेकर प्रशासन तक उनसे पूरे आदर व मान से पेश आते। कारण, उनका घर प्रत्येक असहाय ट्रांसजेंडर का आसरा था, जिन्हें समाज तिरस्कृत कर, अपने से दूर कर देता था! उनके आश्रम में हर ट्रांसजेंडर का स्वागत होता था। बस उसे आश्रम के नियमों और कायदों का पालन करना होता। रोज़गार कमा कर, दी के साथ हिसाब-किताब बराबर रखना पड़ता। श्यामोली दी के बनाये नियमों पर कोई आवाज़ नहीं उठा सकता था।

पर उस आश्रम में घुसना आसान नहीं था, मेरे लिए भी इतना आसान नहीं रहा। ऐसा नहीं कि कोई भी जाकर, आश्रम के सदस्यों से उनके बारे में जानकारी ले ले। उन्हें इस बारे में बात करने की सख़्त मनाही रहती है। इसलिए मैंने दीक्षा ली, इसकी तुलना आप 'गुरु और शिष्य' परंपरा के 'गंडा' बाँधने से कर सकते हैं और इस तरह मैं भी श्यामोली दी की शिष्या बन गयी।

उनकी रोज़मर्रा की ज़िन्दगी में इतना कुछ देखने को मिला कि मैं बुरी तरह से चौंक गयी और मुझे एहसास हुआ कि केवल पत्रिका के लिए कथेतर साहित्य लिखना ही बहुत नहीं होगा। मैं जल्द ही श्यामोली दी को केंद्र में रख कर, एक उपन्यास लिखने लगी। मैंने इसे बांग्ला में एक कठिन सा नाम दिया, *अन्तहीन अन्तरीन प्रोसीतोबोर्तिका* अर्थात् रहस्यमयी क्षितिज। वह *अबोमानोब* पत्रिका में धारावाहिक रूप से प्रकाशित हुआ और साहित्यिक रूप से भी सराहा गया। कुछ समय बाद यही शृंखला पैपीरस प्रकाशन से छपी और जल्द ही सारी प्रतियाँ बिक गयीं। यह कुछ समय तक अनुपलब्ध रही पर लगातार माँग को देखते हुए इसे दोबारा प्रकाशित करवाने की योजना बनी, क्योंकि लोग नये संस्करण के बारे में पूछते रहते थे। मुझे खुशी है कि डेज़ पब्लिशिंग ने इसे पुनः प्रकाशित करने के लिए हामी भर दी है और अंग्रेज़ी के एक बड़े प्रकाशन संस्थान से इसका अनूदित संस्करण भी आ रहा है!

समय बदल रहा है, इसलिए लोगों की संवेदना में भी बदलाव आ रहा है। सुप्रीम कोर्ट ने अप्रैल 2014 को अपने फ़ैसले में, ट्रांसजेंडर लोगों को थर्ड जेंडर—तीसरे लिंग के रूप में मान्यता दी और संविधान में उनके समान अधिकारों की सुरक्षा की बात की गयी। यह अपने-आप में एक उल्लेखनीय निर्णय था। ट्रांसजेंडर के मामले में सुप्रीम कोर्ट के इसी निर्णय के कारण समाज में लोगों का हम जैसे लोगों के बारे में रवैया बदल रहा है। स्वप्नमोय चक्रवर्ती की पुस्तक *होलदे गोलप* जो ट्रांसजेंडर लोगों के जीवन पर आधारित है, को 'आनन्द पुरस्कार' से सम्मानित किया गया है। ऋतुपर्णो घोष ने जब अपनी फ़िल्म 'चित्रांगदा' बनायी थी तो लोगों ने उसे देखा ज़रूर था लेकिन ट्रांसजेंडर के सत्य को पूरी तरह स्वीकारा नहीं। लेकिन अब एक निश्चित परिवर्तन दिखता है। ट्रांसजेंडर पर जब भी कोई फ़िल्म बनती है तो लोग, विशेषकर युवा, उसे बड़ी सहजता से स्वीकारते हैं। यही कारण है कि पहले के मुकाबले अब काफ़ी ट्रांसजेंडर अपनी सच्चाई समाज के सामने स्वीकार करने में झिझकते नहीं।

मुझे उन्हें देखकर गर्व व प्रसन्नता का अनुभव होता है। उनमें से अनेक का कहना है कि मैंने उनके लिए स्वतंत्रता के द्वार खोल दिये। जब भी ऐसी बातें सुनती हूँ तो थोड़ा और आत्मविश्वास से भर उठती हूँ, सन्तोष मिलता है कि मेरा संघर्ष अकारथ नहीं गया। पर भीतर ही भीतर कई बार संदेह भी उमड़ आता है। शायद यह उस नकारात्मकता की वजह से होता होगा जो मुझे कदम-कदम पर सहन करनी पड़ी। क्या अब मेरा जीवन सहज हो गया था? नहीं, अभी वह समय नहीं आया था!

अबोमानोब पत्रिका के प्रकाशन के बाद जीवन में तेज़ी से परिवर्तन आया। मुझे मीडिया से जो कवरेज मिली, उसने कॉलेज के आततायियों से मुक्ति दिलाने में मदद की। हालाँकि उनका स्वभाव नहीं बदला, पर अब हालात ऐसे हो गये थे कि मैं उन्हें उपेक्षित कर सकती थी। मुझे यह एहसास बहुत भाया। मैं जानती थी कि अन्य अध्यापक मेरी पीठ पीछे बुराइयाँ करते और मुझे परेशान करने की कोशिश करते पर मेरे ध्यान न देने पर, वे स्वयं ही पीछे हटने लगे। मैं अपना सारा खाली समय सेक्स चेंज से जुड़े ऑपरेशनों के बारे में लिखे गये लेखों को पढ़ कर बिताती। मैंने अपने निजी संघर्ष को मिटाने और सेक्स बदलने की सर्जरी करवाने का संकल्प ले लिया था, लेकिन

मुझे पता था कि ये प्रक्रिया इतनी सरल नहीं होने वाली। हालाँकि *अबोमानोब* की वजह से शहर में मेरी ख्याति और कोलकाता के साहित्यिक जगत से मेलजोल ने मुझे इतना आत्मविश्वास दे दिया था कि मैं इस चुनौती का सामना कर सकूँ। मुझे एहसास हुआ कि पहले मेरी असुरक्षा का भाव इसलिए बढ़ा क्योंकि मैंने खुद को अपने चिर-परिचित शहरी परिवेश से अलग कर लिया था और अपने निजी संघर्ष को उस अनजान देहाती परिवेश में पूरा करने की कोशिश कर रही थी, जिसके लिए मैं एक बाहरी व्यक्ति थी।

सेक्स परिवर्तन की सर्जरी लम्बे समय तक चलने वाली प्रक्रिया है। ऐसा नहीं कि अचानक आपने मन बनाया और आप किसी अच्छे प्लास्टिक सर्जन को खोज कर ऑपरेशन कराने चल दिये। किसी सेक्स चेंज ऑपरेशन से पहले मनोविश्लेषक और मनोचिकित्सक की भूमिका बहुत महत्त्वपूर्ण होती है। मैं पहले ही अपने संकल्प के बारे में बता चुकी हूँ। मैं छोटी आयु से ही मनोचिकित्सकों से भेंट करती आ रही थी, इसलिए मैं अपने क्लीनिकल अवसाद से जूझ सकती थी। पर मुझे अनुभव हुआ कि ये थेरेपिस्ट ट्रांसजेंडर लोगों के मन की गहराई तक जाये बिना, उन्हें केवल एक 'केस' भर समझते हैं। मैं सेक्स बदलने वाली सर्जरी करवाने को बेचैन थी पर कोई भी मनोचिकित्सक ऐसा नहीं मिला जिसने मुझे प्रोत्साहित किया हो। वे मुझे लगातार इससे दूर रहने को ही कहते रहे, क्योंकि ऑपरेशन के बाद, अधिकतर लोग अपनी नई छवि के साथ समझौता नहीं कर पाते थे और खुदकुशी कर लेते थे। यह सुन कर मेरे अवसाद का अन्त न रहता और मैं सेक्स चेंज से जुड़ी केस हिस्ट्री और लेखों की तलाश में जुट जाती।

कहते हैं कि जब आप पूरे दिल से किसी चीज़ को चाहते हैं, तो पूरी कायनात अपनी ओर से इस कोशिश में लग जाती है कि वह आपको मिले। मेरे मामले में, एंडोक्रिनोलॉजिस्ट अनिर्बान मजूमदार ने, अखबार में मेरा एक लेख पढ़ा और मुझसे सम्पर्क किया। उन्होंने मेरे इलाज का प्रस्ताव रखा और बताया कि इससे पहले कि कोई प्लास्टिक सर्जन अपना काम करे, मुझे उनके साथ लम्बे समय तक, हारमोन थेरेपी लेनी होगी। उन्होंने यह भी कहा कि मेरे जो अन्य ट्रांसजेंडर दोस्त ऐसे इलाज में दिलचस्पी रखते हैं, वे उनसे भी मिलना चाहेंगे।

मैंने अपने शोध के बाद पाया कि अनिर्बान कोलकाता में, अपने क्षेत्र के महारथियों में से थे और तय कर लिया कि उनके धाकुरिया स्थित चैंबर में मिलने जाऊँगी। हमारे आश्रम से कोई और ट्रांसजेंडर साथ आने को तैयार नहीं हुआ, इसलिए मैंने अकेले ही जाने का निर्णय ले लिया। अनिर्बान ने मेरा स्वागत किया और कहा कि वे मेरे जैसे लोगों का इलाज करने के मिशन पर थे ताकि हमें हमारी असली पहचान दी जा सके। उन्होंने अपनी फ़ीस भी बहुत घटा दी थी ताकि अधिक-से-अधिक ट्रांसजेंडर उनके पास आने के लिए आकर्षित हो सकें! पर उन्होंने मुझसे एक रुपया भी नहीं लिया!

आज मुझे एहसास होता है कि वे भी अपना प्रयोग करने के लिए बेचैन थे। और हाँ, उनका प्रयोग शत-प्रतिशत सफल रहा।

अनिर्बान ने जिस तरह मुझसे बात की और मेरा उत्साह बढ़ाया उससे मैं प्रसन्न थी। मैं अक्सर श्यामोली दी से कहती कि वे अपने लोगों को डॉक्टर के पास भेजें पर वे टस-से-मस होने को तैयार नहीं थीं। तब तक, अनिर्बान ने डॉ. मनोज खन्ना के साथ, मेरी सेक्स चेंज सर्जरी की बात कर ली थी, जो शहर के नामी प्लास्टिक सर्जन थे। श्यामोली दी मेरे सारे उत्साह पर पानी फेर कर कहतीं कि ऐसे ऑपरेशन कभी कामयाब नहीं हो सकते। अगर बधिया करने की बात आती तो उन्हें अपने नीम-हकीम तरीकों पर कहीं ज़्यादा भरोसा था। उन्होंने मुझे चेतावनी दी कि मुझे उस सर्जरी से दूर रहना चाहिए, क्योंकि उसमें मेरी जान को खतरा हो सकता था। वे लगातार मुझे जॉली के बारे में बतातीं कि जब जॉली डॉक्टर के पास सेक्स चेंज ऑपरेशन के लिए गयी तो उसका ऑपरेशन सफल नहीं हो सका, क्योंकि वे उसके लिए एक योनि नहीं तैयार कर सके। मुझे उनकी बात पर यकीन नहीं था, क्योंकि मैं जानती थी कि जॉली का ऑपरेशन कई तरह के रहस्यों से घिरा था और उसने डॉक्टर के पास जाने से पहले ही, अपना लिंग स्वयं काट दिया था।

श्यामोली दी की चेतावनियों के बावजूद मैंने अपनी हॉरमोन थेरेपी आरम्भ कर दी। मैं उत्साहित थी कि जल्द ही मैं अपनी एक पहचान कायम कर सकूँगी और अंडबंड बकने वालों की जुबाँ पर ताला लग जायेगा। अनिर्बान लगातार मेरा हौसला बढ़ा रहे थे। इस प्रयोग और चिकित्सा के लिए मैं उनकी पहली मरीज थी। ऐसा करना बहुत ही साहस भरा काम था, क्योंकि वे अपने

क्लीनिकल अनुभव के आधार पर, हॉरमोनल दवाओं के मेल तैयार करके, मेरा इलाज कर रहे थे। उनके पास पालन करने के लिए कोई प्रोटोकोल नहीं था, क्योंकि जहाँ तक मेरी जानकारी थी, सेक्स चेंज ऑपरेशन के लिए इंटरनेशनल गाइडलाइंस, 2009 के बाद सामने आयीं। उन्होंने जो दवाएँ दी थीं, उनके विस्तार में जाने की बजाय, मैं आपको केवल इतना बता सकती हूँ कि इस इलाज में, मेरे पुरुष हॉरमोन टेस्टोस्टीरॉन को घटाया जाना था, मेरे तंत्र में इसकी बहुत अधिक मात्रा थी और इसके साथ ही इंजेक्शन और दवाओं की मदद से शरीर में ऐस्ट्रोजन नामक मादा हॉरमोन को बढ़ाना था। यह एक क्रमिक चिकित्सा थी, जिसमें मेरे तंत्र में जाने वाले कृत्रिम हॉरमोन गहरी उथल-पुथल मचाने वाले थे। यह हॉरमोन उपचार 1999 में आरम्भ हुआ था और अन्ततः वर्ष 2003 में मेरी सर्जरी की गयी।

अगले तीन वर्षों तक, मैं हॉरमोन थेरेपी लेती रही और मैंने अपने शरीर को धीरे-धीरे बदलते हुए देखा। मुझे सबसे पहले इसी चीज़ ने खुशी दी कि मैं खूबसूरत और दिलकश होती जा रही थी। मैं दर्पण में अपने-आप को देख कर चकित रह जाती। मेरी देह की पुरुषोचित कठोरता घुलती जा रही थी और धीरे-धीरे चमड़ी पर एक चमकदार कोमलता दिखने लगी थी। मेरे शरीर के बाल पतले होने लगे, चेहरे के बाल सबसे पहले गायब हुए। हालाँकि मेरी हड्डियों का ढाँचा काफ़ी हद तक वैसा ही रहा, मैं पहले से भरे-भरे जिस्म वाली लगने लगी और फिर अपनी देह की सुंदरता देख कर मोहित हो उठी। मेरी कमर, छाती और पेट का रूप बदलने लगा। धीरे-धीरे, शीशे में दिखती देह पर वह सब दिखाई देने लगा था, जिसे पाने के लिए मैं बचपन से तरसती आयी थी। मेरे वक्ष विकसित होने लगे। मैं प्रतिदिन देखती कि किस तरह मेरी सपाट छाती पर दो छोटे गोल उभार उभरने लगे थे। जब मैं धीरे-धीरे बदलती देह को देखती तो मेरे रोंगटे खड़े हो जाते। एक पुरुष का शरीर होने के बावजूद मेरे नैन-नक्श काफ़ी तीखे थे और इस वजह से डॉ. अनिर्बान का काम थोड़ा आसान हो गया था। मैं एक स्त्री की तरह ही सोचती और व्यवहार करती थी, इससे भी कृत्रिम हॉरमोनों को बढ़ावा मिला।

मैं और भी दिल से अपनी पसन्द के कपड़े पहनने लगी। लोग कहते थे कि मैं ग्लैमरस दिखती हूँ और मुझे यह सुनकर प्रसन्नता होती। जी, कॉलेज

में मेरे बैरियों का दबाव बना रहा। वे मेरे भीतर आने वाले इस बदलाव से दंग थे। फब्तियाँ कसने का काम जारी रहा और वे मुझे सताने और परेशान करने का कोई अवसर हाथ से न जाने देते, पर कई बार मेरी यह नई आज़ादी उन्हें भी दबा देती; बाकी अवसरों पर मेरी कोशिश यही रहती कि मैं अपने अवसाद को अपने पर हावी न होने दूँ। अनिर्बान ने मुझे इस पर जीत हासिल करने के लिए भी दवा दी थी।

अनिर्बान ने मेरे इस काम को एक प्रार्थना की तरह लिया और मेरा नियमित रूप से निरीक्षण करते रहे। उन्होंने अपने प्लास्टिक सर्जन मित्र डॉ. मनोज खन्ना से परामर्श किया और उन्होंने आपस में मिलकर तय कर लिया कि मेरे ऑपरेशन के लिए बेहतर समय कौन सा हो सकता था। उस चरण के दौरान, मेरी मनोचिकित्सीय काउंसलिंग भी बढ़ा दी गयी, क्योंकि मैं अपने आगे आने वाले उस भारी बदलाव के तनाव को झेलने के लायक हो सकूँ। तब मुझे समझ आया कि जन्मजात पुरुष देह के साथ नारीत्व को महसूस करना एक अलग बात थी और शरीर की कुदरती प्रक्रियाओं को रोककर, सजग भाव से दूसरे सेक्स में बदलने का निर्णय लेना, पूरी तरह से अलग बात थी। एक बार यह सब होने के बाद, मैं अपने आरंभिक रूप में वापस नहीं जा सकती थी। मैंने अनिर्बान को आश्वस्त किया कि मैं स्त्री होने के लिए ही जन्मी थी और मैंने आजीवन प्रतीक्षा की थी कि मुझे एक नारी देह मिल सके। मैंने अपनी ओर से डॉक्टरों को यथासम्भव आश्वासन दे दिया, परन्तु जब झाड़ग्राम लौट कर, अपने कमरे में आयी तो उनकी चेतावनियाँ मेरे कानों में गूँजने लगीं, मैं इस बात से इनकार नहीं कर सकती कि मैंने भय अनुभव किया।

मैं अचानक आधी रात को जग कर अपने भविष्य के बारे में विचार करने लगती। अंधकार और अकेलापन, एक ही सिक्के के दो पहलू हैं और जब आप मानसिक उथल-पुथल से गुज़र रहे हों तो वे मिल कर आपका जीवन दूभर कर देते हैं। मेरा नया जन्म कैसा होगा? क्या मैं एक नये इन्सान के तौर पर सामने आ सकूँगी? बाहरी तौर पर तो ऐसा होगा, पर क्या भावात्मक और आध्यात्मिक तौर पर भी ऐसा हो सकेगा? मेरे पास ऐसे बहुत सारे प्रश्न थे, जिनका मेरे पास कोई उत्तर नहीं था। कई बार संसार इतना खोखला लगने लगता कि मेरे अपने ही प्रश्न लौट कर मेरे पास आने लगते। मेरे संदेह टन

भर के होकर, छाती पर आ बैठते और मेरे लिए साँस लेना भी दूभर हो जाता।

मैं जानती थी कि मेरे ऑपरेशन कराने के निर्णय पर कोई भी अपनी सहमति की मुहर नहीं लगाने वाला। यह मेरी अपनी लड़ाई थी और इसे मुझे अकेले ही लड़ना होगा। मेरा पूरा परिवार इसके सख्त खिलाफ़ था और मैंने तय किया कि माता-पिता या बहनों की ओर से मिली नकारात्मक प्रतिक्रिया के भार तले दबने से बेहतर होगा कि मैं हर बात अपने तक ही रखूँगी और सब कुछ होने के बाद ही उन्हें पता चलेगा।

कुछ देर तक मैं अपने संकोच में घिरी रही और उधर डॉ. अनिर्बान अधीर हो गये। हॉरमोनल उपचार बहुत समय से चल रहा था और मेरे बाहरी बदलाव पूरे हो चुके थे। उन्होंने कहा कि या तो मुझे हॉरमोनल उपचार को तुरंत बन्द कर देना चाहिए या जल्दी ही ऑपरेशन करवाना चाहिए। मेरे शरीर में जो हॉरमोन डाले गये, वे सिंथेटिक थे और वे मेरी किडनी और लिवर पर अपना असर डाल रहे थे। मेरे पूरे शरीर पर काले चकत्ते भी होने लगे, जिनकी वजह से अनिर्बान परेशान थे।

मुझे याद है कि वह वर्ष 2002 का समय था, मैंने अपने इष्ट देव शिव का स्मरण करते हुए डॉ. खन्ना से कहा कि मैं सर्जरी करवाने के लिए तैयार हूँ। मैंने भीतर से मज़बूती पाने के लिए प्रार्थना की पर मैं डरी हुई थी। मैं रोती रही, और तब तक रोती रही, जब तक मेरी आँखों के सारे आँसू नहीं सूख गये। मैंने ईश्वर को दुहाई दी कि उन्होंने मुझे ऐसा क्यों बनाया? मैंने ऐसे क्या कर्म किए थे कि मुझे यह दिन देखना पड़ा? अन्ततः मन शान्त हुआ। कहीं-न-कहीं, भीतर से कोई कह रहा था कि भगवान मेरे साथ हैं, वे ही मुझे हाथ थाम कर वहाँ तक लाए हैं तो आगे भी वही राह दिखाएँगे। मैंने पूरे संकल्प के साथ डॉ. खन्ना के क्लीनिक में कदम रखा। पर मेरा सारा संकल्प चूर-चूर हो गया।

मैं ऑपरेशन के लिए तैयार थी। वे मुझे ऑपरेशन थियेटर की ओर ले जा रहे थे। डॉ. खन्ना मुझसे बात करते रहे और उन्होंने अपनी ओर से मेरा ढाढस बँधाने में कोई कमी नहीं रखी, पर ऑपरेशन थियेटर को देखते ही मुझे कुछ हो गया। लगा जैसे दुनिया मेरे लिए खत्म हो गयी है। अचानक जी मिचलाने लगा और ऐसा लगा कि उस जगह से भाग खड़ी होऊँ। मैं अब

भी अपनी प्रतिक्रिया के बारे में बता नहीं सकती। एक सहायक ने डॉ. खन्ना को बताया कि मैं अब भी सर्जरी करवाने के लिए पूरी तरह से तैयार नहीं थी। मैंने स्वयं को असहाय और दयनीय दशा में पाया। अपने गैरज़िम्मेदाराना बर्ताव से शर्मिंदा होकर, डॉ. खन्ना से क्षमा माँगी कि मैं उनकी अपेक्षाओं पर खरी नहीं उतर सकी। पर उन्होंने मुझे दिलासा दी कि उन्होंने इस बात का बिलकुल बुरा नहीं माना और अक्सर ट्रांसजेंडर लोगों के जीवन में ऐसे नर्वस ब्रेकडाउन के अवसर आते ही हैं। उन्होंने आश्वस्त किया कि मुझे जब भी उनकी ज़रूरत होगी तो वे हमेशा मेरे साथ होंगे। मैंने उनसे आग्रह किया कि वे मेरी प्रतीक्षा करें। मुझे याद है, जब मैं उनसे कह रही थी कि वे मेरा विश्वास करें, मैं ऑपरेशन करवाने के लिए उनके पास लौट कर अवश्य आऊँगी तो मेरे आँसुओं की बाढ़ रुकने का नाम नहीं ले रही थी। और मुझे उनके पास लौट के जाने में अंदाज़न एक साल का समय और लगा।

~

मैं इस बात से इनकार नहीं कर सकती कि जब पहली बार, मैं ऑपरेशन करवाने से कतरा कर, क्लीनिक से बाहर आयी तो मैंने स्वयं को आज़ाद और सन्तुष्ट पाया पर यह भावना अधिक समय तक नहीं टिक सकी। मैं बहुत जल्द, डॉ. खन्ना के पास दोबारा जाने के लिए तैयार थी। यह सब मेरे जीवन में आये भारी बदलाव के कारण सम्भव हो सका, जिसने एक धूल भरे तूफ़ान की तरह, मेरे पाँव धरती से उखाड़ दिये थे।

मैं कॉलेज की अपनी एक सखी अंजना के काफ़ी निकट आ गयी थी, वह मेरी पीड़ा को समझती थी और अक्सर कहती थी कि मैं जिस भाड़े के घर में रहती हूँ, उससे कहीं बेहतर स्थान पर रहने की हकदार हूँ। वह मेरे लिए घर तलाशती रहती थी और आखिर में उसने पड़ोसी गाँव में, अपने घर के पास ही मेरे लिए घर तलाश लिया। यह कल्पतरु भवन कहलाता था—यह जगह किसी विशाल और भव्य महल जैसी दिखती थी। मैं उस जगह लगभग दस वर्ष तक रही और वह मेरे जीवन के सबसे प्रसन्नतादायक और पीड़ादायी क्षणों का साक्षी रहा।

यह अंग्रेज़ी के 'यू' के आकार का भवन था, जिसके बीच में घास का

छोटा सा बगीचा था। आप उसमें बैठकर हरियाली का आनन्द उठा सकते थे। मेरा घर, यू के एक ओर, निचले तल्ले पर था; मैं अपने इस नये घर को देख बहुत प्रसन्न हुई। घर के मालिक, कणक कांति मुखर्जी दयालु किस्म के इन्सान लगे और उन्हें देख कर लगा कि मुझे किराए पर घर देकर, उन्हें भी अच्छा लगा। वे मुझे देखते ही जान गये कि मैं एक ट्रांसजेंडर थी पर इस बात से उन्हें या उनकी पत्नी को कोई अन्तर नहीं पड़ा। उनका बेटा कोलकाता में पढ़ रहा था और बेटी उनके साथ रहती थी। मैं जल्द ही उस परिवार के निकट आ गयी, खासतौर पर जब यह पता चला कि वे संगीत और सांस्कृतिक गतिविधियों में रुचि रखते थे तो हमारी अच्छी जमने लगी। उनकी बिटिया रबींद्र संगीत गाती और मैं प्रशंसक दर्शकों के बीच नृत्य करती। वे शामें बहुत सुखद थीं, जिन्होंने उस कुंठा को मिटाने में मदद की जो अक्सर कॉलेज से मेरे साथ घर आ जाया करतीं। तब तक, मैं झाड़ग्राम में बहुत लोकप्रिय हो गयी थी। मेरी विचित्र लैंगिकता के बावजूद बहुत सारे लोग मुझे सराहने लगे थे और यही देखकर मेरे सहकर्मी ईर्ष्या करते थे, क्योंकि उन्हें एहसास हो गया था कि अब मुझे दबाना या नीचा दिखाना इतना आसान नहीं रहेगा।

अंजना जानती थी कि मुझे खाना पकाना पसन्द नहीं। मुझे पढ़ने, बातचीत करने या सांस्कृतिक गतिविधियों में समय बिताना पसन्द था। वह जानती थी कि अगर मुझे जबरन खाना बनाना पड़े तो मैं भूखा रहना या कुछ भी खाकर पेट भरना ज़्यादा पसन्द करती। तो उसने अपनी माँ को मना लिया और वे मेरे लिए भी खाना पकाने लगीं। मेरा खाना-पीना उनके घर ही होने लगा।

पर जीवन इतना शान्त और सहज कब रहा है, जल्दी ही मेरे लिए फिर से हालात बदलने लगे। भवन का एक और कमरा किसी कंपनी को किराए पर दिया गया जो वाटर फ़िल्टर बेचने का काम करती थी। मैंने लक्ष्य किया कि कुछ नौजवान उस कमरे में आकर रहने लगे। उनमें से कुछ चेहरे पहचान में आने लगे थे। कार्यालय में अजनबी लोगों का आना-जाना भी लगा रहता; वाटर फ़िल्टर भी आते-जाते रहते—ये सब आम दृश्य थे जिनकी ओर मैंने कभी इतना गौर नहीं किया। मुझे कोई कुछ नहीं कहता था, इसलिए मैंने भी उन्हें अनदेखा किया। परन्तु एक दिन मैंने देखा कि फ्रेंच दाढ़ीवाला एक व्यक्ति बरामदे में खड़ा मुझे ही ताक रहा था। मैं उसे देखकर चकित हुई क्योंकि वह

तो कार्यालय बन्द होने का समय था और तकरीबन लड़के उस समय तक चले जाते थे। मुझे उसके चेहरे के भाव पसन्द नहीं आये। मैं कॉलेज से आकर ताज़ा दम हो रही थी। मैंने खुद को तौलिए में लपेट रखा था और बरामदे में, तार पर कुछ कपड़े डालने गयी थी, जब अचानक उस आदमी को देखा। पता नहीं, हो सकता है कि यह मेरी कल्पना ही रही हो पर मुझे उसके होंठों पर वासनामयी मुस्कान दिखी और वह सीधा मेरे वक्षस्थल के बीच वाले हिस्से को घूर रहा था जो हॉरमोनल उपचार के बाद साफ़ तौर पर उभार बन कर दिखने लगा था। मैंने अपना तौलिया सहेजा और झट से कमरे में लौट आयी। मेरा दिल तेज़ी से धड़क रहा था और मैंने उससे भय का अनुभव किया।

कुछ ही देर बाद, मेरे दरवाज़े पर आहट हुई। मैंने उसे खोलने का साहस नहीं किया पर अंदर से ही पूछा कि कौन था। जवाब मिला कि वह वाटर फ़िल्टर कंपनी का नौकर था। उसने कहा कि वाटर फ़िल्टर कंपनी का मालिक मुझसे बात करना चाहता है। मैं झट से समझ गयी कि वह किसकी बात कर रहा था और मैंने साफ़ इनकार कर दिया। मैंने संदेशवाहक को फटकारा कि उसे मेरे पास ऐसा प्रस्ताव लाने का साहस कैसे हुआ और फिर मैंने उसे जाने को कहा।

गर्मियों का मौसम था, वह आदमी अपने कुछ दोस्तों के साथ छत पर मेरी प्रतीक्षा कर रहा था। मैंने खुद को एक असहाय मेमने की तरह महसूस किया जिसके पीछे कोई आदमखोर पड़ गया हो। मैं मन-ही-मन जान गयी थी कि वह आदमी मुझसे क्या चाहता था और वह मेरे इनकार को इतनी आसानी से नहीं मानेगा। मैं गलत नहीं थी। उसने मेरे लिए एक ऐसा जाल बिछाया जो अन्ततः मेरे लिए अभिशाप सिद्ध हुआ।

9

वह वर्षा ऋतु की एक शाम थी। एक ऐसी शाम, जब आप किसी का साथ पाने के लिए तरस जाते हैं। गर्मियों का लम्बा अवकाश बीत चुका था और मानसून अभी आया ही था। मैं यूँ ही बेध्यानी में अपने कमरे से बाहर निकली और अचानक मेरी आँखें, हरे लॉन को पार करते हुए बरामदे के दूसरी ओर जा पहुँचीं। मैं स्तब्ध रह गयी। मैंने एक सुन्दर से नवयुवक को उसके कूल्हों के भार बैठे देखा। शायद ऐसे लोगों को केवल सुन्दर कह देना न्याय नहीं होता। वह जो कर रहा था, वह मेरी उन भावनाओं के ठीक विपरीत था, जो उसने मेरे भीतर जगा दी थीं। वह आदमी बर्तन मांज रहा था, यह काम उसकी कद-काठी और रूप के साथ कहीं से भी मेल नहीं खाता था। उसे देख कर लग रहा था कि माइथोलॉजी की किसी किताब से कोई तस्वीर बाहर आ गयी हो।

मुझे उस जगह से हट कर, उसे कहीं आड़ से देखना चाहिए था, पर मैं इतनी मोहित हो गयी थी कि यह भी भूल गयी कि उस ओर रहने वाले लोगों के साथ मेरे सम्बन्ध अच्छे नहीं थे। मैं वहीं खड़ी उसे तब तक ताकती रही, जब तक उसने अपना काम निपटा कर ऊपर नहीं देखा। उसने सीधा मेरी ओर ताका। मैं उसी समय उसके प्रेम में दीवानी हो गयी और चेहरे पर इतनी बड़ी मुस्कान नाच उठी। जब मैं हौले-हौले अपने कमरे में लौटी तो अपनी पीठ पर उसकी आँखों की तपिश महसूस कर सकती थी। उसकी मौजूदगी में जाने कैसा जादू-सा था। मैं उसी क्षण जान गयी कि मुझे उससे प्रेम हो गया था।

आज भी अरिंदम पर्बत* से पहली बार नज़रें मिलने के बारे में बात करती हूँ तो शब्द साथ ही नहीं देते। वह इस कदर सुन्दर था मानो काले गहरे आकाश में बिजली की चमक हो! मैं हमेशा से सुन्दर दिखने वाले मर्दों की

ओर आकर्षित होती आयी हूँ पर अरिंदम की तुलना मेरे किसी भी पुराने अनुभव से नहीं की जा सकती थी। वह न केवल दिखने में सुन्दर था, बल्कि उसकी मौजूदगी ही अपने-आप में एक रोमानी एहसास से भरपूर थी। वह सुशिक्षित, सभ्य, मृदुभाषी तथा सौम्य था और आँखें कुछ ऐसीं कि उनकी ताब से सामने वाला देखते ही पिघल जाये। मैं उसकी एक झलक पाने को तरसने लगी और उससे एकान्त में मिलने का अवसर तलाशने लगी। अरिंदम ने अपनी ओर से एक बार भी अपनी मर्यादा को लाँघने या अपनी ओर से मेरे प्रति प्रेम को प्रकट करना नहीं चाहा। वह प्रतीक्षा करता रहा, मुझे अर्थपूर्ण मुस्कान और नज़र से देखने के बाद, सब कुछ मुझ पर ही छोड़ देता। दरअसल इस बार बाज़ी पलटी हुई थी। मैं दिन-ब-दिन बेचैन होते हुए अधीर हुए जा रही थी। मैं उसके लिए अपने प्रेम को प्रकट करना चाहती थी, मैं अपने प्रेम का प्रत्युत्तर चाहती थी पर मैं यह खतरा भी मोल नहीं ले सकती थी कि मुझे बेहया समझ लिया जाये! मैंने स्वयं से कहा कि मैं एक स्त्री हूँ और मुझे उसके समान ही व्यवहार करना चाहिए। मैं चाहती थी कि यह पहल मेरे पुरुष की ओर से हो।

मुझे पता था कि वह भी मेरी मुहब्बत में पूरी तरह से डूबा हुआ था, हालाँकि दोनों में से किसी ने भी, अब तक कुछ नहीं कहा था। जब मैं सुबह कॉलेज जाती तो वह बरामदे में दिखता और ठीक उसी समय, बाहर इंतज़ार करता दिखता, जब मेरी कॉलेज से वापसी होती। उसे हेमंत, मन्ना डे और श्यामल मित्र के आधुनिक बंगाली गीत सुनना भाता था—जो कई पीढ़ियों के प्रेम गीत कहलाते हैं। वह जान कर ऐसे गाने तेज़ आवाज़ में चलाता ताकि मैं भी उन्हें सुन सकूँ। उसके पास अपने प्यार का इज़हार करने का यही उपाय था। वह ऐसे गीत लगाकर, बरामदे में प्यारी सी दिलकश मुस्कान के साथ मेरी प्रतीक्षा करता। मैं लजा कर मुस्कुराती और भीतर चली जाती। होंठों से एक भी शब्द कहे बिना, हमारे बीच जाने कितना कुछ कहा जा चुका था। हमारा प्रेम धीरे-धीरे परवान चढ़ रहा था; पृष्ठभूमि में 'ओगो काजोल नयन होरिणी' (ओ मेरी हिरणी जैसी आँखों वाली प्रेयसी) व 'बोनोतल फूले फूले ढाका' (आज वन में फूलों ने शैया बिछाई है) जैसे गीत बजते रहते। मैं 'मोन नियै' की सुप्रिया चौधरी व उत्तम कुमार के रूप में अपनी व अरिंदम की कल्पना करती, जहाँ अरिदंम अपनी आँखों की गहरी तड़प के साथ लुभाने की कोशिश करता था।

मैं उसकी प्रिया बन कर, उससे जुड़ना चाहती थी। यह एक अवर्णनीय व अलौकिक प्रसन्नता थी, जिसने किसी अदृश्य आवरण की तरह मुझे घेर रखा था। मैं रातों को जग कर अरिंदम के बारे में सोचती और मुझे यह भी पता होता था कि मुझसे थोड़ी ही दूरी पर, वह भी जग कर मेरे ही बारे में सोच रहा होगा। मैं अक्सर इसी बात की जाँच के लिए, बाहर जा कर बरामदे की बत्ती जगाती और ठीक उसी समय उसके बरामदे की बत्ती भी जग जाती। मैं भगवान से हर रोज़ प्रार्थना करती कि वह मेरे पास आकर बात करे पर बहुत समय तक ऐसा नहीं हुआ। बारासात से कुछ ट्रांसजेंडर दोस्त कुछ दिन के लिए मेरे पास रहने आये हुए थे। मैं अरिंदम के ख़यालों में इतना खोई रहती कि किसी भी दूसरी चीज़ पर मन ही नहीं रमता था। मैंने अपने दोस्तों को इस बारे में बताया तो वे लगातार हमारे बारे में हँसी-मज़ाक करने लगे और उन्होंने अपनी ओर से मध्यस्थता करने का प्रस्ताव भी रखा। परन्तु मैंने उन्हें कुछ समय तक प्रतीक्षा करने को कहा। अरिंदम के तेवर और मिज़ाज को देख कर लगता था कि उसे अपने आस-पास ट्रांसजेंडर लोगों का जमघट पसन्द नहीं आयेगा, जो उसके और मेरे रिश्ते को लेकर चुटकियाँ ले रहे हों। भले ही मुझे अपने दोस्तों की कितनी भी परवाह क्यों न हो पर इस बात से तो इनकार नहीं था कि उनमें शिष्टाचार का अभाव था और उनका अक्खड़पन किसी को भी अपदस्थ कर सकता था। मैं अरिंदम को किसी भी हाल में खोना नहीं चाहती थी। उस समय तक तो मुझे उसका नाम तक नहीं पता था। हालाँकि मेरी बातों से आपको लग रहा होगा कि हमारी प्रेम-कहानी कई सदियों तक चली होगी पर ऐसा नहीं था। जब मैंने उसे पहली बार देखा और जब वह मेरे कमरे में मिलने आया; इस सारे प्रसंग के दौरान केवल कुछ ही दिन बीते होंगे पर ऐसा लगता था मानो उसने हमारे बीच की चुप्पी को तोड़ने में सदियों का समय लगा दिया हो। वहीं से सब कुछ तेज़ी से आगे बढ़ने लगा।

पहले-पहल वाटर फ़िल्टर कंपनी के कर्मचारी, मुझे बउदी यानी भाभी कह कर बुलाने लगे। उन्हें साफ़ दिख रहा था कि उनका बॉस मुझसे प्रेम करता है और मैं भी उसी रंग में रंगी थी। आपको याद दिला दूँ कि मैंने उनके मालिक समरजित* की उपेक्षा की थी और उसके पूरे दल से दूरी बनाये रखी। उस दिन के बाद से वह कहीं दिखाई नहीं दिया। बाद में मुझे पता चला कि

वह कंपनी का मालिक था और उसका साला अरिंदम उसका एक कर्मचारी था जो खड़गपुर यूनिट की देखरेख करता था। मैंने कभी अरिंदम की समरजित से तुलना नहीं की। उन दोनों में ज़मीन-आसमान का अन्तर था। दरअसल, आरम्भ में, मैं अरिंदम को लेकर थोड़ा संदेह में थी कि जो इन्सान समरजित के इतना निकट होगा, वह अच्छा और नेक कैसे हो सकता था। मुझे पूरा यकीन था कि अरिंदम ने समरजित से मेरे बारे में ज़रूर सुना होगा। पर इसके बावजूद वह किसी रोमानी ख्वाब की तरह मुझ पर छाया हुआ था। इसके साथ ही उसकी आँखों की निश्छलता इस बात की साक्षी थी कि वह सबसे अलग था और हालात की मार के चलते, उसे समरजित जैसे आदमी के पास नौकरी करनी पड़ी थी।

एक दिन, कंपनी के एक कर्मचारी, सोरेन ने मेरे दरवाज़े पर दस्तक दी। बारासात वाले दोस्त आये हुए थे और हम मिल कर गप्पें लगा रहे थे। जब मैंने दरवाज़ा खोला तो सोरेन ने कहा कि उसके मालिक ने पूछने भेजा है कि क्या वे वाटर फ़िल्टर का डेमो दिखाने आ सकते हैं। मैंने झट से हामी भर दी, क्योंकि मैं जानती थी कि वाटर फ़िल्टर तो मुझसे मिलने का बहाना भर था।

जब अरिंदम आया तो मैंने ही पहला कदम बढ़ाया। मेरे दोस्त साक्षी थे, मैंने उससे कहा कि वह सीधा काम की बात पर आकर, अपने प्यार का इज़हार क्यों नहीं करता! पहले तो अरिंदम दंग रह गया और फिर लजा गया; उस दिन उसका चेहरा पहले से भी ज़्यादा खूबसूरत दिख रहा था। वह तब तक मुझे प्रेम भरी निगाहों से ताकता रहा, जब तक मैं शरमा कर दूसरी ओर नहीं देखने लगी, मेरा सारा बिन्दासपन जाने कैसे ओझल हो गया और मैं किसी लजीली वधू की तरह शरमाने लगी। ''क्या तुम मुझे आसरा दोगी? मैं बहुत-बहुत थक गया हूँ। मेरी आत्मा को बस एक ठिकाना चाहिए। वादा करो कि तुम हमेशा के लिए मेरी हो जाओगी!'' ये मेरे लिए, उसकी ओर से पहले शब्द थे। मैं भाग कर उसकी बाँहों में चली गयी और हमारे होंठ आपस में सिल गये। मैंने उसके लिए अपनी तड़प को छिपाने की भी कोशिश नहीं की और अपने दोस्तों के सामने ही हम चुंबन लेने लगे। वे सभी उन क्षणों के साक्षी बने और भावुक होकर, हमारी खुशहाली के लिए दुआएँ करने लगे।

मुझे यह भी याद है कि एक लम्बे और आवेग से भरे चुंबन के बाद

मैंने उससे क्या कहा था। ''आमी तोमाके एथो कोरे दिलाम; एखोन तुमी आमार।'' (मैंने तुम्हें चख लिया है इसलिए आज से तुम मेरे हुए।) वह मेरी इस निर्भीकता से चौंका तो अवश्य होगा पर अपने होंठों पर एक मीठी सी मुस्कान लिए रोमानियत बिखेरता रहा। मैंने उससे सीधा पूछ लिया कि क्या वह मुझसे शादी करेगा। इस बार उसके चेहरे पर हैरत दिखी और वह अपनी हैरानी को छिपा नहीं सका। मैंने उससे कहा कि मैं दो दिन के खेल में विश्वास नहीं रखती। मैं अपने लिए एक स्थायी सम्बन्ध की तलाश में थी जो मुझे परिवार और सुरक्षा प्रदान कर सके। मेरा मानना था कि विवाह और वचनबद्धता से ही मुझे ये दोनों मिल सकते थे, इसलिए मैं उससे बार-बार इसरार करती रही कि वह पहले विवाह करने का वचन दे। उसने मुझे गहराई से देखा और कहा कि यह तो कुदरतन तय था, हम आगे चलकर विवाह करने वाले थे। मैंने इन शब्दों को उसके वचन की तरह लिया।

उस स्थायी सम्बन्ध का आनन्द शब्दों में प्रकट नहीं हो सकता। अरिंदम भी मुझे पाकर खुश दिख रहा था। सबसे अहम बात यह थी कि उसे मेरे साथ शारीरिक सम्बन्ध बनाने की कोई हड़बड़ाहट नहीं थी। वह मुझे कहता कि वह उन क्षणों का इंतज़ार करेगा जब हम पुरुष और स्त्री के रूप में एक बंधन में बँधेंगे तो वह उन क्षणों को जिएगा। इस तरह मेरा उस पर विश्वास और गहरा होता चला गया। वह मेरे जीवन का सहारा बन गया और मैं अपने जीवन के सारे कष्टों को भुला बैठी। अब तो कॉलेज का माहौल भी सहनीय लगने लगा था, क्योंकि मेरे पास एक घर था और उस घर में कोई खास था, जिसके पास वापस जाया जा सकता था।

हमारी सारी शामें आपस में गप्पें लगाते, गाने गाते और कविताओं का पाठ करते बीततीं; हम दोनों का ही झुकाव संस्कृति की ओर था और इसी वजह से मुझे अपने सम्बन्ध पर गर्व था। अरिंदम भौतिकी में स्नातक होने के साथ, पूर्वी मिदनापुर के कोन्टई इलाके से था। विज्ञान का छात्र होने के बावजूद, टैगोर के गीत, साहित्य और काव्य पर उसकी पकड़ मुझे विस्मित कर देती। उसकी आवाज़ बहुत प्यारी और रोमानी थी। ज्यों ही उसे वर्षा वाले काले मेघ आते दिखाई देते तो वह बरामदे में जाकर मुझसे चिरौरी करता कि मैं उसे टैगोर का प्रसिद्ध गीत 'मोनो मोर मेघेरो शोंगी' (मैं मेघों के साथ निर्जन

में विचरता हूँ।) सुनाऊँ। इसके बाद वह मुझे कविता सुनाता। सुकांत भट्टाचार्य उसके प्रिय कवि थे और जब वह काव्य पाठ करता, 'आमी शेई बटीवाला,' तो मेरा पूरा अस्तित्व उसके सुर में गूँजते अकेलेपन के लिए पीड़ा से भर उठता।

मैंने भाँप लिया था कि अरिंदम भी बहुत अकेला था और उसे किसी की ज़रूरत थी जो उसका हाथ थाम कर ज़िन्दगी की राह में आगे ले जा सके। वह अपने परिवार के छिपे हुए राज़ बताने में कोई संकोच नहीं करता था और उसने ही बताया था कि जब वह बहुत छोटा था तो उसकी माँ किसी के साथ भाग गयी थी और फिर उसके पिता ने दूसरा विवाह किया। इस बात ने उसके दिल पर गहरी चोट की थी और मैंने महसूस किया कि जब भी वह मेरे साथ होता, तो वह एक माँ की ओर से मिलने वाले प्यार और देख-रेख के लिए तरसता था, जबकि वह अपनी ज़ुबाँ से ऐसा कुछ नहीं कहता था। मैंने अपने-आप से वादा किया कि उसे इतना प्यार और अपनापन दूँगी कि वह अपना सारा दु:ख भूल जायेगा।

~

एक-दूसरे की बाँहों में खुद को खोने और कभी-कभार जुनून से भरे, होंठों के चुंबनों के अलावा, हमने अपनी चाहत को सीमाओं में कैद रखा। मैं इस बात के लिए सजग थी कि अब भी मेरा शरीर एक मर्द का था, जबकि अरिंदम का अपने लिए प्यार महसूस करते हुए, मैं खुद को एक औरत की तरह ही महसूस करती। मैं नहीं चाहती थी कि अरिंदम मुझे मेरे उस रूप में देखे। मैं अपने प्रेमी से इस तरह सेक्स नहीं करना चाहती थी। मैं उसे असली यौन सम्बन्ध बनाने का आनन्द देना चाहती थी, जैसे मर्द और औरत के बीच होते हैं। अब मेरे मन में ऑपरेशन करवाने की इच्छा बढ़ती जा रही थी। मैंने अनिर्बान और डॉ. खन्ना, दोनों से कहा कि मैं ऑपरेशन करवाने के लिए तैयार हूँ और दुनिया की कोई ताकत मुझे ऐसा करने से रोक नहीं सकती।

मैंने डॉ. खन्ना से मुलाकात की और उन्हें अरिंदम के साथ अपने सम्बन्ध के बारे में बताया। मैंने उन्हें बताया कि आखिरकार, मुझे मेरा पति मिल गया है और हमारे सम्बन्ध को साकार रूप देने के लिए मुझे एक औरत के जिस्म की ज़रूरत थी। मैंने उन्हें यह भी बताया कि मैं अरिंदम से विवाह करने की

सोच रही हूँ और यह तभी सम्भव होगा, जब वे मेरी देह को एक औरत के साँचे में ढाल देंगे। डॉ. खन्ना मेरे लिए बहुत खुश थे।

वे जानते थे कि मैं सेक्स चेंज करने वाली सर्जरी के लिए मानसिक तौर पर तैयार थी और अब किसी प्रकार का विलम्ब नहीं होगा। लम्बे समय से चली आ रही हॉरमोन थेरेपी की वजह से मेरी चमड़ी पर काले दाग से पड़ गये थे और अरिंदम को भी लगता था कि मैं ज़रूरत से ज़्यादा हॉरमोन खुराक ले चुकी थी। ऐसा लगा, मानो सारी कायनात मुझे एक औरत बनाने के लिए साज़िश रच रही हो; ऐसे में, इसे टालने वाली मैं कौन होती थी? अब मेरे मन में पहले वाला भय और चिन्ता नहीं थी क्योंकि अब मेरे सामने जीवन का एक लक्ष्य था—विवाह, पति और एक परिवार। बेशक, मैं उस तरह की औरत नहीं बन सकती थी जैसी कुदरत ने बनाई है या जिसे समाज जानता है। मुझे कभी रक्तस्राव नहीं होगा और न ही मैं माँ बन सकूँगी पर मेरे पास योनि और वक्षस्थल होगा, जो मेरी लैंगिकता को बढ़ाने में मदद करेगा। मेरे लिए यह चीज़ बहुत मायने रखती थी, क्योंकि इस तरह मुझे वह पहचान मिल जाती, जिसे पाने के लिए मैं आजीवन तरसती रही।

यह कोई सरल ऑपरेशन नहीं था। डॉ. खन्ना ने मुझे ऑपरेशन थियेटर में कदम रखने से पहले ही, इसके सारे फ़ायदे और नुकसान यानी सारे पहलू बता दिये थे। मैं जानती थी कि वे उन औपचारिकताओं को पूरा कर रहे थे जो कानूनन, उन्हें एक मरीज़ के लिए करनी ही पड़ती हैं। इस बार, मुझे पूरा यकीन था कि मैं एक विजेता की तरह सामने आने वाली हूँ। मैं बहुत खुशी से ऑपरेशन थियेटर में गयी और परमात्मा से प्रार्थना की कि वे मेरे अंग संग रहें, मेरे सहाय हों। मैंने उनसे मदद माँगी कि वे मेरी उस जंग में साथ दें, जो मुझे अकेले ही जीतनी थी। मैंने इस बार भी अपने माता-पिता या बहनों को ऑपरेशन के बारे में कोई जानकारी नहीं दी थी। मुझे पता था कि वे मेरा विरोध करेंगे और मुझे ऐसा न करने की सलाह दी जायेगी। मुझे इसी बात का डर था कि कहीं वे मुझे कमज़ोर न कर दें।

मैं दस दिन तक अस्पताल में रही। डॉ. खन्ना ने मुझे बताया कि उन्होंने सफलतापूर्वक मेरे स्तनों को आकार दे दिया है और वे मेरे लिए मादा योनि तैयार करने में भी सफल रहे। मेरी हॉरमोन थेरेपी जारी रही और उसकी खुराक बदल दी गयी।

सेक्स चेंज अपने-आप में आजीवन चलने वाली क्लीनिकल प्रक्रिया है और समय-समय पर डॉक्टर से भेंट करने के अलावा जाँच भी करवानी होती है। अब भी, मैं नियमित अन्तराल पर अपने एंडोक्राइनोलॉजिस्ट के पास जाती हूँ। मेरी दशा ऐसी थी कि मुझे ऑपरेशन के बाद पूरी तरह से देख-रेख की ज़रूरत थी और इसकी व्यवस्था झाड़ग्राम में नहीं हो सकती थी। मैं नहीं चाहती थी कि अरिंदम मुझे उस हाल में, पट्टियों और खून के बीच देखे इसलिए मैंने उससे आग्रह किया कि वह कुछ समय तक मुझसे दूर रहे। मैं उसे अपनी ओर से सरप्राइज़ देना चाहती थी। अरिंदम मेरी मर्ज़ी के खिलाफ़ जाने वालों में से नहीं था, इसलिए उसने मेरी गोपनीयता और इच्छा का मान रखा।

एक दिन, जब मेरे घावों की मरहम पट्टी हो रही थी, तो एक मधुमक्खी ने अचानक मेरे वक्षस्थल पर डंक मार दिया। वह हिस्सा सूज गया और उसमें संक्रमण हो गया। मेरी एक छात्रा अंजना अपनी ओर से मेरी बहुत देखरेख कर रही थी। वह भी बड़ी परेशान हो गयी। झाड़ग्राम कोई ऐसी जगह नहीं थी जहाँ मुझे किसी तरह की डॉक्टरी सहायता मिल पाती, इसलिए विवश होकर, मुझे अपनी बहन को अपने बारे में बताना पड़ा।

वह सुन कर हक्की-बक्की रह गयी। पहले तो उसने मुझे बुरी तरह से डाँटा और मुझ पर गैरज़िम्मेदार होने का आरोप लगाया। उसे लग रहा था कि सेक्स चेंज के ऑपरेशन वाली बात उनके लिए बहुत शर्मनाक थी, क्योंकि समाज मेरे साथ अछूतों जैसा बर्ताव करेगा और वे मेरे परिवार के सदस्य हैं इसलिए उनके साथ भी सब वैसे ही पेश आयेंगे। पर अपना गुस्सा उतारने के बाद, उसे एहसास हुआ कि वह एक मरीज़, अपने छोटे भाई से बात कर रही थी जो बहुत गंभीर दशा में था और उसे मदद की ज़रूरत थी। इस बात से कोई अन्तर नहीं पड़ता था कि अब उसका भाई, उसकी बहन बन गया था। उसने मुझे कहा कि मैं उसके कोलकाता वाले घर में आ जाऊँ। मैंने भगवान को धन्यवाद दिया। भले ही मेरा परिवार जितना मर्ज़ी विरोध जताए पर जब भी मुझे ज़रूरत पड़ी तो वे मेरी मदद करने आगे आये हैं।

जब मैं स्कूल में पढ़ाती थी, तब से ही ओंकार* नामक छात्र मेरे सम्पर्क में था और ऐसे कठिन समय में, वह मेरी मदद करने आगे आया। उसे भूला नहीं था कि मैंने कैसे उसे स्कूल और कॉलेज पास करने और फिर रवींद्र

भारती विश्वविद्यालय तक जाने में सहायता की थी। जब उसे पता चला कि मैं बीमार हूँ और मुझे देखभाल की ज़रूरत है तो वह मेरी बहन के घर दौड़ा चला आया। वह मेरे पास बैठा और वादा किया कि वह रोज़ मेरी पट्टियाँ बदलने आयेगा। उसने तब तक ऐसा किया, जब तक मेरे घाव नहीं भर गये और मैं एक बार फिर से उठ कर चलने-फिरने लायक नहीं हो गयी। आखिर एक दिन मैंने खुद को शीशे में देखा और मुझे डॉ. खन्ना के हाथों का कमाल देख कर बहुत प्रसन्नता हुई। सोमनाथ मुझे हमेशा के लिए छोड़ कर चला गया था और मानोबी का जन्म हुआ था, जैसा कि डॉ. साहब ने सर्टिफ़िकेट पर मेरे नाम के रूप में लिखा था।

जी, मेरे नये नाम को अभी कानूनी मंज़ूरी तो नहीं मिली थी पर वह तो केवल औपचारिक प्रक्रिया थी। इस बात से इनकार नहीं किया जा सकता था कि अब मैं एक पुरुष नहीं रही थी। इसके लिए केवल डॉ. खन्ना ही धन्यवाद के अधिकारी नहीं हैं। दर्पण में मुझे देख कर जो ग्लैमरस महिला मुस्कुरा रही थी, वह अनिर्बान की बहुत ही सावधानी से दी गयी हॉरमोन थेरेपी का भी कमाल था। आखिरकार, मेरी आत्मा को अपनी देह मिल गयी थी और मेरे भीतर का वह अधूरापन खत्म हुआ जो जन्म से ही मेरे साथ बना हुआ था। जीवन में आगे जाकर, मेरी भेंट प्रसिद्ध प्लास्टिक सर्जन मृण्मय नन्दी से हुई और उनकी मदद से मैं एक इंच और, सम्पूर्णता की ओर अग्रसर हो सकी।

जब मैं पूरी तरह से स्वस्थ हो गयी और डॉ. खन्ना ने भी अपनी ओर से फ़िटनेस सर्टिफ़िकेट दे दिया, हम मेरे इस नये रूप को लेकर मज़ाक करने लगे। मैंने उनसे पूछा कि क्या मेरा ग्राउंड और फ़र्स्ट फ़्लोर पूरी तरह से ठीक हो गये थे तो वे भी मेरे साथ खिलखिला कर हँस दिये। अब मेरा केवल एक ही मिशन था। अरिंदम से भेंट की जाये ताकि हम अपने सम्बन्ध को विवाह में बदल सकें। मेरा प्रेमी मेरे नये जिस्म को देखकर कैसी प्रतिक्रिया देगा, यह सोच-सोच कर मेरा मन मुग्ध हुआ जा रहा था। उस समय मुझे कैसा लगता था, शायद मैं आपको शब्दों में प्रकट नहीं कर सकूँगी। अन्ततः मैं उसकी पत्नी बनने योग्य हो गयी थी। उसे एक पत्नी की बजाय ट्रांसवूमन मिल रही थी—और उसे इस बात का कोई पछतावा नहीं होगा।

ऑपरेशन के बाद जब अरिंदम ने मुझे पहली बार देखा और उसके

चेहरे पर जो भाव आये, वे मैं नहीं भूल सकती। वे प्रशंसा, प्रेम, दुलार और सम्पूर्ण समर्पण के मिले-जुले भाव थे। मैंने उससे पूछा कि मैं कैसी दिख रही हूँ। वह बोला, "क्या तुम सचमुच में हो या कोई देवी हो?" मैं तो सुनते ही चारों खाने चित्त हो गई और हमेशा की तरह उसे कुछ नहीं कह सकी। हालाँकि कुछ क्षणों के बाद मैंने उत्तर दिया, "नहीं...मैं तो आर्टिफ़िशियल हूँ...एक कृत्रिम स्त्री...पर देखो न, आज के ज़माने में कुछ भी तो असली नहीं है। पानी तक तो शुद्ध नहीं आता और तभी तो तुम वाटर फ़िल्टर बेचते हो, है ना?" वह मेरे आगे निरुत्तर हो गया और मैं उसके चेहरे पर उभर आये अविश्वास के भावों का आनन्द लेने लगी जो जल्द ही एक प्यारी सी चौड़ी मुस्कान में बदल गये।

हम दोनों का जोड़ा बहुत प्यारा था, हम अपने इस शारीरिक और आध्यात्मिक सन्तोष से भरे रिश्ते से भरपूर थे; वह खुश दिखता था और मेरे लिए यही बहुत था। दरअसल, आज जब मुड़ कर देखती हूँ तो यह बात अजीब लगती है कि उसने कभी मेरे साथ सेक्स के लिए दिलचस्पी ही नहीं दिखाई, वह मेरे भावात्मक साथ से ही सन्तुष्ट था, जबकि उसका अपना स्वभाव खूब रोमानी था। उस समय मुझे यह सब बिलकुल असामान्य नहीं लगा। पर तब बहुत कुछ ऐसा था जो मैं नहीं जानती थी।

~

हम जवान थे और अपने लिए एकान्त चाहते थे। इस तरह मेरा कमरा हम दोनों के लिए स्वर्ग बन गया। मैं उसके कमरे में बहुत कम समय बिताती थी, क्योंकि उसमें अक्सर फ़िल्टर कंपनी के कर्मचारियों का जमावड़ा रहता। हर रात हम दोनों, मेरे ही कमरे में मौज करते और जब वह वापस जाता तो मैं उसे कहती कि वह जल्दी मेरे पास वापस आये। हालाँकि अभी हमारी शादी नहीं हुई थी पर मैंने अभी से उसका ध्यान रखना शुरू कर दिया था। मैंने उसे मना कर दिया था कि वह अपने लिए अलग से खाना न पकाए। मैं खाना बनाती थी और हम दोनों खाने का लुत्फ़ उठाते। पहले, हम दोनों का ही खाना लगभग छूट गया था, क्योंकि वह अच्छी तरह खाना नहीं पका सकता था और मुझे अपने अकेले के लिए पूरा भोजन तैयार करने का कोई तुक दिखाई नहीं देता

था। अब हम दोनों भरपेट बढ़िया खाना खा रहे थे और हमें यह बहुत अच्छा लगता था। मैं अक्सर मौका पाते ही शादी का मसला उठा देती, क्योंकि मुझे लगता था कि अब हमें अपने रिश्ते को कानूनी जामा पहनाने में देर नहीं करनी चाहिए। अरिंदम कभी इस बात के लिए उत्साहित नहीं दिखा पर उसने अपनी ओर से कभी इनकार भी नहीं किया। धीरे-धीरे, मैंने अपनी मित्रमंडली में इस बारे में बात करना आरम्भ कर दिया कि वे पंचांग के अनुसार कोई शुभ मुहूर्त देखें। मैं चाहती थी कि उचित रीति से सिंदूर दान हो और यह विवाह पंडित जी करवाएँ। मेरी एक ट्रांसजेंडर सहेली अनीता बारासात में रहती थी। वह बहुत खुश थी कि हमारा विवाह होने जा रहा था, वह हमारे लिए 'शुभो दृष्टि' का आयोजन करना चाहती थी जो हमारे लिए बंगाली हिन्दू विवाह की एक अहम रस्म है।

पर मुझे कहाँ पता था कि मेरे सपने चूर-चूर होने जा रहे थे। एक बार फिर से समरजित सामने आया और मुझे एहसास हुआ कि यह सब एक बड़ा भद्दा मज़ाक था जो मुझे चिढ़ाने और परेशान करने के लिए किया गया था। यह सब समरजित की ओर से बदला लेने की एक साज़िश निकली। जब उसे पता लग गया कि वह मेरे साथ ज़बरदस्ती नहीं कर सकता था तो उसने अपने सीधे-सादे साले को मेरे पास भेज दिया ताकि मुझे जाल में फँसाया जा सके। उसका अंदाज़ा सही था कि मैं अकेली थी और अरिंदम की सुन्दरता और कोमल स्वभाव ने जल्द ही मेरे दिल में जगह बना ली। उन्होंने साज़िश रची थी कि पहले वे मेरा यौन शोषण करेंगे और फिर मुझे सार्वजनिक तौर पर अपमानित किया जायेगा। मेरे ऊपर जैसे दुःखों का पहाड़ टूट पड़ा और मैं अपने जीवन के सबसे बदतर हालात से घिर गयी, एक-एक कर, नये से नये कष्ट सामने आ रहे थे। मुझे नहीं लगता था कि ज़्यादा दिन जी सकूँगी, क्योंकि दिन-ब-दिन यही लगने लगा था कि बस अब मुझे खुदकुशी कर लेनी चाहिए। मैं सारा दिन रो-रो कर, भगवान के आगे माथा टेकती कि वे मुझे इस पीड़ा से मुक्ति दे दें। ऐसा लगता था मानो मैंने एक ऐसी अँधेरी सुरंग में कदम रख दिया था जिसमें दूर-दूर तक रोशनी दिखने के कोई आसार नहीं थे। यह सब उस खत से शुरू हुआ जो मैंने अरिंदम को लिखा था। मैंने उसमें हमारी शादी और आने वाले कल की योजनाओं के बारे में बात की थी। किसी

तरह, यह खत समरजित के हाथ लग गया। मैं नहीं जानती कि ये सब कैसे हुआ होगा। यह भी हो सकता है कि अरिंदम घबरा गया हो कि अब उसके पास मुझसे बचने का उपाय नहीं बचा इसलिए उसने समरजित को सब कुछ बता दिया हो। उन्होंने झट अपने बचाव में कदम उठाए और मुझ पर आरोप लगा दिया कि मैं एक ट्रांसजेंडर थी और अरिंदम को ऐसी शादी के जाल में उलझाना चाहती थी जिसे कानून मान्यता नहीं देता। समरजित ने सब कुछ खुल कर कहा कि उसे इस बात का यकीन नहीं है कि मैंने ऐसा कोई ऑपरेशन करवाया है जिसने मुझे मर्द से औरत में बदल दिया है। उसने कहा कि ऐसे ऑपरेशन नहीं हो सकते और यह सब गैर-कानूनी रहा होगा। उसने मुझे जेल भेजने की धमकी भी दी। उसने आस-पड़ोस में मेरे खिलाफ़ कुचक्र रचना आरम्भ कर दिया। उसने यह जताने की कोशिश की कि मैं पिछले कई माह से अरिंदम का यौन शोषण कर रही थी, क्योंकि वह कमज़ोर था, इसलिए मैं खुद को उस पर थोपना चाहती थी।

पहले तो मैंने इन बातों पर विश्वास नहीं किया। कई बार लगता था कि मैं तंद्रा में हूँ और खुद को कई बार चुटकी काट कर यकीन दिलाना पड़ता कि ये सब मेरे साथ हो रहा है, यह केवल एक बुरा सपना नहीं है। मैं समझ गयी थी कि यह सब समरजित का बिछाया जाल था। मैं चाहती थी कि एक बार अरिंदम मुझसे आकर मिले ताकि सारे संदेह दूर हो सकें परन्तु ऐसा कभी नहीं हुआ। अरिंदम तो पक्का कायर निकला और समरजित मुझ पर हावी होने लगा। उसने अरिंदम को कोन्टई भेज दिया ताकि हमारी मुलाकात न हो सके और न ही मैं उससे कोई सफ़ाई माँग सकूँ। पहले समरजित ने मुझे मेरे घर से निकालना चाहा। उसने मेरे मकानमालिक को यकीन दिलाने की कोशिश की कि मैंने उनके घर को कोठे में बदल दिया है और दूसरे किराएदार का यौन शोषण कर रही हूँ। अगर उन्होंने मुझे उस घर में रहने दिया तो यह उनके परिवार के लिए बहुत बड़ी बेइज़्ज़ती की बात होगी, इसलिए मुझे जल्द से जल्द घर से बाहर निकाल देना चाहिए। यह सुन कर मकानमालिक डर गये और मुझसे घर छोड़ने का आग्रह करने लगे। पहले तो वे हमारे पिछले सम्बन्धों की वजह से विनम्रता से पेश आये परन्तु धीरे-धीरे जब उन्हें यह लगने लगा कि मैं आसानी से अपना रूम नहीं छोड़ने वाली तो वे मेरे साथ रुखाई से पेश

आने लगे। मैं अपना कमरा क्यों छोड़ती? मैंने कुछ गलत नहीं किया था! मैंने उन्हें उनके मुँह पर साफ़ कह दिया कि वे एड़ी-चोटी का ज़ोर लगा लें पर मैं अपना कमरा नहीं छोड़ने वाली। जब ये तरकीब काम नहीं आयी तो समरजित ने नैहाटी में मेरे माता-पिता के घर का फ़ोन नम्बर कहीं से जुटा लिया। उसने एक रात देर से, पिताजी को कॉल किया। उसने उनसे पूछा कि उनकी छोटी सन्तान पुरुष है या स्त्री? मेरे पिता को बहुत गुस्सा आया और वे समरजित पर चिल्ला कर पड़े, "तुम स्वयं ही उसके कपड़े उतार कर क्यों नहीं देख लेते कि वह औरत है या मर्द? यह काम मुझसे पूछने से ज़्यादा आसान होगा, है ना?" इसके बाद समरजित ने कई बार घर में फ़ोन किया। अक्सर माँ ही फ़ोन उठातीं और उन्हें मजबूरन उसके अपशब्द सहन करने पड़ते। वे चुप रहतीं क्योंकि उन्हें डर था कि वह कहीं और न भड़क जाये या मेरा कोई नुकसान न कर दे। माँ ने पिता को इन कॉल्स के आतंक से बचाने की भरपूर कोशिश की पर वे बीमार पड़ ही गये। मैं कल्पना कर सकती हूँ कि मेरे बेचारे माता-पिता को कैसे-कैसे कष्ट व यातना सहन करनी पड़ी होगी। मैं भी हठ पर थी कि नैहाटी जाकर शरण नहीं लूँगी। मैं जानती थी कि यह तूफ़ान वहाँ भी मेरा पीछा करेगा और हालात बदतर होते जायेंगे। मेरे माँ-बाबा और बहनों को मेरी जान की चिन्ता लगी रहती। उन्हें पूरा यकीन था कि समरजित और उसके गुंडे मेरी जान ले लेंगे या घबरा कर मैं आत्महत्या कर लूँगी। मैं भूल नहीं सकती कि माँ फ़ोन पर मेरे लिए कितना रोती थीं। उन्हें लगता था कि वे किसी दिन मुझे खो देंगी, किसी माँ के लिए दुनिया में इससे बुरी सोच कोई नहीं होती।

मेरे पिता बाहरी तौर पर मज़बूत बने रहे। उन्हें हर रोज़ होने वाले प्रश्नों की बाड़ के आगे डट कर सामना करना पड़ता था। यह कहानी अखबारों में भी आ चुकी थी। मीडिया ने मेरे रूपांतरण की प्रक्रिया को देखकर, विवाह करने के निर्णय के लिए प्रोत्साहन दिया था, इसलिए अब यह एक चटपटी कहानी बन चुकी थी—जिस इन्सान को मैंने अपने प्रेमी और भावी पति की तरह दुनिया के सामने पेश किया, वही मेरे खिलाफ़ हो गया था। मीडिया की रिपोर्ट थी कि मैं हमेशा से एक औरत की देह चाहती थी, परन्तु अरिंदम से विवाह करने की इच्छा ने मेरे निर्णय को और भी मज़बूती प्रदान की। तो फिर

ये धोखा क्यों? परन्तु मैं उन रिपोर्टर्स की हमेशा शुक्रगुज़ार रहूँगी जिन्होंने जीवन के हर मोड़ पर मेरा साथ दिया, उसे सही तरह से लोगों के सामने रखा। न्याय, समानता और जीने के अधिकार के लिए लड़ी जा रही मेरी जंग को अपना भरपूर समर्थन दिया। मैं आरम्भ से ही अपने इस संघर्ष के बारे में पूरी ईमानदारी और बेबाकी से सब कुछ बताती आयी थी। मेरे पास छिपाने को कुछ नहीं था और मैं छिपाती भी क्यों? मैं ईश्वर और अपनी ईमानदारी पर पूरा भरोसा करती हूँ। शायद उस कठिन घड़ी में, इसी रवैए ने मुझे ज़िन्दगी के भंवर में डूबने से बचा लिया।

मेरे कॉलेज के छात्र मेरे जीवन के बारे में अच्छी तरह जानते थे। उनमें से कुछ मेरे लिए बहुत चिन्तित थे और उन्होंने मेरा हौसला बढ़ाने की भरपूर कोशिश भी की। परन्तु उस समय मुझे एक ऐसे साथी की ज़रूरत थी जो मेरे साथ रहते हुए, मेरी पीड़ा बाँट सके। एक छात्रा छबि ने रात को मेरे साथ रहने का प्रस्ताव रखा और मुझे लगा कि यह बेहतरी के लिए ही होगा। कम-से-कम मैं किसी से बात कर सकूँगी और आधी रात को अगर कोई मेरी हत्या कर गया तो वह साक्षी तो होगी।

जल्दी ही मैं अपनी पीड़ा भुलाने के लिए शराब और सिगरेट की मदद लेने लगी। मैं उन लोगों में से कभी नहीं रही जो बहुत ही बेढब जीवन जीने के आदी होते हैं। मेरी निजी धारणा यही थी कि शराब और सिगरेट ऐसे दुर्गुण हैं, जिनसे हमेशा बचना चाहिए। बचपन से ही मुझे ये मध्यमवर्गीय मूल्य सौंपे गये थे। हर शाम, मैं अपना गम भुलाने के लिए जाम में डूब जाती और तब तक सिगरेट का धुआँ उगलती, जब तक मेरे फेफड़े हार न मानते। मैं जानती थी कि मैं खुद को एक धीमी मौत की ओर ले जा रही थी। पर उनसे मिलने वाली थोड़ी सी राहत का मेरे लिए बड़ा महत्त्व था, इस तरह मेरा दर्द कुछ घटता और मुझे नींद आ जाती। मुझे तो वैसे भी मरना ही था और ये दो दोस्त कम-से-कम मेरी मौत को पीड़ारहित बना रहे थे, उस समय मुझे यही लगता था। छबि को मेरी इन आदतों का पता नहीं था और उसने बाहरी दुनिया को यही रिपोर्ट दी कि मैडम तो बिगड़ी हुई है। मैंने देखा जिस तरह से लोग मुझे घूरते थे। मुझे बाद में एहसास हुआ कि छबि मेरी मदद के लिए नहीं आयी थी। उसे भी समरजित ने मेरी जासूसी करने के लिए ही भेजा था। मेरे

मकानमालिक से लेकर, कॉलेज तक सभी जान गये कि मैं अपने घर के बन्द दरवाज़ों के पीछे कैसी ज़िन्दगी जी रही थी। यह तो साफ़ दिख रहा था कि छबि ने केवल सच्चाई ही नहीं बताई थी, बल्कि उसने अपनी ओर से बात में नमक-मिर्च लगाने में कोई कसर नहीं छोड़ी थी। इस तरह कॉलेज में यह मामला और भी बिगड़ गया और मेरे विरोधियों को एक बार फिर, खुल कर मेरी हँसी उड़ाने का मौका मिल गया।

मेरे चाहने वाले छात्र बंगाली विभाग से थे पर बदकिस्मती से वे भी छबि की बातों में आ गये और उसने उन्हें भी मेरे खिलाफ़ कर दिया। जल्दी ही छात्रों की यूनियन ने एक रैली की जिसमें मुझे कॉलेज से निकालने की माँग की गयी, क्योंकि मैं एक बुरी मिसाल की तरह सामने आ रही थी। छात्रों का दावा था कि मैं उन पर नकारात्मक रूप से असर कर रही थी।

उन्होंने मेरा मज़ाक उड़ाया और कहा कि अगर मैं खुद को औरत मानती हूँ तो मुझे कॉलेज में साड़ी पहन कर आना चाहिए! मुझे याद है कि छात्र संघ को खुश करने के लिए मैंने सलवार कुर्ता पहनना बन्द कर दिया और साड़ियाँ पहनने लगी। पर इससे कोई मदद नहीं मिली। मुझे इतनी लम्बी साड़ी सँभालनी नहीं आती थी और मेरे उठने-बैठने के तरीके से यह साफ़ पता चलता था। कॉलेज का समुदाय बहुत खुश था। उन्हें मेरी खिल्ली उड़ाने का एक और मौका हाथ आ गया था। मैं सोच रही थी कि आखिर इन सबका अन्त कहाँ होगा।

**इन प्रसंगों में शामिल लोगों की गोपनीयता बनाये रखने के लिए, उनके नाम बदल दिये गये हैं।*

10

एक दिन डॉ. खन्ना की कॉल आयी और मैंने उनसे पूछा कि क्या उन्होंने यह जानने को फ़ोन किया है कि मैंने आत्महत्या की है या नहीं? वे मेरी बात सुन कर हैरान हो गये, क्योंकि वे वास्तव में यही जानना चाह रहे थे कि मैं जीवित थी या नहीं! वे मेरे बारे में उठने वाले विवादों को पढ़ रहे थे और उन्हें मेरी चिन्ता हो रही थी। मैं रोने लगी और उनके सामने अपना दिल खोल कर रख दिया। मैंने उन्हें बताया कि मेरा जीवित रहना सचमुच किसी आश्चर्य से कम नहीं था और बड़ी बात नहीं कि किसी दिन उन्हें मेरी मौत की खबर मिले। उन्होंने सब कुछ धैर्य से सुना और अपनी ओर से ढाढस बँधाने की पूरी कोशिश की। उन्होंने कहा कि मेरी ओर से सेक्स चेंज का जो निर्णय लिया गया, वह पूरी तरह से कानूनी था और मैं आगे बढ़कर उन गुंडों से लड़ सकती हूँ क्योंकि कानून मेरे साथ है। उन्होंने वादा किया कि न्याय और सामाजिक समानता पाने की इस जंग में, वे मेरा पूरा साथ देंगे।

यह कहना भले ही बहुत घिसे-पिटे मुहावरे जैसा लगे पर वे वास्तव में मेरे जीवन में एक दोस्त, दार्शनिक और मार्गदर्शक की भूमिका में रहे, उनके बारे में लिखना हो तो इससे बेहतर कुछ नहीं हो सकता। उनके जैसे लोग, अनिर्बान, मेरा केस लड़ने वाले कुछ मानव अधिकार एक्टिविस्ट, वकीलों और मीडिया की मदद से ही मैं उन उथल-पुथल से भरे दिनों का सामना कर सकी। कुछ ही समय में, मैंने अपना साहस बटोर लिया और मैदान में खुल कर सामने आ गयी।

सुजातो भद्र कोलकाता के श्रेष्ठ मानव अधिकार कर्मियों में से हैं, उन्होंने समझाया कि मेरे मानव अधिकारों का उल्लंघन हो रहा है और मुझे

महिलाओं के लिए बने वेस्ट बंगाल कमीशन में सुरक्षा के लिए शिकायत दर्ज करनी चाहिए। समरजित झाड़ग्राम पुलिस स्टेशन में मेरे खिलाफ़ मामला दर्ज कराने की धमकी दे रहा था। वहाँ उसके सम्पर्कों की कमी नहीं थी। वह पैसे और रसूख वाला आदमी था, इसलिए लोग हमेशा उसके दबदबे में रहते थे।

राज्य के वूमन कमीशन ने मनोयोग से मेरी सारी बात सुनी। कमीशन की अध्यक्षा ने मुझे हौसला दिया और दिलासा देने की कोशिश की क्योंकि उन्हें अपनी कहानी बताते हुए मैं इतना भावुक हुई कि अपने आँसुओं को वश में नहीं कर सकी। मैंने उन्हें वे सभी दस्तावेज़ दिखाए जो यह साबित करते थे कि मैंने कानूनन, शहर के जाने-माने डॉक्टरों के निरीक्षण में सेक्स चेंज की सर्जरी करवाई थी। जब मैं वहाँ से आने लगी तो कमीशन ने कहा कि वे मेरा केस लड़ेंगे और विरोधी पक्ष को सुनवाई के लिए बुलाया जायेगा। मैंने उनसे कहा कि जब अरिंदम को बुलाया जाये तो मैं भी मौजूद रहना चाहूँगी और उन्होंने इसके लिए हामी भर दी।

मुझे खुशी थी कि कम-से-कम अरिंदम का चेहरा तो देखने को मिलेगा। मेरी सबसे बड़ी कुंठा यही थी कि जब से यह खींचतान शुरू हुई, मुझे उससे मिलने का एक भी अवसर नहीं मिला था। तब तक मेरे साथ जो भी हुआ, उसके बावजूद, मैं उसे दिल की गहराइयों से चाहती थी। मैं स्वयं से कहना चाहती थी कि अरिंदम भी हालात का शिकार था और उसे भी समरजित की बेहयाई की वजह से यह सब सहना पड़ रहा था। वह समरजित का सम्बन्धी होने के बावजूद उसके अधीन कर्मचारी ही था और शायद उसने अपनी नौकरी को बचाने की खातिर ही साज़िश में शामिल होने की हामी भरी होगी। मैं उससे मिलकर सच जानने को तरस रही थी। यह सब इतने बुरे प्रसंग में कैसे बदल गया? एक दिन, मुझे अरिंदम की ओर से एक संदेश मिला। वह मुझे मिदनापुर शहर के एक होटल में मिलना चाहता था, जो झाड़ग्राम से थोड़ी ही दूरी पर था। मैंने तय किया कि उससे मिलने जाना है पर इसके साथ ही कमीशन को इस बाबत सूचना दे दी। उन्होंने कहा कि इस भेंट में कोई परेशानी नहीं है और इसके साथ ही यह चेतावनी भी दी कि मैं उसके साथ किसी तरह के शारीरिक सम्बन्ध न बनाऊँ।

रास पूर्णिमा की रात थी, और मुझे आज भी याद है कि बड़ा सा गोल

चंद्रमा चमचमा रहा था। कमीशन की चेतावनी मेरे कानों में गूँज रही थी पर मेरा हृदय उस व्यक्ति के लिए भावुक हुआ जा रहा था जिसे मैं अब भी अपना पति ही मानती थी। घंटी बजी और मैं दरवाज़ा खोलने भागी, पर बाहर ये कौन खड़ा था? एक पल के लिए तो अरिंदम पहचान में नहीं आया। वह बहुत दुबला हो गया था। वह इतना बूढ़ा और लाचार दिख रहा था कि उस आदमी से तुलना नहीं की जा सकती थी जिसे मैं प्यार करती थी और जानती थी। यह तो साफ़ दिख रहा था कि वह भी गहरे तनाव से गुज़र रहा था और हिम्मत हारने वाला था। उसने मेरे आगे हाथ जोड़े कि मैं केस वापस ले लूँ और वह उस बदनामी को भी रुकवा देगा, जो समरजित मेरे खिलाफ़ प्रचारित कर रहा था। इसके साथ ही उसने कहा कि मुझे उन्हें चार लाख रुपए देने होंगे। उसने कहा कि हम दोनों अलग रह सकते थे, विवाह का तो सवाल ही पैदा नहीं होता था पर हमारे बीच अवैध सम्बन्ध बन सकते थे। मैं बुरी तरह से भौंचक्की रह गयी। यह शायद हमारे सम्बन्ध के ताबूत पर आखिरी कील थी। तो अरिंदम भी इस साज़िश का हिस्सा था! अब वह समरजित का दूत बन कर, मुझसे पैसा ऐंठने आया था! मैंने उससे पूछा कि मैं इतना पैसा कहाँ से लाकर दे सकती हूँ। मैं समरजित की तरह कोई व्यवसायी नहीं, कॉलेज की लेक्चरर ही तो हूँ, पर वह बैठा रहा। उसे समझ नहीं आ रहा था कि बात को आगे बढ़ाने के लिए क्या किया जाए। जब वह सिर झुकाए बैठा था तो उसे देखकर तरस आ रहा था।

वह एक ही बार उठा जब उसने मुझसे टॉयलेट जाने के लिए पूछा। जब वह शौचालय में पानी फ्लश किए बिना ही बाहर आ गया तो मेरा मन अचानक उसके लिए घिन से भर उठा। मैं ऐसे गलीज़ इन्सान के साथ रहने के बारे में सोच भी कैसे सकी? आज, झाड़ग्राम की अदालत में होने वाले इतने अपमान को भुगत कर (जो मुकदमा अब भी जारी है), मुझे एहसास हुआ है कि जो होता है, भले के लिए ही होता है, यह बात वास्तव में सच है! अगर मुझे हमारी शादी के बाद उसके असली स्वभाव के बारे में पता चलता? समरजित मुझसे बदला लेना चाहता था और अरिंदम मुझे नकद रुपया देने वाली मशीन की तरह इस्तेमाल करना चाहता था। मैं उसके प्यार में इतनी दीवानी थी कि उसका असली रूप देख ही नहीं सकी। कोन्टई में उसका परिवार इतना निर्धन

था कि उस पर निरन्तर और अधिक धन कमा कर देने का दबाव बना रहता। वह कोई बीमा पॉलिसी बेचने के अलाव कुछ संदेहास्पद स्कीमों से भी जुड़ा हुआ था, जिन पर इस समय सीबीआई की जाँच चल रही है।

समरजित और अरिंदम वूमन कमीशन की ओर से भेजे गये बुलावों की लगातार अवहेलना करते रहे। मैं नियत समय पर पहुँच कर प्रतीक्षा करती रहती और उन दोनों में से कोई हाज़िर न होता। कमीशन के सदस्य मुझे बार-बार, सुनवाई वाले दिनों में आता देख रहे थे। वे लोग आकर मुझसे कुछ देर बात करते और फिर मुझे वापस जाने को बोल दिया जाता क्योंकि उस जगह बैठ कर इंतज़ार करने का कोई तुक नहीं बनता था। वे जानते थे कि मेरे लिए झाड़ग्राम स्थित कॉलेज से बार-बार छुट्टी लेकर, सुनवाई के लिए कोलकाता आना आसान नहीं था। वे यह भी जानते थे कि अरिंदम उनके सामने पेश क्यों नहीं हो रहा था। उसके पास अपनी सफ़ाई में कहने के लिए कुछ नहीं था। समरजित और अरिंदम अपना दावा जानते थे—कि मैं, एक मर्द होकर औरत होने का दिखावा कर रही थी और मैंने अरिंदम का बलात्कार करने की कोशिश की और उसे यौन सम्बन्ध बनाने के लिए विवश किया—वे जानते थे कि यह बात कमीशन के सामने नहीं टिकेगी, इसलिए वे जितना हो सके, दूर रहने की कोशिश कर रहे थे। आखिर में, कमीशन के सदस्यों ने तय किया कि अब बहुत हो चुका और अरिंदम की गिरफ़्तारी के लिए वारंट जारी कर दिया गया। पुलिस से कहा गया कि उसे सुनवाई के लिए पेश करे और अन्तिम तारीखें जारी कर दी गयीं। पुलिस ने उसे कोन्टई में बन्दी बना लिया और उसे रेनी पार्क, बालीगंज सर्कुलर रोड पर कमीशन कार्यालय लाया गया। मैं एक बार फिर, अरिंदम को देख कर सकते में आ गयी। मेरे सामने एक दुबला और झुर्रियों से भरे चेहरे वाला युवक खड़ा था। मेरा दिल उसके लिए रो उठा। उन्होंने बेचारे की क्या दशा बना दी थी? उसे कमीशन ऑफ़िस की ओर आते देख, मैं अपने सारे गिले-शिकवे भूल कर उसकी ओर दौड़ी, मेरी आँखों से आँसुओं की धारा बह रही थी। मैं भूल गयी कि उस जगह पर भारी भीड़ थी और मीडिया के लोग किसी बड़ी स्टोरी के चक्कर में आस-पास मंडरा रहे थे। मैं उसके पैरों पर लोट गयी और उसे अपने साथ वापस चलने को कहा। मैंने उससे कहा कि उसे किसी से भयभीत होने की ज़रूरत नहीं है,

मैं उसका पूरा ध्यान रखूँगी। मैंने उससे कहा कि वह सब कुछ छोड़ कर, मेरे पास आ जाये। पर उसने तो भारी तमाशा खड़ा कर दिया! उसने मुझे अविश्वास से देखा और चिहुँक कर पीछे हटना चाहा। "मुझे हाथ मत लगाओ। दूर रहो मुझसे।" उसने ऐसी हिकारत से कहा मानो मुझे कोई छुतहा रोग लगा हो। फिर उसने मुझे सच में ठोकर दे मारी और पुलिस के साथ अंदर चला गया। मुझे एहसास हो गया कि वह दुनिया को यह दिखाना चाह रहा था कि मैं एक अय्याश हूँ और वह मुझसे बचना चाह रहा है।

अरिंदम ने अपनी बहस में दावा किया कि मैं एक होमोसेक्सुअल (समलैंगिक पुरुष) थी। उसने कहा कि मैंने अपने सेक्स चेंज के बारे में झूठ कहा था और वह किसी दूसरे मर्द से शादी नहीं कर सकता था, क्योंकि वह एक विषमलिंगी था और मैं समलैंगिक! उसने अपनी बात आगे बढ़ाते हुए कहा कि मैं काफ़ी लम्बे अरसे तक उसे जबरन सेक्स के लिए विवश करती रही और उसका यौन शोषण किया, क्योंकि मैं एक मज़बूत काठी का मर्द थी और वह बहुत कमज़ोर था। उसकी सारी बात धीरज से सुनने के बाद, पूछताछ कमेटी ने अपना तुरुप का पत्ता डाला। उन्होंने वे सभी प्रेम पत्र पेश कर दिये जो अरिंदम ने मुझे लिखे थे। मैंने भगवान का धन्यवाद किया कि मैंने उन्हें सँभाल लिया था और उन्हें कमीशन को सौंप दिया था ताकि वे मेरे पक्ष मे काम आ सकें। वे पत्र देखते ही अरिंदम का चेहरा फीका पड़ गया। अगर उसे लगा था कि मैं अपने बचाव के लिए उन पत्रों का इस्तेमाल नहीं करूँगी तो वह मूर्ख था। जब पूछताछ कमेटी ने उससे पूछा कि उसने एक होमोसेक्सुअल मर्द को वे पत्र क्यों लिखे, उसने कहा कि उससे भारी भूल हो गयी थी और दूसरे पुरुष के साथ यौन सम्बन्ध रखने से कहीं बेहतर होगा कि वह तेज़ी से आ रही बस के नीचे आकर अपनी जान दे दे। उस दिन उसने अपनी बहुत भद्द उड़वाई।

आखिरी सुनवाई के लिए तारीख दे दी गयी, जिस दिन कमीशन ने अपना फ़ैसला सुनाना था। समरजित और अरिंदम, दोनों ही डरे हुए थे कि कमीशन उनके खिलाफ़ ही निर्णय देगा; उस आखिरी सुनवाई की प्रतीक्षा करने की बजाय, उन्होंने इंडियन पीनल कोड की धारा 500 के अधीन, मुझ पर मानहानि का दावा कर दिया। मेरा एक इंटरव्यू, उनके दावे का आधार

बना, जो मैंने उन दिनों, एक बंगाली पत्र को दिया था, जब मैंने सेक्स चेंज ऑपरेशन के बाद, अरिंदम के साथ अपने प्रेम प्रसंग और फिर उसके धोखे के बारे में मीडिया को जानकारी दी थी।

मेरे पास छिपाने को कुछ नहीं था, क्योंकि मीडिया भी कमीशन की सारी कारवाई की रिपोर्टिंग कर रहा था। इंटरव्यू देते हुए, किसी तरह का दुराव-छिपाव रखने का कोई तुक नहीं बनता था। पर मेरे विरोधियों का मानना था कि मैंने उस इंटरव्यू के माध्यम से अरिंदम का सार्वजनिक तौर पर अपमान किया था।

यह मुकदमा कोन्टई ज़िला अदालत में चलाया गया, क्योंकि वह अरिंदम की जन्मभूमि थी और वह उस जगह अधिक सुरक्षित महसूस करता था। मुझे सुनवाई के लिए तत्काल वारंट जारी किया गया। वे जानते थे कि मेरे लिए झाड़ग्राम से कोन्टई की यात्रा करना आसान नहीं होगा। झाड़ग्राम से कोन्टई का रास्ता तय करने में साढ़े पाँच घंटे का समय लगता था और मेरे पास बस से यात्रा करने के सिवा कोई साधन नहीं था। इसका मतलब था कि उस दिन कॉलेज से अवकाश लिया जाये और कॉलेज के अधिकारी मुझे तंग करने के लिए किसी भी तरह के मौके को छोड़ना नहीं चाहते थे।

जब मैंने सुना कि समरजित और अरिंदम ने कोन्टई में मेरे खिलाफ़ मानहानि का मुकदमा कर दिया है, तो मुझे पूरा यकीन हो गया कि भले ही मैं झाड़ग्राम से कोन्टई के रास्ते का तनाव सह लूँ और अपने कॉलेज के अधिकारियों को मना कर अवकाश भी ले लूँ, अन्ततः वे दोनों मुझे किसी दिन अकेले में घेर कर, मेरी हत्या कर देंगे। हालाँकि, तब तक, मेरे कुछ मीडिया मित्र और मानव अधिकार कर्मी मुकदमे को देख रहे थे और मैं बारंबार अखबारों की सुर्खियों का हिस्सा बन रही थी, पर असुरक्षा की यह भावना दिन-रात मुझे कचोटती रहती। कोन्टई की तुलना में, मुझे झाड़ग्राम भी अपने घर जैसा एहसास देता था।

सुजातो भद्र, जो अब तक हर जगह मेरा साथ देते आये, उन्होंने मुझे मदद के लिए वकील जोयमाल्या बागची के पास भेजा। जोयमाल्या ने मेरा सारा मामला सुना, सारे दस्तावेज़ों को अच्छी तरह देखा और खासतौर पर मेरे मेडिकल रिकॉर्ड देखने के बाद राय दी कि मुझे किसी बात से डरने की

ज़रूरत नहीं है, क्योंकि कानून मेरे साथ है। उन्होंने अपनी हर सम्भव सहायता देने का वचन दिया और मुझे कहा कि मैं हाईकोर्ट से अनुमति ले लूँ ताकि वे कोन्टई में मेरे स्थान पर प्रस्तुत हो सकें। जब मैंने सुनवाई की कार्रवाई से अनुपस्थित रहने व अपने वकील को पेश करने की अनुमति के लिए अर्ज़ी दी; तो आदरणीय जज ने जो कहा, उसके लिए मैं सदा उनकी आभारी रहूँगी। उन्होंने कहा कि मैं एक जानी-मानी और आदरणीय शख्सियत हूँ, इसलिए मुझे पूरा अधिकार है कि अदालत में मेरा वकील, मेरा प्रतिनिधित्व करे।

हाईकोर्ट का यह निर्णय जिस तरह कोन्टई की अदालत में गया, वह भी अपने-आप में काफ़ी नाटकीय रहा। पहली सुनवाई का दिन था और मीडिया जानना चाह रही थी कि मैं केस की सुनवाई के लिए पेश होने वाली हूँ या नहीं पर मैं उन्हें बताना नहीं चाहती थी कि मैंने सुनवाई से दूर रहने के लिए हाईकोर्ट से इजाज़त ले ली है। मुझे लगा कि जब तक हाईकोर्ट की ओर से कानूनी तौर पर यह आदेश नहीं आ जाता, तब तक मेरा चुप रहना ही बेहतर होगा। मैंने उनकी सारी बातों के उत्तर दिये और कहा कि मैं रास्ते में हूँ। जब समरजित और अरिंदम ने देखा कि मैं अदालत नहीं पहुँची तो उन्होंने स्थानीय रिपोर्टरों से कहा कि मैंने अदालत की अवमानना की है और कोर्ट ने मेरी गिरफ़्तारी के लिए आदेश जारी कर दिये हैं पर ठीक उसी समय, अदालत की कार्रवाई पूरी होने से ठीक पहले, कोलकाता से एक संदेशवाहक हाईकोर्ट से आदेश लेकर पहुँचा और मुझे अस्थायी रूप से छूट दी गयी। यह सब बहुत नाटकीय था और मुझे आज भी याद है कि मैं कैसे अपनी साँस रोक कर, भगवान से प्रार्थना कर रही थी कि सब कुछ मेरी योजना के अनुसार हो।

और उस अवस्था में, मेरे वकील जोयमाल्या बागची ने सलाह दी कि मेरे विरोधी पहले ही अदालत जा चुके थे, मुझे चुप बैठ कर यह इंतज़ार नहीं करना चाहिए था कि कोन्टई में यह मुकदमा लड़ा जायेगा। उन्होंने मुझे सलाह दी कि मैं अपने बचाव में लड़ूँ और पूरी मर्यादा और गरिमा के साथ जीने का अधिकार माँगूँ। मैं सुजातो भद्र और जोयमाल्या की ओर से मिली मदद से इतनी द्रवित थी कि उनकी हर बात मानने को तैयार थी। मैं जानती थी कि इस बैरी जग में, जहाँ हर कोई मुझसे अछूतों की तरह पेश आता था, वहीं ये दोनों मेरे मित्र थे, जिन पर आँखें मूँद कर भरोसा किया जा सकता था।

इस तरह सितंबर 2005 को, मैंने झाड़ग्राम पुलिस स्टेशन में अरिंदम के खिलाफ़ बलात्कार, धोखाधड़ी व आपराधिक षड्यंत्र के लिए, धारा 376, 420 और 120 बी के तहत एफआईआर दर्ज़ कर दी। जिसमें लिखा गया कि इस मामले में एक से अधिक व्यक्ति शामिल थे। इन अपराधों के लिए जमानत नहीं मिल सकती थी, इसलिए यही सोचा गया कि अरिंदम आसानी से बच नहीं सकेगा और न ही उसे जमानत मिलेगी परन्तु आपराधिक प्रवृत्ति के ताकतवर लोगों के पास हर चीज़ का तोड़ पहले से मौजूद होता है। पुलिस लम्बे अरसे तक अरिंदम को बन्दी ही नहीं बना सकी, क्योंकि वह तो फरार था। पुलिस का यही कहना था कि वे उसे खोज रहे हैं पर उसका कोई पता नहीं मिल रहा। उन्होंने कहा कि वे झाड़ग्राम, कोन्टई और सारे मिदनापुर में उसे खोज चुके हैं पर उनके हाथ कोई सुराग नहीं लगा। इस दौरान, पुलिस चाहती थी कि मैं अपने स्त्रीत्व को प्रमाणित करने के लिए एक 'क्षमता' टेस्ट करवाऊँ, इस तरह अरिंदम के खिलाफ़ की गयी एफआईआर को मज़बूत बनाया जा सकता था। अगर सादे शब्दों में कहें तो मुझे एक जाँच में यह साबित करना था कि मेरे पास एक योनि है और यह योनि शारीरिक सम्बन्ध स्थापित करने के लिए सक्षम है। मेरे लिए यह आदेश किसी गहरे सदमे से कम नहीं था। ज़रा कल्पना करें कि आपको अपनी देह उघाड़ कर, ऐसी मेडिकल टीम के सामने आना है जो यह जाँच करेगी कि आपके गुप्तांग किसी स्त्री के हैं या पुरुष के? क्या इससे भी अपमानजनक कुछ और हो सकता था?

हालाँकि मैंने मेडिकल टीम के आगे अपनी हिम्मत नहीं हारी, पर मन ही मन ऐसा लग रहा था मानो मुझे बलि का बकरा बना दिया गया हो। मेरी आत्मा लहूलुहान हो रही थी और मैंने भगवान से पूछा कि उसने मेरे जैसे प्राणी को क्यों बनाया? उस जगह नर्सें, महिला पुलिस और झाड़ग्राम उप-प्रभागीय अस्पताल से महिला रोग विशेषज्ञ मौजूद थे। उन्हें मेरे गुप्तांगों का निरीक्षण करके यह रिपोर्ट देनी थी कि क्या मैं किसी पुरुष को यौन रूप से सन्तुष्ट करने योग्य थी। जाँच से एक रात पहले, मैंने डॉ. खन्ना से फ़ोन पर बात की और सब बता दिया। उन्होंने कहा कि मुझे बेधड़क होकर टेस्ट देना चाहिए क्योंकि उन्होंने मेरे लिए एक उपयुक्त योनि तैयार की थी और अब मैं एक स्त्री हूँ। उन्होंने अगली सुबह मेरी जाँच करने जा रही मेडिकल टीम का

मज़ाक उड़ाते हुए कहा, ''वे जो देखेंगे, उसे देखकर भौंचक्के रह जायेंगे। मैं गारंटी देता हूँ उन्होंने पूरे जीवन में कभी ऐसी चीज़ नहीं देखी होगी। निर्भीकता से उनका सामना करो और टेस्ट के बाद मुझे फ़ोन करना।'' उनके शब्दों ने मेरे तनाव को कम किया। मुझे डॉ. खन्ना के काम पर पूरा भरोसा था। मैं अरिंदम के साथ सेक्स का आनन्द भी ले चुकी थी इसलिए इससे ज़्यादा प्रमाण की मुझे क्या आवश्यकता थी? परन्तु राज्य तंत्र के लिए एक ऐसे टेस्ट से गुज़रना, अपने-आप में एक अलग बात थी। ऐसी घटना से बड़े से बड़ा इन्सान भी दहल सकता है।

मैं किस्मत वाली थी कि झाड़ग्राम का उप-प्रभागीय अस्पताल मेरे मामले में सहानुभूतिपूर्ण रवैया रखता था, हालाँकि महिला रोग विशेषज्ञ इस सारे मामले में अरुचि जता रहे थे। वे कभी किसी ऐसे व्यक्ति से नहीं मिले थे जो पुरुष से स्त्री बना हो और उनका मानना था कि मैं किसी असामान्यता का शिकार थी। डॉ. खन्ना का कहना ठीक ही था। डॉक्टर तो वाकई स्तब्ध रह गया। वह एक बूढ़ा व्यक्ति था जिसकी पारंपरिक सोच यही थी कि आप कुदरत के खिलाफ़ जाकर योनि नहीं बना सकते। उसे बधिया करने के बारे में तो पता था पर सेक्स बदलने के ऑपरेशन वाली बात उसके लिए बिलकुल नई थी। मेरे गुप्तांगों के लिए उसकी प्रतिक्रिया से यह साफ़ ज़ाहिर था कि उसे आधुनिक वैज्ञानिक प्रगति के बारे में कुछ पता नहीं था।

उसने अपने दस्ताने पहने ताकि मेरी योनि में अपनी अँगुली डाल कर, उसके आकार, गहराई और लोच का अनुमान लगा सके। मैंने उसे ऐसा करने से रोका क्योंकि मुझे लगा कि कहीं वह मुझे चोट न पहुँचा दे। मैंने दस्ताने पहन कर, अपनी अँगुली को योनि में डाला, जो एक औसत आकार के लिंग के बराबर लम्बी थी। आखिर में, एक लम्बे निरीक्षण के बाद, महिला रोग विशेषज्ञ ने हामी भरी कि मेरे पास एक योनि है और मैं किसी भी अन्य महिला की तरह, पुरुष के साथ सम्भोग कर सकती हूँ। इसके बाद उन्होंने मेरे स्तनों व उनके निप्पलों की प्रामाणिकता की जाँच की। मायूसी के बावजूद ज़ोर-ज़ोर से हँसने को मन हो रहा था। उनके चेहरे की हालत देख कर लगता था मानो कोई इन्सान किसी पूरी तरह से अनजान जगह पर आ गया हो—सम्भवत: वह चाँद पर पहली बार उतरा हो।

जब मैंने अपनी जीत के बारे में डॉ. खन्ना को बताया तो मेरी खुशी की सीमा न रही। कुछ दिन बाद तैयार की गयी रिपोर्ट में डॉ. खन्ना द्वारा की गयी सर्जरी का हवाला देते हुए, मुझे ट्रांसवूमन कहा गया। आखिरकार, यह साबित हो गया था मैं इस लायक थी कि कोई पुरुष मेरा बलात्कार कर सकता था।

अरिंदम की खोज दिन-रात जारी रही। दिन के बाद दिन बीत रहे थे और पुलिस का कहना था कि उसका कुछ पता नहीं चल रहा था। हैरानी की बात यह थी कि अरिंदम एक से दूसरी अदालत के चक्कर काटते हुए, उन इल्ज़ामों के विरुद्ध जमानत लेने की कोशिश कर रहा था, जो मैंने उस पर लगाए थे। मुझे पुलिस की इस अयोग्यता पर बहुत गुस्सा आ रहा था। मैंने झाड़ग्राम पुलिस से कहा कि अरिंदम अपनी जमानत की अर्ज़ी मंज़ूर करवाने के लिए अदालतों में जा रहा है, उसे वहीं क्यों नहीं पकड़ा जा रहा? मैं जानती थी कि समरजित ने उन्हें रिश्वत दे रखी थी कि वे उसके साले से दूर रहें। अन्ततः मुझे इस बात का एहसास हो गया कि अगर मैंने अपनी ओर से कोई धमाका नहीं किया, तो यह सब लगातार यूँ ही चलता रहेगा। मैंने भूख हड़ताल पर बैठने का निर्णय ले लिया।

कुदरतन, एक बार मीडिया का ध्यान मुझ पर और मेरे मुद्दे पर आ गया। मैं झाड़ग्राम पुलिस स्टेशन के बाहर भूख हड़ताल पर बैठ गयी और अरिंदम को गिरफ़्तार करने की माँग की। पुलिस ने मुझसे हड़ताल से उठने का आग्रह करते हुए कहा कि मध्यावधि परीक्षा आरम्भ हो रही है और एक अध्यापक होने के नाते मुझे छात्रों के साथ सहानुभूति दिखानी चाहिए। मैं यह सुन कर नरम पड़ गयी पर साथ ही उन्हें चेतावनी भी दी कि अगर तयशुदा समय में अरिंदम को बन्दी नहीं बनाया गया तो मैं पुनः भूख हड़ताल कर दूँगी।

इस दौरान, अरिंदम ने अपना काम जारी रखा और उसने मिदनापुर ज़िला अदालत, कलकत्ता हाईकोर्ट और सुप्रीम कोर्ट में जमानत की अर्ज़ी लगा दी। मैं सोच रही थी कि यह सब करने में कितना पैसा लग रहा होगा और समरजित उस पर इतना पैसा खर्च करने को क्यों मान गया था? सुप्रीम कोर्ट ने कहा कि अरिंदम को चार सप्ताह के अंदर समर्पण करना होगा। एपेक्स अदालत

ने झाड़ग्राम में अपना संदेशवाहक भेजा कि मुकदमे को कोन्टई से झाड़ग्राम में स्थानांतरित कर दिया जाये। यह भी कहा गया कि इस मामले में झाड़ग्राम अदालत का अन्तिम निर्णय ही मान्य होगा। आखिरकार, 2006 में अरिंदम को पकड़ कर सलाखों के पीछे डाल दिया गया। जमानत पर रिहा होने से पूर्व, वह चौदह दिन तक जेल में रहा। यह एक छोटी पर अहम जीत थी।

समरजित इन कार्रवाइयों से हिल गया था और अरिंदम के परिवार की भी बन आयी थी। अरदिंम का सौतेला भाई अक्सर इन सुनवाइयों में साथ आता। एक बार वह मेरे पास आया और प्रस्ताव रखा कि वह मेरा और अरिंदम का विवाह करवा देगा। उसने मुझसे मुकदमा वापस लेने की विनती की ताकि सारे मामले को आपसी समझौते से हल किया जा सके। अब मैं समझदार हो चुकी थी, मैं जानती थी कि यह सब किसी नये जाल से कम नहीं था, क्योंकि अब वे बुरी तरह से फँस चुके थे। मैं इस बात से इनकार नहीं कर सकती कि मन-ही-मन मैं अब भी विवाह करके घर बसाने को तरसती हूँ पर मैंने एक कड़वा सबक सीख लिया है कि अपने दिमाग पर, दिल को हावी नहीं होने देना चाहिए। मैंने अरिंदम के परिवार की चिकनी-चुपड़ी बातों में आने से इनकार कर दिया। मैं जानती थी कि अगर उनके जाल में आ गयी तो फिर मेरे बचने की कोई सम्भावना नहीं रहेगी। मैंने मुकदमा वापस नहीं लिया। यह अब भी झाड़ग्राम की अदालत में लड़ा जा रहा है और अभी कोई निर्णय नहीं लिया गया है।

यह मामला पिछले ग्यारह सालों से चल रहा है। 2015 से, जब मैंने झाड़ग्राम छोड़ा, तब से मैं इसकी प्रगति के बारे में कुछ पता नहीं कर सकी। उम्मीद करती हूँ कि वे जल्द ही किसी नतीजे पर आयेंगे। मैं चाहती हूँ कि अरिंदम भी मेरी तरह ही तड़पे। दिन-ब-दिन, मैं जिस मानसिक यातना और सार्वजनिक अपमान से गुज़रती रही, उसकी तुलना में चौदह दिन की जेल तो कुछ भी नहीं है। जब भी कोर्टरूम में जाती तो लोगों की फब्तियों को नज़रअंदाज़ और अनुसना करने की पूरी कोशिश करती। वे मुझे झाड़ग्राम का प्रसिद्ध हिजड़ा प्रोफ़ेसर कह कर बुलाते, जो साड़ी पहन कर, औरत होने का ढोंग करता है। उनका कहना था कि मैं एक जनखा थी, और मेरे पेटीकोट के नीचे किसी महिला के नहीं, पुरुष के गुप्तांग छिपे थे। उनका कहना था कि

मैं मर्दों का पीछा करके उनका शिकार करने वाली ठरकी थी। मैं किसी तरह अपना सिर ऊँचा कर, ज़ोर से दाँत भींच लेती ताकि अश्रुओं को कंठ से ही नीचे उतार सकूँ।

मैं भाग्य पर भरोसा रखती हूँ और कभी-कभी मन में आता है कि अगर मैं न्याय मिले बिना ही संसार से चली गयी तो क्या यह मामला हमेशा इसी तरह विचाराधीन रहेगा? क्या अन्त में मेरा बुरा करने वाले अरिंदम की जीत होगी? कई बार मैं स्वयं से यह भी कहती हूँ कि मुझे इस बारे में सोचना बन्द कर, सारे मामले की डोर अपने भगवान के हाथों थमा देनी चाहिए, वही मेरे दुख के साक्षी हैं। वही इसका न्याय करेंगे। पर जब भी अकेले बैठती हूँ तो अपमान के सुर मेरा पीछा करते हैं और मैं बेचैनी से भर उठती हूँ। मुझे मेरे भीतर से कोई कहता है, "उठो, जागो!"

मैंने जानकर इस जगह स्वामी जी के शब्दों का प्रयोग किया है, हालाँकि इन्हें बिलकुल अलग वजह से प्रयुक्त किया गया है।

श्री रामकृष्ण परमहंस व उनके शिष्य स्वामी विवेकानन्द, मेरे जीवन में दो बड़े प्रेरणास्त्रोत रहे। जीवन में, बहुत बाद में आकर जब ऐसा लगने लगा कि मुझे हाथ थाम कर रास्ता दिखाने वाला कोई नहीं है तो मैंने बेलूर मठ से दीक्षा ले ली। इसने मुझे शान्त होने में सहायता की और अब मैं पूरी तरह से आध्यात्मिक प्रवृत्ति की हो गयी हूँ। अब, हर सुबह मैं अपना कुछ समय पूजा और ध्यान के बीच बिताती हूँ। इससे मुझे आंतरिक शान्ति और शक्ति मिलती है जो तनाव का सामना करने के लिए आवश्यक है। मैं बेलूर मठ के भिक्षुओं की आभारी हूँ, जिन्होंने मुझे उस शाश्वत आनन्द को पाने के लिए आंतरिक पथ का मार्गदर्शन दिया।

~

सम्भवत: इस सारी अवधि के दौरान मेरे साथ जो सबसे अच्छी घटना घटी। वह मेरी पीएच.डी. थी। मैंने पहले भी कहा कि मैं आशापूर्णा देवी के उपन्यासों में स्त्री नामक विषय पर अपनी पीएच-डी. करने जा रही थी परन्तु लेखिका नबनीता देब सेन ने मुझे कहा कि मुझे ट्रांसजेंडर लोगों के जीवन पर शोध करना चाहिए क्योंकि मैं इस विषय और इसकी उल्लेखनीय प्रकृति के निकट

हूँ। मुझे जे.यू., कलकत्ता विश्वविद्यालय या विद्यासागर विश्वविद्यालय में दाखिला नहीं मिल सका, जिनसे मेरा कॉलेज मान्यता प्राप्त था। मुझे अपने लिए दूसरे गाइड की आवश्यकता थी। अन्ततः, एक मित्र के माध्यम से, मेरा परिचय, कल्याण विश्वविद्यालय के बंगाली विभाग के वरिष्ठ संकाय सदस्य, कल्याणी शंकर घटक से हुआ। उन्हें लगा कि मेरी थीसस के लिए ट्रांसजेंडर लोगों का विषय बड़ा अनूठा था, क्योंकि इससे पूर्व किसी ने भी भारत में, इस विषय पर शैक्षिक रूप से काम नहीं किया था। वे मेरी *अबोमानोब* पत्रिका के नियमित प्रकाशन से भी बहुत प्रसन्न थे और उनका मानना था कि मैंने पहले ही अपनी थीसस के बारे में काफ़ी प्रगति कर ली है। प्रोफ़ेसर घटक ने मुझे उसी विश्वविद्यालय के एक और प्रोफ़ेसर रबीन बंद्योपाध्याय से भेंट करने को कहा ताकि वे मेरे शोध के लिए दूसरे गाइड बन सकें। मैं भाग्यशाली रही कि प्रोफ़ेसर रबीन ने मेरे काम में गहरी रुचि लेते हुए मुझे प्रोत्साहित किया। उन्होंने कल्याणी विश्वविद्यालय के तत्कालीन वाइस चांसलर, आलोक बनर्जी से मिलवाया और वे दोनों इस बात से सहमत थे कि मुझे पीएच.डी. शोधार्थी के तौर पर विश्वविद्यालय में दाखिला लेना चाहिए। वाइस चांसलर ने कहा कि उन्होंने न केवल मेरे बारे में पत्रों के माध्यम से पढ़ा है बल्कि विख्यात लेखक जैसे नबनीता देव सेन के आलेखों में भी मेरे बारे में बताया गया है। उन्होंने ट्रांसजेंडर लोगों पर जो आलेख लिखा था, उसमें विशेष तौर पर मेरी शैक्षिक योग्यताओं का उल्लेख किया गया। मैंने अपनी थीसस सोमनाथ बंद्योपाध्याय के नाम से रजिस्टर्ड की। हालाँकि, बाद में वाइस चांसलर ने ही मुझे सलाह दी कि मुझे थीसस में अपना नाम मानबी (उस समय यही वर्तनी थी) रख लेना चाहिए, क्योंकि तब तक मेरी सेक्स चेंज की सर्जरी हो चुकी थी। मैंने सर्जरी के बाद कानूनी तौर पर अपना नाम बदल लिया था, क्योंकि मुझे लगता था कि मेरी देह और आत्मा एक स्त्री की हो गयी थी, तो मेरे नाम से भी वही झलकना चाहिए। सोमनाथ, भगवान शिव का एक नाम है, वे एक पुरुष थे और मैं अपने लिए आदर व सम्मान की इस तलाश में उनके नाम का अपमान नहीं करना चाहती थी। मैंने मानोबी नाम इसलिए चुना क्योंकि इसका अर्थ है सर्वोत्कृष्ट मादा—प्रकृति—जैसा प्रकृति ने उसे बनाया है। मैंने अपना नाम सोमनाथ से बदल कर मानोबी रखा और यह काम बैंकशाल

कोर्ट में मजिस्ट्रेट के सामने किया गया। इसके बाद मैंने शीर्षस्थ अखबारों में अपना नाम और लिंग बदलने के बारे में सूचित किया। जब मुझे थीसस के लिए अपना नाम बदलवाना था तो ये दस्तावेज़ बहुत काम आये। मैंने 2005 में पीएच.डी. का काम पूरा कर लिया पर डॉक्टरेट की डिग्री, विश्वविद्यालय के दीक्षांत समारोह में, 2006 में दी गयी।

मुझे इस बात की खुशी थी कि मेरे कड़े परिश्रम को सराहा गया, जहाँ मेरा सारा जीवन व्यर्थ जान पड़ता था, वहीं यह डिग्री मुझे खुद पर भरोसा बनाये रखने में सहायक हुई।

मेरे सारे शैक्षिक सर्टिफ़िकेट्स पर सोमनाथ लिखा था और मेरी पीएच–डी. की डिग्री पर मानोबी लिखा था इसलिए कैरियर की प्रगति के दौरान काफ़ी भ्रम हो गया। एक कॉलेज में अध्यापकों की तीन श्रेणियाँ होती हैं—लेक्चरर, वरिष्ठ लेक्चरर व रीडर। इसी क्रम में उन्हें पदोन्नति मिलती है। यह सब 2009 में बदल गया, जब प्रोफ़ेसर श्रेणी में तीन नये तंत्र, सहायक प्रोफ़ेसर की श्रेणी के शामिल किए गये और अन्ततः कोई आगे जाकर एसोसिएट प्रोफ़ेसर बन सकता था। 2005 में, जब रीडर पद के लिए मेरी पदोन्नति का समय था तो मैंने उसे लेने से इनकार किया, जबकि मेरे पास पीएच.डी. की डिग्री भी थी। राज्य के उच्च शिक्षा विभाग ने मुझे एक सिलेक्शन ग्रेड दिया, जो रीडर के पद पर पदोन्नति से कम था। नतीजतन, मुझे अपनी कई इंक्रीमेंट्स से हाथ धोना पड़ा। इसके बाद जब नया तंत्र अभ्यास में आया, तो मुझे एसोसिएट प्रोफ़ेसर के पद पर नियुक्त किया गया पर मेरी इंक्रीमेंट्स हमेशा के लिए गायब हो गयीं। यह मामला लम्बे समय तक चला। मैं कई वर्षों तक राज्य के उच्च शिक्षा विभाग से संघर्ष करते हुए उन्हें यह समझाने का प्रयत्न करती रही कि सोमनाथ और मानोबी एक ही थे और इस बात को कानूनी तौर पर भी मान्यता दी जा चुकी है। जब मैं विभाग के निचले तबके के लोगों को अपनी बात समझाने में असफल रही तो मैंने तत्कालीन उच्च शिक्षा मंत्रालय के कार्यालय में आवेदन किया पर मेरे सारे प्रयत्न बेकार गये। मुझे न्याय तो मिला पर अपनी कई साल की वरिष्ठता खोनी पड़ी।

11

मैं किसी तरह अपनी नौकरी बनाये रखने में कामयाब रही, क्योंकि मेरे पास अपनी आजीविका का कोई और साधन नहीं था। सम्भवतः कॉलेज का माहौल जाना-पहचाना होने की वजह से, उस समय काफ़ी हद तक सहने योग्य लगता था या फिर मैं एक बहुत ही बुरे और मन को कष्ट देने वाले सम्बन्ध से उबर आयी थी, यह उसका प्रभाव था? मेरे सहकर्मी अब भी मेरे साथ इसी तरह पेश आते मानो मैं कोई अवमानव हूँ। मानो मुझे उनके साथ, उसी स्टाफ़रूम में बैठने और कॉलेज प्रोफ़ेसरों को मिली सुविधाओं का लाभ उठाने का अधिकार नहीं था। वे टीचर्स यूनियन मीटिंग्स में मुझे अपने साथ शामिल न करते, उनके सामाजिक मेल-मिलाप में मेरा कोई काम नहीं था, पर वे मुझे निर्धन और मंद बुद्धि बच्चों के लिए कक्षा या ट्यूशन लेने से नहीं रोक सकते थे। हालाँकि अधिकतर छात्र मेरे विरुद्ध थे, जिन्हें यूनियन ने भड़का रखा था। परन्तु मेरे विभाग के कुछ लोग अब भी मेरा साथ देते थे।

मुझे कॉलेज से कल्पतरु भवन लौटने से घृणा थी। कमरे के हर कोने से अरिंदम और उस के छल की याद आती थी। मुखर्जी परिवार मेरे खिलाफ़ हो गया था और वे लगातार, मुझे अपने घर से बाहर निकालने की योजनाएँ तैयार कर रहे थे। अन्ततः, कनक मुखर्जी ने मुझसे कमरे का भाड़ा लेने से ही इनकार कर दिया और मुझे सरकारी किराया नियंत्रण अथॉरिटी की मदद से किराया जमा करवाना पड़ा, ये मकान मालिक और किराएदार के बीच होने वाले विवाद में मध्यस्थता कराते हैं। कनक ने सबसे कहना आरम्भ कर दिया कि मैं उसके घर पर जबरन कब्ज़ा किए बैठी थी और उसे किराया भी नहीं दे रही थी। पहले, जब हमारे बीच अच्छे सम्बन्ध थे तो मुझे इस बात से कोई अन्तर नहीं पड़ता था

कि वह मुझे किराए की रसीद देता है या नहीं पर अब यही चीज़ उसके पक्ष में हो गयी। मैंने भी तय कर लिया कि इतनी आसानी से उस घर को नहीं छोड़ना, क्योंकि मेरे पास जाने के लिए कोई जगह नहीं थी और मैं लगभग मित्रविहीन जीवन जी रही थी।

अकेलापन और अवसाद, मैं शराब और सिगरेट पीने के अलावा, नींद न आने की दशा में नींद आने की गोलियाँ भी लेने लगी थी। घर से माता-पिता और बहनें बार-बार कॉल करके मेरा हालचाल पता करतीं। मैं उनसे अपना दर्द नहीं छिपा सकी। मेरी असहाय माँ मेरे लिए रोतीं पर उनमें यह कहने का साहस नहीं था कि मैं अपनी नौकरी छोड़ कर, उनके पास चली जाऊँ। उस समय, मेरी बड़ी बहन ने एक नौकरानी को मेरे पास भेजा। इस तरह मुझे बहुत सुकून मिला, क्योंकि मुझे खाना पकाने और कपड़े धोने के काम से निजात मिल गयी और कम-से-कम घर वापस आने पर, घर खाली नहीं मिलता था।

छबि तो मुझे तभी छोड़ गयी थी जब मुझे उसके दोहरे रूप का पता चला था। बीठी, नौकरानी ने उसकी जगह आसानी से ले ली। वह मेरा बहुत अच्छी तरह ध्यान रखती और जल्दी ही मैं उस पर निर्भर हो गयी। वह नौकरानी से मेरी सहायिका में बदल गयी और मेरे साथ हर जगह जाने लगी। मुझे समय पर दवाइयाँ देने से लेकर, मेरे कपड़ों, जूतों तक का ख़याल रखना, मेरा मनपसन्द खाना पकाना और मेकअप में मदद करना; इन सब कामों के लिए बीठी मौजूद रहती। पर धीरे-धीरे वह मेरी ज़िन्दगी में दखल देने लगी और मुझ पर इतना मालिकाना हक रखने लगी कि मेरे पास आने वाले हर व्यक्ति की जाँच-पड़ताल करती और तय करती कि मुझे उससे मिलना चाहिए या नहीं। आरम्भ में, मैं उस पर दुलार दिखाती क्योंकि ऐसा लगता था कि उसे सच में मेरी कितनी परवाह है पर जल्दी ही एहसास हुआ कि यह तो उसका एक जुनून बनता जा रहा था। वह साप्ताहिक अवकाश और अन्य दिनों में, कोलकाता में होने वाले समारोह व कार्यक्रमों में, मेरे साथ जाती और मेरी ओर से बातचीत में दखल देने की कोशिश करती, मर्दों के लिए उसका रवैया खासतौर पर कठोर रहता। वह उन्हें मुझसे दूर रखने की कोशिश करती। मुझे इस बात से परेशानी होने लगी थी, वह भी छबि की तरह कोलकाता में मेरी बहनों को, मेरे अवसाद और शराब व सिगरेट की लत के बारे में सारी खबरें

देने लगी थी। अजीब बात यह थी कि वह मेरे ही फ़ोन से ये सब बातें उन्हें बताती! मुझे लगा कि किसी का साथ पाने की कोशिश में मैं एक बार फिर अपनी निजता और स्वतंत्रता खो रही थी।

एक बार, एक समारोह का निमंत्रण आया। हल्दिया पोर्ट ट्रस्ट में एक कार्यक्रम के दौरान, जिसमें मुझे भाग लेना था, बीठी अचानक कुछ ज़्यादा ही मूर्खतापूर्ण बर्ताव करने लगी और उसने खुल कर मेरे मित्रों के सामने रौब झाड़ना शुरू कर दिया। मेरे एक दोस्त ने कहा कि बीठी ज़रूरत से ज़्यादा रौब जमा कर, सबके लिए परेशानी की वजह बन रही है। उन्हें यह देखकर हैरानी हो रही थी कि कोई सहायिका अपनी मालकिन के मामलों में इस तरह दखलअंदाज़ी करने का साहस कैसे कर सकती है!

अब तक तो मैं बीठी की इन मूर्खतापूर्ण बातों को हवा में उड़ाती आयी थी। मैं उसे अपने परिवार की तरह समझने लगी थी, शायद वह मेरा इतना ध्यान रखती थी, यह उसी का नतीजा था। इसके लिए मुझे अपनी ज़रूरत से ज़्यादा भावुक प्रकृति को भी दोष देना चाहिए। जब मैं किसी को पसन्द करने लगती हूँ तो सारी पाबंदियों व तर्कों से परे, केवल अपने दिल की बात सुनती हूँ। मेरे हर सम्बन्ध में, मेरी यही आदत समस्या की जड़ बनी है। बीठी के मामले में, वह न केवल मेरे निकट थी बल्कि मैं उसे खुश करने के लिए समय-समय पर नये चलन के कपड़े और गहने भी खरीद कर देती रही थी। पर बाद में मुझे एहसास हुआ कि वह मेरा अनुचित लाभ उठा रही थी। हार कर, मुझे उसे निकालना पड़ा। जब अकेलेपन और साथ के बीच चुनाव का प्रश्न आया, तो मुझे एहसास हो चुका था कि मुझे अपने अकेलेपन से ही निजी स्वतंत्रता मिल सकती है।

पर ज़िन्दगी ने भी तो तय कर रखा था कि मैं लम्बे अरसे तक अकेली न रहूँ। मैं एक मित्र को अपने स्कूली अध्यापन के दिनों से जानती थी, वह जीवन में मेरा हाथ थामने और उस अकेलेपन में मेरा सहारा बनने के लिए लौट आया। मेरी भेंट किशलय घोष* से स्थानीय रेलगाड़ी में हुई, जब मैं कोलकाता से नैहाटी आ रही थी। वह उस समय पढ़ रहा था और अपने मित्र संजय दत्त* के साथ आता-जाता था। एक बार सीट के लिए हल्की झड़प के बाद, हम दोनों के बीच गहरी दोस्ती हो गयी। किशलय मेरी तरह बहिर्मुखी स्वभाव का था और हम नैहाटी तक खूब गप्पें मारते और ठहाके लगाते हुए

आते, संजय चुपचाप हमारी बातचीत का आनन्द लेता। दोनों ही अपने-अपने तरीके से मुझे चाहने लगे थे, हालाँकि उस समय मुझे इस बात का एहसास नहीं हो पाया था। संजय चिनसुरा में रहता था, इसलिए वह नैहाटी उतर कर, फैरी से गंगा पार करता। किशलय राणाघाट में रहता था, जो नैहाटी से कुछ स्टेशन परे था। वह इसी कोशिश में रहता था कि हम कहीं अकेले घूमने जा सकें। एक बार वह मुझे राणाघाट की सुन्दर और शान्त चर्च में ले गया था। हमने एक-दूसरे के साथ पूरा दिन बिताया और बहुत प्रसन्न हुए। शायद किशलय मुझे अपनी ओर से कुछ संकेत देना चाह रहा था जो मुझे उस समय समझ नहीं आये और जब समझ आया तो बहुत देर हो चुकी थी। जब मैं अपने जीवन के साथ आगे बढ़ी और झाड़ग्राम में पढ़ाने लगी तो मैंने सुना कि उसने शादी करके घर बसा लिया था। मेरा मन उसके लिए खुश था पर क्या मेरे मन में एक हूक नहीं उठी थी? नहीं, इससे इनकार नहीं कर सकती।

स्कूल की नौकरी छोड़ने और झाड़गाम आने के बाद किशलय से सम्पर्क टूट गया। यह भी हैरानी की बात थी कि वह मुझे नहीं भूला था। हम दोनों का एक जानकार लड़का था, उसका नाम राणा था। किशलय उसके माध्यम से मेरी सारी खोज-खबर रखता रहा। किशलय अखबारों में मेरी और अरिंदम की लड़ाई के बारे में भी पढ़ता रहा और उसने बाद में मुझे बताया कि मेरे उस सार्वजनिक अपमान से उसके दिल को कितना दुःख पहुँचा था। किशलय ने राणा को कई बार फुसला कर मेरा नम्बर लेना चाहा पर राणा मानने को तैयार नहीं था, क्योंकि उसे भय था कि मुझे उसका ऐसा करना पसन्द नहीं आयेगा। एक दिन, हताश हो किशलय नैहाटी में, मेरे घर चला गया। उसने आधी रात को मेरे घर के दरवाज़े की घंटी बजाई। मेरे माता-पिता वैसे भी उन दिनों मेरे साथ घट रही घटनाओं की वजह से सदमे में थे। उन्हें न केवल धमकी भरी कॉल्स और खत आ रहे थे, बल्कि रात को कोई अजनबी आकर, घर की बेल बजा कर भाग जाता ताकि वे डर जायें। इस तरह, जब किशलय ने घंटी बजाई तो किसी ने दरवाज़ा नहीं खोला। किसी तरह उसने राणा से मेरा नम्बर ले ही लिया और मुझसे बात की। हम दोनों फ़ोन पर ही दिल खोल कर मिले। बरसों का बिछोह पल भर में धुल गया और ऐसा लगा मानो दुःख ने हमें एक कर दिया हो। उसी उदासी से प्रेम निखर आया; अब मुझसे मेरा अकेलापन सहन नहीं होता था और उसकी शादी

भी कामयाब नहीं रही थी। हालाँकि उसने अपनी पत्नी को छोड़ा नहीं था। हमने उसी समय मिलने का निर्णय लिया और उसने मिलते ही, सबसे पहले मेरे आगे विवाह का प्रस्ताव रख दिया। जीवन में पहली बार, एक पुरुष ने मेरे आगे विवाह का प्रस्ताव रखा था। मैं भावुक हो गयी पर तभी दिमाग ने भी साथ दिया। मैं किसी विवाहित पुरुष से विवाह नहीं कर सकती थी और उसका बसा-बसाया घर उजाड़ने की मेरी कोई मंशा नहीं थी। उसके साथ ही, मैंने अपने भगवान को हाथ जोड़े कि उसने मुझे ऐसा दोस्त भेज दिया था जिसके प्रेम और समर्पण ने मेरे बेरंग जीवन में बहार ला दी थी।

हर सप्ताहांत, जब मैं नैहाटी लौटती तो किशलय वहीं मिलता और यह बात मेरे लिए बहुत मायने रखती थी। हम इधर-उधर सैर करते, गंगा के किनारे बैठते, बाहर खाना खाते और एक-दूसरे की संगति से आनन्दित होते। वह मुझ पर लगातार शादी के लिए दबाव बनाये हुए था और मेरी ओर से कोई उत्तर न मिलने पर उसकी कुंठा बढ़ती जा रही थी। ''मुझे लगता है कि तुम आज भी उस छल को नहीं भूलीं इसलिए तुम मुझसे विवाह नहीं करना चाहतीं।'' वह निरन्तर यही बात कहता। वह जानता था कि मुझे यह बात सुनने से नफ़रत थी पर जब उसकी ओर से बहलाने-फुसलाने पर भी बात नहीं बनती थी तो वह अक्सर मुझे चिढ़ाने के लिए इस वाक्य का प्रयोग करता।

मेरे पिता को किशलय के इस बर्ताव से सख्त नफ़रत थी। वे नहीं चाहते थे कि मैं अपने जीवन को और ज़्यादा उलझा दूँ। जब भी मैं किशलय से मिल कर घर आती तो वे बुरी तरह से फटकारते। मैं जानती थी कि हमारा रिश्ता कहीं पहुँचने वाला नहीं था पर किशलय का साथ नहीं छोड़ पा रही थी, जो जाने कब धीरे-धीरे मेरे अवसाद की दवा बनता चला गया। उसे याद करते हुए, मेरे चेहरे पर वही हल्की सी लाली आने लगी, मैं फिर से सजना-सँवरना चाहती थी, फिर से एक बार सुन्दर दिखना चाहती थी। वह मेरे प्रेम में दीवाना था और उसका कहना था कि मैं उसके साथ भाग चलूँ। अगर अपने परिवार और पिता का विरोध भी सहना पड़ा तो मैं पीछे न हटूँ। जब मैं उसे उसकी पत्नी और बच्चों की याद दिलाती तो वह कहता कि मेरा साथ पाने के लिए, वह उन्हें भी छोड़ देगा। जब मैंने उससे कहा कि उसके परिवार को इस तरह असहाय छोड़ देना अनैतिक होगा, तो उसने कहा कि वह उसी घर में मेरे लिए

एक अलग तल्ला बनवा देगा और मेरे साथ वहीं रहेगा। हम उसके परिवार का भरण-पोषण करते रहेंगे और इस तरह उसकी पत्नी को कोई परेशानी नहीं होगी। यह भी पूरी तरह साफ़ था कि उसकी पत्नी के मन में उसके लिए कोई प्रेम नहीं रह गया था। यह सब तो एक पागल व्यक्ति का प्रलाप था जो शराब पीने के बाद और भी बढ़ जाता।

जी, किशलय पियक्कड़ था और हर रोज़ रात को धुत्त होने की हद तक पीता। जब मुझे पहले-पहल पता चला तो उसने कहा कि वह मुझे भुलाने के लिए पीता है ताकि मेरी गैर-मौजूदगी में मेरी याद न सताए पर बाद में पता चला कि उसे शराब तो पीनी ही थी, चाहे मैं उसके साथ रहूँ या न रहूँ। इसके बिना उसका गुज़ारा नहीं चलता था। कई बार, हम देर रात तक बाहर होते वह बहुत ज़्यादा पी लेता। उस समय आधी रात को उसे वापिस भेजना सुरक्षित नहीं लगता था। तब वह हमारे नैहाटी वाले घर के निचले तल्ले पर बने खाली कमरे में सो जाता और अगले दिन चुपचाप सुबह उठ कर घर लौट जाता। मेरे माता-पिता को इस बात का बुरा लगना जायज़ ही था। उन्हें लगता था कि मैं एक बार फिर से ऐसे आदमी के जाल में उलझ रही थी जो मुझे दुःख और पीड़ा के सिवा कुछ नहीं दे सकता। उनका कहना था कि मुझे उसे शराबी हालत में घर नहीं लाना चाहिए। मैं जानती थी कि वे गलत नहीं कह रहे थे, क्योंकि उसका परिवार हम दोनों के खिलाफ़ कार्रवाई कर सकता था पर किशलय तो जैसे मेरी जीवनरेखा बन गया था और मुझे भय था कि कहीं मेरी थोड़ी सी सख्ती की वजह से, मैं उसे खो न दूँ। मैं यह सहन न कर पाती, मुझे पता था कि वह शराबी है पर मेरे लिए उसके प्यार में कहीं कोई कमी नहीं थी। वह मुझसे सच्चे दिल से प्यार करता था। जब मैं झाड़ग्राम में रहती तो वह फ़ोन करके मेरा हालचाल लेता और पूछता कि मैं क्या कर रही हूँ। बेशक, यह उसकी मेरे लिए चिन्ता ही थी, आज भी मैं उसका आभार मानती हूँ कि अकेलेपन के उन दिनों में उसने मेरी बाँह थामी थी।

हालाँकि, हमारा यह सम्बन्ध बहुत लम्बे समय तक नहीं टिक सका। धीरे-धीरे, मैंने पाया कि किशलय का मेरे लिए जुनून बढ़ने लगा था और वह हर जगह मेरी रखवाली करना चाहता था। उसे मेरा बहिर्मुखी स्वभाव चुभने लगा। उसे इस बात पर आपत्ति थी कि मैं बहुत जल्दी किसी से भी मित्रता

कर लेती हूँ। वह नहीं चाहता था कि मैं सेमीनारों में हिस्सा लूँ या शैक्षिक दौरों पर, दूसरे कॉलेजों में जाऊँ। उसे डर था कि कहीं मैं दूसरे पुरुष अध्यापकों को मित्र न बना लूँ। जल्दी ही हालात बदतर होने लगे और उसने मुझे धमकाया कि अगर मैंने सेमीनारों में जाना बन्द न किया तो वह मुझे पीट-पीट कर अधमरा कर देगा। जब मैं झाड़ग्राम में रहती तो उसके मन में यह सुरक्षा का भाव रहता कि मैं लोगों से मेलजोल नहीं रखूँगी। यह रिश्ता मेरा दम घोंट रहा था और मैं अपनी आज़ादी पाने के लिए तड़प रही थी।

मुझे महिषदल राज कॉलेज में आशापूर्णा देवी पर होने वाले एक सेमीनार में हिस्सा लेने का निमंत्रण आया। बंगाली विभाग प्रमुख, प्रभास रॉय ने मुझे वक्ता के तौर पर निमंत्रित किया था। किशलय को जब यह पता चला कि मैं महिषदल जा रही हूँ और मुझे रात वहीं काटनी होगी क्योंकि वह जगह झाड़ग्राम से दूर थी; तो वह गुस्से से आग-बबूला हो गया। उसने गाली-गलौज करते हुए धमकी दी कि अगर मैंने झाड़ग्राम से पैर भी बाहर निकाला तो मुझे गंभीर परिणाम भुगतने होंगे। मुझे लगा कि बस अब बहुत हुआ, उस रिश्ते को अलविदा कहने का समय हो गया था। हालाँकि यह हम दोनों के लिए ही आसान नहीं था, पर मैंने किशलय से सम्बन्ध तोड़ कर अपनी आज़ादी को गले लगा लिया। मैंने एक तरह से भीष्म प्रतिज्ञा ली कि फिर किसी प्रेम प्रसंग में नहीं उलझना। यह वर्ष 2011 की बात थी और आज तक मैं अपने वचन पर अटल हूँ, लगातार स्वयं को विपरीत लिंग से दूर रखती आ रही हूँ।

~

मैंने उस सेमीनार में हिस्सा लिया। प्रभास रॉय ने अपना आतिथ्य बहुत अच्छी तरह निभाया और मेरे लिए बहुत बढ़िया प्रबन्ध किए। मैंने संकाय सदस्यों और छात्रों की ओर से मिली प्रशंसा का भरपूर आनन्द लिया और एक अजीब सी स्वतंत्रता का अनुभव पाया। सेमीनार के दौरान कुछ छात्र मेरे आस-पास ही बने रहे, वे मेरी ज़रूरतों को ध्यान में रखते हुए, मुझसे बातचीत कर रहे थे। उनमें से एक दुबले और गोरे से युवक पर मेरा ध्यान गया। उस अनजान जगह पर, वह मेरा बहुत ध्यान रख रहा था और मेरे कहने से पहले ही पानी का गिलास या चाय का कप लेकर हाज़िर हो जाता। जब तक मैंने खाना

खाया, वह हाथ बाँधे वहीं खड़ा रहा और इतना ही नहीं, उसने मुझे और खाने का आग्रह भी किया। जाने क्यों उसके लिए मन में मोह उमड़ रहा था। वह बहुत निश्छल और अच्छे स्वभाव का युवक था, मैंने प्रभास रॉय से पूछा कि वह कौन था। प्रभास बाबू ने बताया कि वह लड़का देबाशीष, विभाग में हुड़दंग मचाने वालों में शामिल था और बहुत निर्धन परिवार से था। यह सुन कर अजीब सा लगा। किसी तरह उस दयालु और कोमल चेहरे के साथ यह परिचय मेल नहीं खा रहा था।

अगली सुबह, जब हम कॉलेज से जाने लगे तो देबाशीष सबसे पहले मेरे सामने आ खड़ा हुआ। पता नहीं क्यों उसके उदास चेहरे को देखते ही, दिल तेज़ी से उसकी ओर खिंचने लगा। उसने संकोच से पूछा, ''मैम! क्या मैं आपकी कोई मदद कर सकता हूँ?'' पता नहीं मन में क्या चल रहा था पर अचानक जुबां पर आया, ''क्या तुम मैडम की बजाय मुझे 'माँ' कह सकते हो?'' उसने वहीं खड़े-खड़े अविश्वास से मुझे देखा और फिर कुछ ही सैकेंड में हामी भरते हुए गर्दन हिला दी। इसके बाद वह हौले से बोला, ''माँ!'' ऐसा लगा मानो किसी ने मुझ पर जादू कर दिया हो। कुछ पल के लिए, समझ नहीं आया कि मुझे क्या प्रतिक्रिया देनी चाहिए और फिर मैंने पाया कि मेरी आँखें आँसुओं से भरी थीं। लड़का थोड़ा सा घबरा गया और मैंने खुद को झट से सँभाल लिया। मैंने देबाशीष के पास अपना फ़ोन नम्बर और नैहाटी का पता छोड़ दिया और कहा कि वह किसी सप्ताहांत में मुझसे मिलने आये। वह बहुत खुश था और उसने मिलने का वादा किया। मैं रास्ते में भी उस लड़के के बारे में सोचती रही। उसका कहा 'माँ' शब्द मेरे कानों में गूँज रहा था। मैं उसे फिर से सुनने को तरस रही थी। मैं जानती थी कि डॉ. खन्ना के जादू के बावजूद, जैविक रूप से यह सम्भव नहीं था कि मैं गर्भ धारण कर सकूँ इसलिए तब तक माँ बनने की सोच भी दिमाग में नहीं आयी थी। मैं किसी बच्चे को गोद ले सकती थी पर अकेली और ट्रांसजेंडर होने की वजह से यह अनुकूल नहीं था, इसलिए मैंने इस बारे में कभी विचार नहीं किया। पर मातृत्व की इस नई सम्भावना ने मुझे रोमांचित कर दिया। देबाशीष मुझसे नैहाटी में मिलने आया। उसने बिना कुछ कहे, मुझे इस तरह 'माँ' कहा मानो यह बड़ी सहज बात हो और मैंने भी अपनी खुशी या हैरानी को ज़ाहिर

नहीं होने दिया। बस उससे इतना कहा कि मैं उसे देबा कह कर बुलाऊँगी।

उसने मुझे अपने निर्धन परिवार की जानकारी दी। यह पूर्व मिदनापुर में, नन्दकुमार के निकट एक ग्राम से था। उसके पिता स्थानीय हाट या बाज़ार में मसाले बेचने का काम करते थे। वे इतने गरीब थे कि उनकी माँ को अपना घर चलाने के लिए, अपने भाइयों की मदद लेनी पड़ती, इस तरह उसके मामा का उनके परिवार और पिता पर काफ़ी प्रभाव था। मैंने पाया कि देबा अपने परिवार की गरीबी और छोटी बहन की शिक्षा के खर्च के बावजूद ग्रेजुएट होने का संकल्प किए बैठा था। उसने कहा कि एक बार पढ़ाई पूरी करने के बाद, वह अपने लिए एक नौकरी चाहता है ताकि अपने परिवार की मदद कर सके, एक औसत देहाती युवक का सपना! उसने मुझे बताया था कि कैसे वह किसी लड़की के प्रेम में पड़ गया और उससे धोखा मिलने के बाद, आत्महत्या तक करने की नौबत आ गयी थी। उसने अपना दिल खोल कर रख दिया और मैं चुपचाप बैठ कर सुनती रही। मैंने यह ध्यान रखा कि उसकी बात में बाधा न आये। मुझे एहसास हुआ कि उसे मुझ पर पूरा भरोसा हो गया था शायद उसने मेरे भीतर उस शख्स को पा लिया था, जिस पर वह यकीन कर सकता था। उसने मुझे बताया कि वह पार्ट तीन, ऑनर्स की परीक्षा देने जा रहा था और तब तक उसके केवल पैंतालीस प्रतिशत अंक ही बने थे। मैंने उसे कहा कि मैं उसे पढ़ा सकती हूँ पर उसे मेरे पास आकर रहना होगा तभी मैं उसे अपना मार्गदर्शन दे सकूँगी।

तो यह तय हुआ कि वह अपना सप्ताहांत मेरे नैहाटी वाले घर में बिताएगा। वह कोई पहला छात्र नहीं था जिसे मैंने इस तरह पढ़ाया हो। सोमवार सुबह, हम दोनों अपने गंतव्यों की ओर रवाना हो जाते। हम दोनों एक साथ हावड़ा स्टेशन जाते, मैं झाड़ग्राम चली जाती और वह पंसकुरा होते हुए, नन्दकुमार निकल जाता।

दिन बीतने लगे और एक माँ-बेटे के रूप में हमारा रिश्ता और मज़बूत होने लगा, मुझे लगा कि मैं देबा को अपने पास झाड़ग्राम में रखने के लिए पूछ सकती हूँ। हालाँकि यह काम उसके माता-पिता के राज़ी हुए बिना नहीं हो सकता था। एक बार उसकी माँ मुझसे मिलने के लिए नैहाटी आयी। उसे एक झलक देखते ही मुझे देबा की गरीबी और कुंठा समझ में आ गयी। उसने

कहा कि उसे इस अपने बेटे के मेरे साथ रहने में कोई दिक्कत नहीं है क्योंकि मैं उसे पढ़ा रही हूँ और आगे चल कर नौकरी खोजने में भी मदद कर सकती थी। वह चाहती थी कि देबा किसी भी हाल में ग्रेजुएट हो जाये। उसके पति को भी यही लगता था। मैंने राहत की साँस ली।

मुझे खुशी है कि देबा की परीक्षा आने से पहले, मुझे उसे तैयारी करवाने का समय मिल गया था। शायद उसकी गर्मी की छुट्टियों के दिन थे, जब उसने मेरे साथ स्थायी तौर पर झाड़ग्राम में रहने का निर्णय लिया। वह समझदार तो था पर उस समय पढ़ाई में कमज़ोर था इसलिए मैंने उसके लिए नोट्स तैयार किए और उसे उनकी मदद से पढ़ाया। वह पचपन प्रतिशत अंकों के साथ पास हुआ।

इसके बाद मैंने उससे कहा कि वह कहीं नौकरी करने की बजाय, डिस्टेंट एजुकेशन प्रोग्राम की मदद से अपनी मास्टर्स की डिग्री पूरी करे। मैंने अंग्रेज़ी लिखना और बोलना सिखाने वाले कोर्स में भी उसका नाम लिखवा दिया। शुक्र है कि उसने उतने ही अंकों के साथ अपनी एम.ए. की परीक्षा भी पास कर ली। आरम्भ में, जब वह मेरे पास आया था तो मैंने सोचा कि क्यों न नैहाटी में ही कहीं किसी स्थानीय स्टोर पर सेल्समैन की नौकरी लगवा दूँ। मैं स्टोर के मालिक को जानती थी इसलिए नौकरी मिलने में कोई मुश्किल न आती पर फिर मुझे लगा कि कहीं इस नौकरी से उसकी पढ़ाई पर असर न हो। मैंने सोचा कि एक माँ होने के नाते मुझे पूरी ज़िम्मेदारी के साथ पेश आना चाहिए।

एक बार जब देबा झाड़ग्राम आ गया, तो मुझे जैसे नया जीवनदान मिल गया। हम एक साथ बाज़ार जाते, सब्ज़ियाँ खरीदते। अपनी पसन्द से माछ और माँस खरीद कर लाते। मैं खाना तैयार करते हुए, देबा को सब्ज़ियाँ काटना, छीलना सिखाती। धीरे-धीरे, वह भी खाना पकाने में मेरी मदद करने लगा। झाड़ग्राम आने के बाद पहली बार मैं और देबा बहुत अच्छी तरह खाना खा रहे थे। वह अच्छे खाने का शौकीन था पर परिवार की निर्धनता ने कभी माछ और माँस नहीं खाने दिया। जब भी वह खाने बैठता तो बेचारे के चेहरे पर छलकती प्रसन्नता देख मेरा कलेजा दो टूक हो जाता। धीरे-धीरे उसकी देह भरने लगी और वह पहले की तरह कुपोषित नहीं दिखता था। देबा शारीरिक रूप से चुस्त था। उसे तैरना, पेड़ों पर चढ़ना, आम चुराना, मुर्गियों का पीछा करना और पड़ोसियों को चौंकाना खूब आता था और मुझे अक्सर आस-पास से उसकी शरारतों के उलाहने सुनने को मिलते। पर मन-ही-मन मैं खुद को

बहुत सन्तुष्ट महसूस करती थी जैसे मैया यशोदा को लगता होगा, हालाँकि मेरा 'माखनचोर' कन्हैया उम्र में बहुत बड़ा था!

कुछ ही समय में मेरा अवसाद घुलने लगा, जिसके लिए देबा को शुक्रिया देना चाहिए। मुझे अजीब सी खाँसी हो गयी थी। रात को अचानक खाँसी छिड़ने के साथ शरीर में ऐंठन सी होती और सारी रात जगते हुए कटती। देबा मुझे समय पर दवाएँ देकर मेरी मालिश करता। मैं उस मासूम नादान छोकरे की सदा आभारी रहूँगी जो मेरी तबीयत के लिए इतनी परवाह करता था और उसकी माँ ही उसके लिए सारी दुनिया के समान थी, जिसने उसे जन्म तक नहीं दिया था; मानो उसके लिए ही जैसे मैं दोबारा जीने लगी। कई लोगों ने राय दी कि मुझे जवान होते लड़के को घर में नहीं रखना चाहिए जिनमें मेरे माता-पिता, बहनें, दोस्त और शुभचिन्तक भी शामिल थे। उन्हें लगता था कि देबा मेरा खून नहीं था और न ही मैंने उसे कानूनी तौर पर गोद लिया था, इसलिए मुझे उसके साथ नहीं रहना चाहिए। मैंने तय किया कि किसी की भी बातों पर ध्यान नहीं दूँगी।

देबा हर जगह एक साए की तरह मेरे साथ रहता। वह मेरे साथ कॉलेज भी जाता और अधिकतर समय लाइब्रेरी में किताबों और पत्रिकाओं के बीच बिताता। पहले तो मैंने सुरक्षित महसूस किया और सहकर्मियों को समझ नहीं आया कि उस घुसपैठिए के लिए क्या प्रतिक्रिया दें, पर कुछ ही समय में देबा के लिए विरोध पनपने लगा, कोई मेरे साथ ज़रा सा भी चूँ-चपड़ करता तो देबा सामने आ जाता। दूसरे प्रोफ़ेसरों को उसका रवैया नागवार गुज़रता। एक दिन, उन्होंने मेरा पर्स चुराया और उसका इल्ज़ाम देबा के सिर डालना चाहा। पहले तो मैं स्तब्ध रह गयी और फिर जल्दी ही सब समझ में आ गया। मैंने बात को वहीं दबाया और देबा को लेकर घर आ गयी। यह देख कर बहुत से लोग हैरान रह गये। इसके बाद वे गेट पर ताले लगाने लगे और लिख कर लगवा दिया, 'बाहरी व्यक्तियों को भीतर आने पर दंड दिया जायेगा।'

~

देबा ने कहा कि बेहतर होगा कि हम झाड़ग्राम से कहीं बाहर जाकर रहने लगें। इसका मतलब था कि मुझे रोज़ थोड़ी अधिक दूरी की यात्रा करनी होगी पर एक नई जगह हमारे लिए बहुत कारगर रही। 2012 में, हमने आईआईटी

खड़गपुर कैंपस के पास ही किराए की जगह तलाश ली। हम झाड़ग्राम में मुखर्जी परिवार को जो किराया दे रहे थे, यह उससे दस गुना ज़्यादा था पर घर और जगह बहुत सुन्दर थे। इस तरह हमें पढ़े-लिखे, सभ्य और अधिकतर आईआईटी के प्रोफ़ेसरों और उनके परिवारों के बीच रहने का अवसर मिला। देबा ने राय दी कि यह हमारे पैसे का दुरुपयोग नहीं माना जा सकता। मैं अच्छा-खासा कमा रही थी और मुझे अच्छी और भली ज़िन्दगी जीने का पूरा अधिकार था। मुझे उसकी बात में दम दिखा। देबा के ज़िन्दगी में आने के बाद से, मैं बचत पर बहुत ध्यान दे रही थी, मुझे लगता था कि मुश्किल के समय पैसा काम आता है पर अब हम एक बेहतर ज़िन्दगी की तलाश में थे। मैंने यह भी तय किया कि खड़गपुर से झाड़ग्राम तक भीड़ भरी बस में जाने की बजाय स्थानीय ट्रेवल एजेंट से टैक्सी लेकर यात्रा की जायेगी।

प्रेमबाज़ार के पास हमारा घर, एक दक्षिण भारतीय डॉक्टर, डी. परमेश्वर राव का था जो वहाँ अपनी पत्नी सुजाता के साथ रहते थे। उनके बच्चे बाहर पढ़ रहे थे। वे खुशमिज़ाज और उदारमना लोग थे और उन्होंने एक बार भी ऐसा नहीं महसूस होने दिया कि मैं उनसे किसी भी तरह अलग थी। वह घर किसी पिक्चर पोस्टकार्ड की तरह साफ़-सुथरा था और हमें आने-जाने के लिए अलग रास्ता दिया गया था। उनका परिवार शाकाहारी था पर अगर हम उनके फ्रिज में अपनी ताज़ी मछली भी रखते तो उन्हें कोई आपत्ति नहीं होती थी। जब भी सुजाता इडलियाँ बनाती तो वह हमें ज़रूर भेजती क्योंकि उसे पता था कि मुझे इडली बहुत पसन्द है—घर की बनी गरमागरम नरम इडली, जो मुँह में जाते ही झट से घुल जाती। देबा और मैं आईआईटी बाज़ार से ताज़ी सब्ज़ियाँ और माछ लेकर आते। हम दोनों को मागुर माछ पसन्द थी और उस जगह पर खूब मिलती थी। मैंने देबा को मागुर माछेर झोल (मागुर मछली का रसदार शोरबा) बनाना सिखा दिया था और उसके साथ गरम-गरम भात खाकर अलौकिक आनन्द आ जाता।

देबा अक्सर अपना दुलार जताने के लिए, सबके बीच ही मुझे अपने आलिंगन में ले लेता, उसे यह भूल जाता कि अब वह एक युवक था। डॉ. राव ने उसे एक बार कहा था कि युवकों को अपनी माँ से थोड़ी दूरी बना कर रखनी चाहिए पर इसके बाद उन्होंने कभी कुछ नहीं कहा। उन्होंने हमारे जीवन में कभी दखल नहीं दिया।

हम चुपचाप खड़गपुर आ गये थे और झाड़ग्राम में किसी को अपना नया पता नहीं दिया था, क्योंकि हमें डर था कि हमको सताने वाले, उस जगह भी न आ धमकें। हम नहीं चाहते थे कि हमारे दुश्मन खड़गपुर तक आ जायें पर आप जितना भी प्रयत्न क्यों न कर लें, जीवन कभी परेशानियों से रहित नहीं रह पाता, है ना?

मैं डॉ. राव को उनके किराए का भुगतान चैक से करती थी जो झाड़ग्राम के एक राष्ट्रीयकृत बैंक के थे, उस बैंक में मेरा खाता था। बदकिस्मती से, मेरे कॉलेज के कुछ लोगों का भी उसी बैंक में खाता था और वे स्टाफ़ के साथ खूब घुले-मिले थे। उन्हें पता लग गया कि मैं नियमित रूप से, किसी एक व्यक्ति को नियमित धनराशि का चैक काट कर दे रही हूँ। खड़गपुर कोलकाता नहीं है इसलिए उनके लिए पता करना कठिन नहीं था कि वह आदमी कौन था और मैं उसे चैक से भुगतान क्यों कर रही थी। जल्दी ही चैक बाउंस होने लगे, जबकि खाते में पैसे भी थे और मेरे हस्ताक्षरों की भी कोई समस्या नहीं थी। एक दिन डॉ. राव ने इस बाबत बताया तो मैं चौंकी। मैंने उनसे क्षमा माँगी और अपनी ओर से छानबीन करवाई; जल्दी ही पता लग गया कि मेरे खाते में कोई दिक्कत नहीं थी, कुछ स्टाफ़ कर्मचारी पंगा ले रहे थे। कुछ बातें ऐसी होती हैं जिनके लिए आप प्रमाण पेश नहीं कर सकते पर मैं जानती थी कि यह उनका ही किया-धरा था। मैं डॉ. राव को अपने नैहाटी वाले बैंक से भुगतान करने लगी और फिर यह परेशानी दूर हो गयी।

डॉ. राव और उनकी पत्नी, श्री राम आश्रम के भक्त थे, जो गोपाली नामक पड़ोसी ग्राम में था। वे मुझे अपने साथ आश्रम ले गये और इसके बाद हम शान्तिपूर्ण ध्यान सत्रों में हिस्सा लेने जाने लगे। मैं उस स्थान की प्रशान्ति से बहुत प्रभावित हुई। उस जगह विदेशियों का ताँता लगा रहता, जो मन की शान्ति पाने और ध्यान करना सीखने आते थे। मुझे अब भी उस आश्रम की बहुत याद आती है। खड़गपुर छोड़ने के बाद से दोबारा जाना नहीं हो सका।

~

जब मई 2011 में, नई तृणमूल कांग्रेस सरकार सत्ता में आयी, तो इतिहास रचा गया। बंगाल में लेफ्ट का समर्थन प्राप्त सीपीएम के चौंतीस वर्ष समाप्त हुए,

कवि वर्डसवर्थ के शब्दों में कहूँ तो यह एक प्रसिद्ध जीत थी। ममता बनर्जी ने चुनावों के नतीजे ही बदल दिये और चारों ओर ऐसी लहर दौड़ी जिसे हम परिवर्तन कह सकते हैं। हालाँकि निन्दक इस बात की परख में मग्न हैं कि राज्य में कोई वास्तविक परिवर्तन हुआ या नहीं, मैं इस तथ्य की गवाही दे सकती हूँ कि मेरे लिए तो यह परिवर्तन किसी अप्रत्याशित लाभ से कम नहीं था। तत्कालीन उच्च शिक्षा मंत्री को जो बात समझने में इतना समय लग रहा था, उनके उत्तराधिकारी ब्रत्य बसु को समझने में कुछ क्षण भी नहीं लगे। एक बुद्धिजीवी तथा नाटककार बसु, मेरे मित्र थे, जो मुझे कई वर्षों से जानते थे और मेरे प्रति सहानुभूति रखते आये थे। उन्होंने मुझसे कहा कि मैं तब तक उसी कॉलेज में रहूँ जब तक नई सरकार सोमनाथ और मानोबी की डिग्रियों और उपलब्ध्यिों को एक व्यक्ति की उपलब्धि के तौर पर मान्यता न दे दे और उस गलत को मिटा कर ठीक न कर दिया जाये, जो मेरे साथ कई वर्षों से होता आया था। परन्तु दीदी, मुख्यमंत्री ममता बनर्जी, जो मेरी कहानी जानती थीं, उन्होंने मुझे इस दुविधा से बाहर लाने और न्याय दिलाने का निर्णय ले लिया। एक लोकप्रिय कहावत के अनुसार, जीवन में कम-से-कम तीन बार ऐसे अवसर आते हैं, जब स्वयं ईश्वर आकर आपका हाथ थामते हैं।

मानो यह एक ऐसा ही क्षण था। उनके निर्देशों के अनुसार, राज्य के उच्च शिक्षा विभाग तथा सार्वजनिक निर्देशों के सहायक निदेशक ने विशेष तौर पर कदम उठाए ताकि मेरी उपलब्धियों को एक व्यक्ति के नाम पर संजोया जा सके और मुझे वह सब मिल सके, जिसे मैं पाने की अधिकारी थी। मेरे सहकर्मी दंग रह गये पर राज्य में राजनीतिक हालात बदल गये थे और कोई भी मेरा और मेरे नये स्तर का उपहास करने का साहस नहीं कर सकता था।

उस समय, मैं अपने कैरियर में बदलाव पाने के लिए तरस रही थी ताकि मुझे झाड़ग्राम को छोड़कर, कोलकाता के कहीं निकट आने का अवसर मिले। रोगी पिता को मेरी आवश्यकता थी। माँ को सेरीब्रल स्ट्रोक हुआ और लकवा मार गया, कई वर्षों तक बिस्तर पर रहने के बाद, मार्च 2011 में उनका देहांत हो गया। जब भी याद करती हूँ कि बेचारी माँ किस तरह आजीवन कष्ट उठाती रही और अपनी सबसे छोटी सन्तान की सुरक्षा के लिए चिन्तित रही तो मन उदास हो जाता है। जब मैं उनका बेटा थी, वे तब भी मुझे बहुत प्यार

करती थीं पर जब मैं उनकी बेटी बन गयी, तब भी उनके प्यार में कोई कमी नहीं आयी। उनमें मेरे लिए संसार के खिलाफ़ जाने का साहस भले ही नहीं था, पर मैं जानती हूँ कि वे अपने शान्त और चुप्पे स्वभाव के साथ सदा मेरे साथ थीं। उन्होंने कभी मेरे किसी चुनाव पर सवाल नहीं उठाया और मन ही मन घुलती रहीं। माँ के जाने से जीवन में एक ऐसा सूनापन आ गया है जो आज तक नहीं भर सका। मुझे एहसास हुआ कि मुझे रोगी पिता की देखरेख के लिए उनके पास होना चाहिए, हालाँकि उनकी सेवा करने वाले मौजूद थे।

मैं जानती थी कि अब मेरे पास इतना अनुभव था कि मैं आसानी से प्रधानाचार्या के पद के लिए आवेदन कर सकती थी। मेरे पास पिछले सोलह साल के अनुभव, एसोसिएट प्रोफ़ेसर के पद तथा पीएच-डी. के अलावा और भी बहुत तजुर्बा था; मैं किसी भी स्टेट-एडिड कॉलेज में प्रधानाचार्या के पद के लिए आवेदन दे सकती थी। देबा को यह उपाय बहुत भाया। वह इतना उत्साहित हो उठा कि मुझे आवेदन करने के लिए रोज़ उकसाने लगा, उसे यह नहीं पता था कि यह आवेदन तभी हो सकता है, जब राज्य पदों के लिए विज्ञापन देता है। मेरे पास कॉलेज सर्विस कमीशन के माध्यम से आवेदन करने का विकल्प भी था, ताकि मुझे अपने घर के निकट ही किसी कॉलेज में पद मिल सके परन्तु उससे मेरे कैरियर में कोई प्रगति न होती। इसलिए मैंने अपनी उम्मीदों को जीवित रखते हुए, प्रतीक्षा करने का निर्णय लिया।

अन्ततः, 2012 में, राज्य ने प्रधानाचार्य पद के लिए नियुक्तियों का विज्ञापन दिया। प्रतिभागियों को कॉलेज सर्विस कमीशन को आवेदन करना था, पहले इसे ऑनलाइन करना था और उसके बाद सारे दस्तावेज़ जमा करने थे। मेरी एक छात्रा सुतापा ने यह विज्ञापन देखा और मेरी ओर से आवेदन कर दिया। इसके लिए मैं उसकी सदैव आभारी रहूँगी। उसने मुझे उन तारीखों की सूचना दी, जब मुझे अपने दस्तावेज़ लेकर जाना था। फिर, मुझे अपना नाम उन प्रोफ़ेसरों की सूची में दिखाई दिया जिन्हें साक्षात्कार के लिए चुना गया था। आवेदन करते हुए, आप इस बात का संकेत दे सकते हैं कि आप किस कॉलेज में जाना चाहेंगे। मैं अपने लिए एक वूमन कॉलेज चाहती थी और वह नैहाटी से बहुत दूर नहीं था। तब तक सुप्रीम कोर्ट की ओर से थर्ड जेंडर वाला उल्लेखनीय फ़ैसला नहीं आया था, इसलिए मुझे हर जगह सेक्स कॉलम

में फ़ीमेल ही लिखना पड़ा। उस समय थर्ड जेंडर के लिए कोई आरक्षण नहीं था और मेरा चुनाव पूरी तरह से मैरिट के आधार पर होना था।

प्रिंसीपल के पद के लिए जो भी प्रतिभागी साक्षात्कार देता है, उसके लिए एक एकेडमिक परफ़ॉरमेंस इंडेक्स (एपीआई) बनाया जाता है। इसमें न केवल व्यक्ति के शैक्षिक नतीजे और अध्यापन का अनुभव शामिल होता है, बल्कि उसके अपने निजी प्रकाशन (यदि कोई हों), भाग लिए गये सेमीनारों की संख्या व समाज सेवा आदि को भी शामिल किया जाता है। मैं ट्रांसजेंडर्स से जुड़े मसलों और उनके विकास के लिए, नियमित रूप से *अबोमानोब* पत्रिका प्रकाशित करती आ रही थी, दो पुस्तकें प्रकाशित हो चुकी थीं और पिछले दो दशकों के दौरान, मैंने अखबारों के लिए जो सैंकड़ों आलेख लिखे, उनसे मेरे एपीआई स्कोर में वृद्धि हुई। यह अपने-आप में एक विस्तृत साक्षात्कार था और मुझे वाइस चांसलरों के एक पैनल का सामना करना पड़ा। उन्होंने मुझसे शैक्षिक और उच्च शिक्षा के विकास से जुड़े प्रश्न पूछे। मैंने अपने कॉलेज के विकास के लिए जो प्रस्ताव रखा, उसे उन्होंने सराहा। मैंने उन्हें कहा कि जब हम राज्य में उच्च शिक्षा की बात करें तो हमें कोलकाता के कॉलेजों को मापदंड नहीं बनाना चाहिए। किसी ऐसे ग्राम में कॉलेज चलाना बड़ी चुनौती हो सकता है जिस जगह बच्चे अपनी भूख दबा कर, पढ़ने और कुछ बनने की चाह ले कर आते हों। जब इस तरह के कॉलेज से सारी बाधाओं के बावजूद महान प्रतिभा सामने आती है तो राज्य की उच्च शिक्षा का स्तर व इंडेक्स स्वयं ही बढ़ता है।

देबा मेरे साथ ही आया था। मैं पिछली रात खड़गपुर से बड़ी जल्दी में दस्तावेज़ लेकर निकली थी। हमारे पास सारे ओरिजिनल दस्तावेज़ थे और उनकी फ़ोटोकॉपी करवाने का भी समय नहीं मिला। वह मुझसे भी कहीं ज़्यादा उत्साहित था और मैं उसके चेहरे से उसकी खुशी को भांप सकती थी। पैनल की ओर से कोई जवाब आने में बहुत देर थी, पर उसे पता नहीं क्यों लग रहा था कि मैं पैनल को प्रभावित कर चुकी थी और उन्होंने मेरे पक्ष में निर्णय ले लिया था। मैं उसके इस भरोसे को देख कर मुस्कुराई और कुछ नहीं कहा।

एक सुबह, मार्च 2015, मैं कार से, खड़गपुर से झाड़ग्राम कॉलेज जा रही थी, मेरे मोबाइल की घंटी बजी। कॉलेज से स्टाफ़ के एक सदस्य की कॉल थी; उसने यह बताने के लिए फ़ोन किया था कि नये प्रधानाचार्यों के पैनल की

घोषणा हो गयी है और मेरा भी चयन किया गया है। उसने कहा कि उन्होंने वेबसाइट पर सारी सूची देखी है। मेरे आनन्द की कल्पना करें! लग रहा था कि ज़ोर-ज़ोर से चिल्ला कर, सारी दुनिया को अपनी सफलता का समाचार दूँ, पर बेशक मैंने ऐसा नहीं किया। मैंने चुपचाप देबा को फ़ोन लगाया। वह उस समय अपने माता-पिता से मिलने घर गया हुआ था। मुझे याद है, फ़ोन पर उसकी माँ ने बताया कि वह स्नान करने गया हुआ है। मेरा मन मुरझा सा गया, मैं यह खबर सबसे पहले उसके साथ ही बाँटना चाहती थी। पर जब उसने मुझे फ़ोन किया, तो हम दोनों एक साथ हँसे और रोए। मैं कॉलेज पहुँची और स्वयं वेबसाइट देखी ताकि अपनी नियुक्ति की पुष्टि कर सकूँ। इस समाचार को सुनते ही मेरे कॉलेज में मायूसी की लहर दौड़ गयी। अधिकतर प्रोफ़ेसरों ने यही माना कि उस कॉलेज में उस समय कोई प्रिंसीपल नहीं था और मैं वहीं प्रिंसीपल के पद पर आकर, उनसे अपने सारे प्रतिशोध लूँगी। मैं मन-ही-मन मुस्कुराती रही और कुछ नहीं कहा। मैं उन्हें क्यों बताती कि मैं तो स्वयं झाड़ग्राम से पीछा छुड़ाने के लिए व्याकुल थी। मैं उनकी छटपटाहट का आनन्द लेती रही। वे मुझसे कन्नी काट रहे थे और कुछ के चेहरों पर तो भय साफ़ दिख रहा था। वे मेरे लिए आनन्द के पल थे और मुझे वह कहावत याद आ गयी कि जीवन में हर किसी को सफलता का स्वाद चखने का अवसर अवश्य मिलता है। मुझे कृष्णनगर वूमन कॉलेज में अपनी नियुक्ति मिली। इसके अलावा नैहाटी का वूमन कॉलेज और नैहाटी के ही ऋषि बंकिम चंद्र कॉलेज का महिला विभाग भी मेरे चुनावों में शामिल थे। यदि उनमें से कहीं नियुक्ति मिलती तो मैं अपने घर में रह सकती थी परन्तु कृष्णनगर का कॉलेज अपने देहाती परिवेश और पहली पीढ़ी के छात्रों के साथ कहीं बड़ी चुनौती था। और हाँ, मैं भारत की पहली ट्रांसजेंडर कॉलेज प्रिंसीपल बनी। असम्भव सम्भव हो गया था।

अचानक ही मीडिया को मुझ पर बेहद दुलार आने लगा और मेरे फ़ोन की घंटी लगातार बजा करती। लगभग प्रतिदिन मुझे अपने राज्य और बाहरी क्षेत्रों से, सेमीनारों में भाग लेने के लिए न्यौते आते हैं। मैंने प्रिंसीपल बनने के एक वर्ष के दौरान, अनेक विश्वविद्यालयों और संस्थानों में जाने का अवसर पाया। क्लबों, एसोसिएशनों और संस्थानों ने मेरी उपलब्धियों के लिए मेरा अभिनन्दन किया है। मैं अक्सर स्वयं को चुटकी काट कर देख लेती हूँ कि मेरे साथ जो

भी घट रहा है, कहीं यह सब कोई सपना तो नहीं। मैं अब कृष्णनगर कैंपस में देबा के साथ रहती हूँ। हमारा क्वार्टर बेहद छोटा सा है पर मैं प्रसन्न हूँ। इसके आस-पास बहुत हरियाली है और मैं इसके आस-पास टहलते हुए, बदलती हुई ऋतुओं व उनके परिवर्तन को अपनी देह पर महसूस कर सकती हूँ। ताज़ी और शुद्ध हवा धीरे-धीरे, मेरे भीतर बरसों से जमे तनाव को पिघलाने में कामयाब रही है। मुझे लगता है कि मेरे लिए वास्तव में किस्मत ने पलटा खाया है जिसके लिए मैं भगवान शिव को धन्यवाद देती हूँ। आखिरकार, उन्होंने मेरी प्रार्थनाओं का प्रत्युत्तर दे ही दिया। देबा मेरी देखरेख करता है और हम बहुत ही शान्तिपूर्ण जीवन व्यतीत कर रहे हैं। मैंने देबा को वह सब दिया जो एक माँ अपने बच्चे को प्रसन्न करने के लिए दे सकती है—अच्छा भोजन, कपड़े, खरीददारी और बाहर घूमने-खाने के लिए पैसा। अब उसे अपने लिए नौकरी की तलाश करनी है, क्योंकि वह मेरी मुलाकातों, बैंक के कामों और दुनिया व मेरे बीच सम्पर्क सूत्र की तरह काम करते हुए, अपना पूरा जीवन नहीं बिता सकता।

मेरे पिता और बहनें प्राय: यही कहते हैं कि एक दिन देबा भी मुझे छोड़ जायेगा और मुझे उस पर भावात्मक तौर पर इतनी निर्भरता छोड़ देनी चाहिए। उन्हें देबा पर इतना सा भी भरोसा नहीं है। इस बात के लिए मन उदास होता है कि मेरे अपने ही मेरे बेटे पर विश्वास नहीं करते पर मेरे लिए वह मेरी दुनिया है और मैं उस पर अविश्वास करने के बारे में सोच तक नहीं सकती। मैं जानती हूँ कि एक दिन देबा की शादी होगी और मैं उसकी प्राथमिकता नहीं रहूँगी, परन्तु यह तो एक सुखद त्रासदी है जिसे हर माँ को सहन करना ही पड़ता है और मैं इसके लिए पूरी तरह से तैयार हूँ।

अब मैं अपनी कहानी के अन्त पर आती हूँ। जब मैं किसी अकेली शाम में, अपनी ज़िन्दगी के बहीखाते खोल कर हिसाब देखने बैठती हूँ, तो उस पर लगे लाल और हरे निशान मेरी ओर ताकने लगते हैं। मैं ऊँघने की हद तक उनका अध्ययन करती हूँ और दूसरी चेतना मुझ पर हावी हो जाती है।

**इन प्रसंगों में शामिल लोगों की गोपनीयता बनाये रखने के लिए, उनके नाम बदल दिये गये हैं।*

आभार

मैं अपनी माँ को धन्यवाद देना चाहती हूँ, जिन्होंने मुझे जन्म दिया और आजीवन मेरे साथ कष्ट सहन किया। मैं जानती हूँ कि उनके लिए इस बात को मानना कितना कठिन रहा होगा कि उन्होंने जिस लड़के को जन्म दिया, वह एक ट्रांसजेंडर बन गया। जब सारा संसार उन्हें एक किन्नर को जन्म देने का दोषी मानता, तो वे चुपचाप सब कुछ सहती रहीं। जब भी संसार ने उनके खिलाफ़ अपने खंजर निकाले, उन्होंने यथासम्भव मुझे बचाने का प्रयत्न किया। दुख से कहना पड़ता है कि आज वे यह देखने के लिए जीवित नहीं हैं कि उनके बच्चे ने अन्ततः दुनिया के विरुद्ध इस जंग में जीत हासिल की और अब उसके चेहरे पर मुस्कान खिली है। काश वे इस मुस्कान को बाँटने के लिए मेरे साथ होतीं; काश ! बेटे के रूप में न सही, एक बेटी के तौर पर ही मैं उन्हें सुरक्षा व संरक्षण दे पाती।

मैं अपने पिता को धन्यवाद देना चाहूँगी कि अन्ततः उन्होंने भी इस तथ्य को स्वीकार लिया कि उनकी सबसे छोटी सन्तान पुत्र नहीं थी, जिसके लिए उन्हें आरम्भ में इतना गर्व महसूस होता था। उन्हें इस बात को स्वीकार करने में वाकई एक लम्बा समय लगा। अब, वे अपने जीवन के अन्तिम वर्षों में हैं और जानते हैं कि मेरा लिंग क्या है, इससे कोई अन्तर नहीं पड़ता; केवल यही बात मायने रखती है कि मैं उनके लिए मौजूद हूँ। आज वे एक बच्चे के से विश्वास के साथ मेरा हाथ थामते हैं और मेरी सफलता से आनन्दित होते हैं। मैं जीवन से इससे अधिक और क्या माँग सकती हूँ?

इसके बाद मैं अपनी दोनों बहनों को धन्यवाद देना चाहती हूँ, जो मेरे इस रूपांतरण की पूरी प्रक्रिया के दौरान साथ बनी रहीं। मैं अपनी दीदी... सबकी दीदी, मुख्यमंत्री ममता बनर्जी का आभार प्रकट करती हूँ, जिन्होंने मुझे

घूरे से उठा कर, चमकने और दुनिया के सामने आने में मदद की। पर उनके लिए, आज मैं एक भूली हुई कहानी बन चुकी होऊँगी।

—मानोबी बंद्योपाध्याय

जिस व्यक्ति को इस पुस्तक के प्रकाशित होने की सबसे अधिक प्रसन्नता होती, वह अब इस संसार में जीवित नहीं है, मैं अपने पिता का आभार प्रकट करना चाहूँगी, जिन्होंने मेरे भीतर लेखन का बीज अंकुरित किया। मुझे पूरा विश्वास है, वे जहाँ भी होंगे, मुझे देख कर प्रसन्न हो रहे होंगे। काश...!

मैं मानोबी दी का आभार प्रकट करती हूँ, जिन्होंने अपने जीवन की कहानी कहने के लिए मुझ पर भरोसा किया, वे मेरा हाथ थाम कर अपने जीवन की उन गहराइयों में ले गयीं जिसमें सम्भवत: वे किसी को झाँकने तक न देतीं। दिन-प्रतिदिन, मैं सुबह जल्दी उठ कर, उनसे बात करने का आग्रह करती, जब वे क्रोध, उत्साह, हँसी और आँसुओं के बीच अपनी कहानी कहतीं तो मैं उसे लिखने का प्रयास करती। उनके जीवन का हर उतार-चढ़ाव, सच्चाई और परीक्षा की हर घड़ी; समाज की हकीकतों के पर्दे खोलती चलती कि किस तरह यह पारंपरिक समाज, सबको एक साथ लेकर चलने की घोषणा के बावजूद, उसे अपने साथ लेकर चलने से कतराता है और निष्कासित कर देता है जो इसके नियमों के अनुसार नहीं चलता। हमारी आधुनिकता के झीने आवरण तले, शिकारी कुत्ते की तरह टोहने और शिकार करने की मध्ययुगीन प्रवृत्ति छिपी है।

मैं आशा करती हूँ कि पुस्तक के माध्यम से पाठकों से बात करने वाली, मानोबी दी की 'आत्मा' के रूप में, मैं उनके प्रति पूरा न्याय करने में सफल रही हूँ।

मैं वैशाली माथुर की आभारी हूँ, जिन्होंने इस अनूठी कहानी को लिखने के लिए मुझे चुना।

अन्तत:, मैं अपने जीवन के तीन वर्तमान व्यक्तियों का आभार प्रकट करना चाहूँगी—मेरी माँ, मेरे पति और पुत्र। जब मैं लिखना शुरू करती हूँ, तो मैं लेखन में पूरी तरह डूब जाती हूँ। और उनकी ओर कोई ध्यान नहीं देती। वे मुझे निरन्तर याद कराते रहते हैं कि जीवन में लेखन के अलावा भी मेरी ज़िम्मेदारियाँ हैं।

—झिमली मुखर्जी पांडे

❑❑❑

www.ingramcontent.com/pod-product-compliance
Ingram Content Group UK Ltd.
Pitfield, Milton Keynes, MK11 3LW, UK
UKHW040556210726
13854UKWH00007B/570